KB170603

시민의제사전 2016

시민의제사전 2016

민주시민 교육원 나락한알 편저

민주시민교육원 나락한알의 시민의제 사업 두 번째 산물, 『시민
의제사전 2016』이 세상으로 나왔습니다. 한편으로는 지난 사업과의
연속성을 가지면서, 다른 한편으로는 새로운 시도를 감행한 결과가
이 책에 오롯이 담겨 있습니다.

힘든 설문에 응해준 시민의 노력에 무한한 감사를 보내며, 시민
들의 의견에 귀 기울여 시민과의 대화에 '비평'의 형식으로 응해준 전
문가 선생님들의 노고에도 감사를 보냅니다.

부산과 경남의 시민들이 이 책을 통해 활발히 소통하면 좋겠다는
생각과, 이 책이 거론하고 있는 다양한 주제로 지속적인 토론이 진
행되면 좋겠다는 생각입니다. 그리고 이 일련의 과정들이 시민의 삶
을 바꾸는 결과로 이어지면 더욱 좋겠습니다. 뿐만 아니라 지역 시민
의 실제적 역량과, 표현된 시민의 역량, 그리고 시민들이 기대하는
역량 사이에 상당한 간극이 있습니다. 이 책이 이러한 간극을 자양분
으로 시민들의 공적 의견을 생산하는 나무였으면 좋겠습니다. 나락

한알에 우주가 깃들어 있듯이, 시민들께서 뿌려주신 이 씨가 시민의제 사전이라는 나무가 되고, 이 나무가 새로운 열매를 지속적으로 맺어 든든한 나무로 자라났으면 합니다. 시민이 뿌리고, 시민이 가꾸고, 시민이 수확하는 시민의 삶이 이 의제사전으로 본격화되었으면 합니다. 이 책에는 참으로 많은 기대와 가능성이 담겨 있는 셈이지요. 나락한알이 이를 온전히 담아냈는지 두렵기는 합니다. 하지만, 지금 미진한 일들은 다음에 좀 더 단단하고 든든하게 보완하고자 합니다. 그만큼 많은 참여와 관심이 동반된다면, 그리 어렵지 않은 일이라고 생각합니다.

이제 이 일이 각 지역으로 퍼지고, 그 지역들 사이의 의견을 참고하여 지역과 세계에 새로운 민주주의의 역량이 펼쳐지도록 기대하는 것은 우리가 감히 기대할 수 있는 다음의 희망입니다. 시민의제사전이 이 희망의 간격을 더 넓혀나가길 기대합니다. 전쟁과 살육 그리고 억압과 차별이 전염병처럼 번지는 곳에 이 작은 책과 이 작은 책에 공감하는 다양한 소통들이 강력한 면역력을 형성할 그 날을 꿈꾸어 봅니다.

그리고 각 지역에 뿌리내린 나름의 민주적 역량이 서로 접속하여 강력한 면역체계를 형성할 그 날도 기대해 봅니다. 이러한 기대가 비단 나락한알만의 편협한 착각이 되지 않도록 많은 참여와 지지를 보내주시면 좋겠습니다. 아직 시민의 것이 되지 않은 새로운 가능성들이 이렇게나 많이 남아 있습니다. 그 씨앗을 안고 민주시민교육원의 나락한알이 되어 주십시오. 감사합니다.

민주시민교육원 나락한알

서 론

    민주시민교육원 나락한알은 놀며 배우는 시민의 터를 표방한다. 강박적 노동과 신자유주의적 압력, 생계에 대한 걱정과 공포가 다방면으로 시민의 삶을 포위하고 압도하고 있다. 이러한 위기를 시민 스스로의 역량으로 극복하려는 것이 나락한알의 목표이다. 이를 위해 나락한알은 2012년 12월 금정산성에서 시민의제컨퍼런스를 열어 시민의제사전 편찬을 위한 사전모임을 가졌고, 2013년 "내가 만드는 정책 학교"를 열어 시민과 함께 부산을 위한 정책을 제안하는 공부를 했다. 그 결과물이 소요-You 출판사를 통해 출간한 『부산 시민의제사전 2014』였다. 의제사전 출판은 시민이 만든 의제를 대중적으로 보급하기 위한 한 가지 방편이었다. 그러나 이러한 대중화 사업은 단지 출판을 통해 완수되는 것이 아니므로, 나락한알은 동래에 있는 갤러리 Um을 빌려 시민의제 콘서트("잘살아보세")를 개최하였다. 약 90명 남짓의 시민이 방문하였고, 시민의제사전에서 제안된 의제를 서로 공유하였다. 뿐만 아니라 여기에 참여한 시민들 역시 자신들의 관심사를 표현하였고, 해당 분야의 의제를 제안하였다. 이 모든 과정이 이번에 발간되는 시민의제사전에 고스란히 담겨 있다.

『부산 시민의제사전 2014』는 다양한 시민들이 자발적으로 모여 자신들이 발굴한 의제를 책으로 출판한 전국 최초의 사례였고 꽤 의미 있는 시도였다. 그러나 이 책을 발간하던 과정에서 시민들과 함께 의제 발굴을 도왔던 코디네이터들이 상당한 피로감을 호소했고, 시민들이나 의제코디네이터들이 의제 발굴을 위해 투여하는 시간 역시 만만치 않다는 의견들이 있었다. 이번 의제사전은 이런 상황을 반영해서 다소 다른 방법으로 사전을 제작해야 했다. 그리고 나락한알 역시 전과 달리 정책학교에 참여하는 사람들을 넘어 더 다양한 시민들의 견해를 들어야겠다고 판단하였다. 그 첫 시도가 주관식 설문조사이다. 질문이 비교적 많았고, 추상적이어서 질문에 대한 대답을 작성하는 데 시간이 꽤 많이 들긴 했으나, 약 239명의 시민들이 성실히 설문에 응해주었다. 물론 시민의 의견을 모두 반영했다고 하기에는 충분한 인원은 아니다. 그러나 전보다 더 다양한 시민들이 참여함으로써, 부산 시민들이 가지고 있는 일상적인 인식을 엿보는 데는 성공했다고 생각한다.

이번 설문을 통해 알 수 있었던 내용은 이렇다. 많은 시민들이 개인과 국가 사이에 존재하는 제3섹터(지대)로서 시민사회 영역에 대한 인식이 저조했다. 이러한 결과를 고려해볼 때, 성급히 부산지역의 시민사회의 역량을 문제삼기에 앞서, 부산의 시민사회가 시민과 친화적인 관계를 맺는 데 실패한 것은 아닌지, 조심스럽게 판단할 수 있다. 다시 말해 부산의 시민사회는 자신의 역량을 부산시민에게 친밀도 있게 침윤시키는 데 실패한 것은 아닌가.

그러나 이렇게도 생각해보자. 이번 의제 사전 작성에 20대가 상당히 많이 참여했다는 점을 생각한다면 다른 결과를 생각해볼 수도 있다. 예컨대 20대가 입시 위주의 공교육을 거치면서 각 개인이 국가단위의 행정기관 외에 실제로 경험할 수 있는 시민사회단체가 없었다는 요인도 무시할 수 없다. 입시위주의 교육제도 속에서 개인과 국가 사이에 있는 시민사회를 현재의 어린이, 청소년이 경험할 수 있는 기회가 과연 있기나 할까. 이러한 문제는 공교육에 제기할 수 있는 새로운 이슈가 될 것이라 생각한다. 시민사회를 가르치지 않는 교육, 시민사회를 경험하지 않는 교육이란 과연 어떤 교육일까? 시민사회를 모르고 자란 시민들이 만드는 민주주의는 어떤 민주주의일까? 최근 '민주주의적 가치마저 이념적 편향을 가진 단어로 사용되고 있는 상황을 더하면, 이러한 의문에 대해 부정적인 답을 듣게 할 가능성은 매우 짙다.

상황이 이렇다면, 시민의제사업은 한편으로는 시민의 민주적 역량을 높이는 일과 아울러, 부산의 시민사회가 좀 더 시민들에게 친숙하게 다가가게 하는 계기를 마련해주어야 한다. 뿐만 아니라 제도권 교육을 벗어나 사회로 진출하는 학생 및 어린이 청소년들에게 시민사회의 역량을 경험할 수 있는 다양한 통로도 만들어 주어야 할 것이다. 이는 이 사업이 제도권 교육뿐만 아니라 비제도권 교육에 다양한 자극이 되어야 함을 의미한다.

이번 의제 사전은 이처럼 다양한 온도 차이를 실감하게 하는 계기가 될 것이다. 특히 의제 사전에 차별과 편견에 휩싸인 제안도 여과 없이 실음으로써, 이러한 온도 차이를 직접 경험할 수 있게 하였다. 이 온도 차이를 줄이고자 시도한 미봉책이 설문에 대한 전문가 비평이다. 물론 이러한 비평이 일반인들과 전문가 사이의 위상차를 전제한 것이라, 다소 권위적인 조언처럼 보일 수 있을 것이다. 그러나 앞으로 전문가의 조언보다는 시민이 스스로 전문적 역량을 발휘할 수 있도록 하여 이러한 위상차를 줄여나가려 한다. 아무튼 이 온도 차이가 어떻게 시민적 화해의 기술로 변모될지는 지켜볼 일이다.

나락한알이 발간하는 시민의제 사전이 시민적 화해의 기술을 위한 수단이 되었으면 좋겠다. 심지어 의제 사전이 앞으로 8년간 더 발간을 준비하고 있다는 사실을 감안한다면, 부산과 경남 지역 시민사회의 성장과 변화를 감히 지켜봐 주시라 권하고 싶다.

차 례

참여 시민들의 목소리

* **점이지역 또는 점이지대란?** 지역과 지역 사이의 중간지대를 말한다. 예를 들어 도시 지역과 농촌 지역의 경계부에서는 도시형 주택과 농경지가 혼재된 모습이 나타나는데, 이러한 지역을 점이지대라고 한다.(15쪽 참고)

지난 2014년 4월 24일 목요일 7시 동래의 카페 갤러리 UM에서
『부산 시민의제사전 2014』의 출간을 알리는 출판기념회 겸, 의제의
대중 보급을 목적으로 시민의제 콘서트가 열렸다. 많은 시민들이 함
께 해주셨고, 함께 즐겨 주셨고, 의제를 이해하시고 토론하시면서 새
로운 의제를 제안해주시기도 했다. 여기에 그 다양한 의견을 분야별
로 나누어 함께 싣기로 한다.

1. 교육

● 학교 내 아이들의 빈부격차문제가 있다. 그리고 점이지역*에 거주
  하는 아이들이 서로의 집안 간 경제력이 비슷한 경우에만 친구가 되
  는 현상이 발생하니 이 문제를 해결해야 한다.

● 맞춤형 개별화 교육, 예를 들어 토끼교실, 거북이교실을 만들어
  실행해보자.

● 학교의 에어컨, 히터를 사용할 때, 온도에 따른 실질적인 혜택이
  필요하다. 현재 일괄적으로 동·하계를 정해두고 처리하므로 실
  제 덥거나 추울 수 있는 3, 4, 5, 6, 9, 11월 등의 시기에 에어컨,
  히터 사용이 곤란한 경우가 많다.

● 대학교 수업에서 학생 100명 이상이 특정수업 개설 요구를 하면,
  학교에서 수업을 개설하는 제도가 필요함. 그리하여 진정 듣고 싶
  은 수업을 들어 볼 수 있게 하자.

● 고3 졸업하고 바로 대학교에 가는 것이 아닌 1년간 의무로 제도 교
  육이 아닌 해보고 싶었던 여러 활동들을 하게 하는 제도가 필요하
  다. 그리하여 자신이 진짜 공부하고 싶은 것을 찾고 그 전공으로 1

년 뒤 대학교에 입학해서 공부를 하면 좋겠다.

● 배치고사, 진단평가, 일제고사 폐지 등 시험제도가 변화되면 좋겠다. 그리고 학교 운영위원들의 교육도 필요하다. 학교에 근무하는 모든 분들을 교육청에서 직접 채용하여 정규직화해야 한다.

● 교과서 외에 알려지지 않은 근현대사를 자라나는 청소년들에게 있는 그대로 교육하면 좋겠다.

● 교복지원이 이루어지면 좋겠다.

● 공공교육의 지원은 어디까지 발을 뻗나요? 작년에 1년 동안 재송동에서 다문화가정 멘토링을 했습니다. 초등학교 저학년 친구였는데 그 친구가 학교에서 받는 교육은 매우 한정적이다는 생각이 들었습니다. 그것이 학교과목의 교육에만 국한된다는 것을 알았기 때문입니다. 그 친구에게는 이제 세상을 살아가며 필요한 다양한 예절교육이나 좋지 않은 집안환경 때문에 부족한 체험활동들의 빈도를 증가했으면 좋겠다고 생각합니다.

● 학교평가제도와 관련하여 교사들이 받는 스트레스가 상당한 것으로 알고 있습니다. 학교평가를 위해 맹목적으로 성적 끌어올리기만 급급한 것이 결국 '돈' 문제와 연결되는 것은 아닌지 생각해봅니다. 그렇다면 해결책은 없는 건가요?

● 지역아동센터를 적극 지원 활용하고, 다양한 프로그램을 제공할 수 있는 기관이 되었으면 좋겠습니다. 여기서 아이들을 가르쳐 봤는데, 아이들이 너무나 열의도 있고, 재미있어하던데, 강의환경도 열악하고, 강의료도 너무나 싸고 해서 좋은 지역 거점으로서의 역할을 제대로 해내지 못하는 것 같았습니다.

2. 문화공간 마련

● 눈치 보지 않고 놀 수 있는 '어른들의 놀이터'가 생겼으면 합니다.

● 대안공간 '반디'와 비슷한 성격의 공간이 부산에 많이 생겼으면 좋겠습니다. (지원금만 지원)

● 남녀노소 관계없이 누구나 접근 가능한 문화공간이 있으면 좋겠습니다. 문화를 즐길 수 있는 많은 기회가 생겼으면 좋겠습니다.

● 사람들이 즐길 수 있는 '문화공간', 쉴 수 있는, 즐길 수 있는 '공간'이 많이 만들어지면 좋겠습니다. 삶의 여유를 느껴보고 싶어요.

3. 지역특화 문화

● 부산의 특징인 바다를 중심으로 실생활과 같이 쉽게 접근 가능한 문화도시를 만들어 주세요.

● 부산은 고대부터 근대까지 고유의 전통 유산을 많이 가지고 있습니다. 이 유산이 부산의 발전에 활용되려면 독창적인 발전 계획이 필요하다고 생각합니다. 예컨대 동래성, 가야유적, 조선통신사 등이 부산에서 내세우는 문화유산이고 관련 행사도 진행되고 있습니다. 하지만 국제적 인지도를 갖춘 행사가 될 수 있도록 투자나 계획이 필요하다고 생각합니다.

● 온천천-장전역 구간의 그래피티 자유화 지역을 조성하면 좋겠다. 동래에서 그래피티 축제를 개최하는 것은 어떨까?

● 동네에 있는 어촌 박물관을 아무도 몰라요. 저도 몰랐어요.

4. 사회적 문화 형성

- 생활 속에 녹아들 수 있는 즐거움이 있으면 좋겠다.
- 자발적 놀이 문화가 있으면 좋겠다.
- 작은 규칙도 지켜내는 문화를 만들었으면 좋겠다.
- 경청과 소통의 문화를 구성하여 관·민의 관계, 신뢰를 회복하고 더 넓게는 사회적 신뢰를 구축할 수 있는 사회를 만들었으면 합니다.
- 모든 시민이 한 가지 문화취미생활을 가지도록 지원해주세요.
- 젊은이들이 편안하게 문화에 접근할 수 있는 환경이 만들어지면 좋겠습니다.

5. 문화일반

- 전문 문화인의 생계대책을 수립하라.
- 시민들이 대중문화 평론에 참여할 수 있도록 하자. 이를 통해 문화적 교류, 질적 변화, 접근성강화, 상호호환성 향상, 다양한 문화들의 하이브리드화가 이루어질 수 있을 것이다. 이는 부산의 문화적 가능성에 대한 기대로 이어지지 않을까?

6. 환경

- 미세먼지에 대한 대응 해결방안을 강구하자.
- 부산의 환경을 조금 더 깨끗하게 하고, 하천을 맑게 한다.
- 유해화학물질 무방류시스템 설치하자.

7. 마을 만들기

- 감천문화마을의 경우 현재 벽화와 상업성으로 치우치고 있다. 마을 그 자체의 일상, 보통의 중요성, 역사성이 담긴 공간으로써 구현하려고 시도하여야 한다.
- 상업적인 수단 말고 진짜 마을다운 마을을 만들었으면 좋겠습니다.

8. 복지

- 혼자 지내시는 독거노인분과 함께 할 수 있는 기회를 마련해 주세요.
- 맞벌이 할 수밖에 없는 사회 환경 속에서 어린이집 등 보육시설의 시간 연장 등을 위해 안정적 보육환경 만들기가 필요합니다.
- 건강, 복지는 장년층, 노년층이 함께 할 수 있는 기회가 많아지고 우리도 더 많이 참여하고 동참하여야겠어요.
- 복지보좌관, 사회부시장이 반드시 필요해요.

9. 시민 참여민주주의

- 의무적으로 주민을 정치에 참여시키면 좋겠습니다. 참여 민주주의 구현을 위해 의무적으로 의견을 내게 하면 형식적으로나마 발전할 것 같습니다.
- 국세청에서 총괄하는 국가의 세금과 그 출처 이용에 관해서 매달 국민에게 투명하게 그 과정을 보여주었으면 좋겠습니다. 국민의 혈세로 비상식적인 일과 산업에 투자되는 일이 발생하지 않도록 국민 참여로 인한 규제가 필요하다고 생각되어집니다.
- 시민들 목소리를 낼 수 있는 기회가 많이 만들어졌으면 합니다.

- 시민들의 정치참여와 의사에 따라 움직일 수 있는 구조적, 제도적 요건이 명문화 되었으면 좋겠습니다.
- 시민의제콘서트에서 생산된 내용이 그저 말을 꺼내는 데 그치는 것이 아니라, 실제로 시정에 반영되었으면 좋겠습니다.
- 시민사회가 시민이 주인 되는 차원에서 활성화되기를 바랍니다.
- 이런 기회(시민의제콘서트)가 홍보 많이 되셨으면 합니다.

10. 경제

- 공공기금 투입하는 일자리 정책, 장기적/발전적 지원! 특히 청년 고용, 취업 영역에서 성장과 안정적 계획 할 수 있도록 하면 좋겠습니다.
- 편의점 소사업주가 피고용자에게 최저시급을 줄 수 있는 현실적인 여건을 마련하기 위해 프렌차이즈 대기업에게 세금을 부과해서 임금을 보전할 수 있는 정책이 있었으면 좋겠습니다.
- 부산의 항구를 더 빨리 발전시켜주시길 바랍니다.

2014 의제사전에 대한 한마디?

- 더욱 다양한 분야의 전물활동가들을 섭외, 구성하여 지방분권을 실현하는 데 있어 부산이 선구적인 도시가 되었으면 좋겠다.
- 의제사전이 어떻게 만들어졌는지 잘 모르겠지만 시민의제 사전을 표방하는 만큼 보다 다양한 시민들의 의견이 포함되면 좋겠다.
- '시민의제 콘서트'는 부산에 살아가는 시민의 한 사람으로서 이와 같은 콘서트를 통한 생각 나눔이 시민의 사회 참여를 유도하고 다

른 시너지 효과를 내는 데에 굉장한 의미가 있다고 생각한다. 하지만 콘서트를 전체적으로 정리해주는 것이 없어 정리가 되지 않고 이야기가 지나치게 다양하여 조금은 중구난방한 느낌이 듭니다. 참여자로서 결론에 대한 정리가 쉽지 않다.

- 부산에 살고 있는 많은 시민들도 모두 조용하지만 다들 나름의 생각이 있다. 하지만 이 생각이 모두 실천으로 드러나지 않는 것은 '생각'이 없어서가 아니라 그것을 보다 '구체화'시킬 방법을 몰라서라고 생각한다. 나락한알이 시민의제활동을 한다면, 단순히 생각을 나누는 데서 그치는 것이 아니라, 어떻게 하면 그것을 구체화시킬 수 있는지에 대해 제시해 준다면 좋겠다. 이 콘서트가 영원한 탁상공론으로 끝나지 않았으면 한다.

- 좀 더 직접적으로, 좀 더 구체적으로, 좀 더 실질적으로 사람들에게 다가가는 게 중요하다. 소규모보다 좀 더 널리, 실질적인 결과를 내는(직접적으로 드러나는) 작업물이 많이 생기면, 의제가 사람들에게 많이 퍼질 것 같다.

- 이런 기회가 많이 알려지면 좋겠다. 시민들 목소리를 내는 소통의 공간이 없고, '있다'하더라도 '대중'에게 많이 알려지지 않았는데 이런 시민들이 스스로 제안할 수 있는 기회가 있는 것을 많이 알면 사람들이 더 많은 목소리를 낼 수 있을 것 같다.

- 부산의 독창성을 살릴 수 있는 문화와 부산 구성원을 단결시킬 수 있는 사회경제와 복지가 필요하다. 그리고 이렇게 좁은 카페가 아닌 넓고 사람 많은 곳에서 자주 모임을 여는 것이 좋겠다. 카페에서 문화적으로 교류하는 것도 좋지만 야외에서 더 많은 사람들에

게 의제를 인식시키는 것도 중요하다.

● 의제활동이 더 밑으로 내려와 실 생활하는 사람들의 다양한 의견
이 수렴될 수 있으면 좋겠다. 그러려면 시민들이 함께 할 수 있는
다양한 프로그램 개발이 절실히 필요하다.(작은 음악회, 작은 전
시회, 발표회 등)

2016 시민이 쓰는 의제

성명 :   성별 : 남/여/기타

나이 : 10대, 20대, 30대, 40대, 50대, 60대, 70대, 80대, 90대

전화번호 :   이메일 주소 :

당신이 주로 생활하는 지역은? : 시/도   구/군   동/면

질문 1) 한국사회에서 가장 문제가 되는 분야는 어디인가요?

① 문화-예술 ② 교육 ③ 경제 ④ 건강-복지 ⑤ 생태와 환경 ⑥ 지방분권과 자치

⑦ 재해와 안전 ⑧ 차별금지와 인권   ⑨ 정보 및 미디어 ⑩ 개인의 안정과 행복

⑪ 이웃(마을) 공동체의 규범과 전통 ⑫ 갈등(이념, 지역 세대)

⑬ 다문화(이주노동자, 결혼이주여성, 중도입국자) 문제

⑭ 기타(학생인권, 청년실업, 비정규직문제, 부당노동행위, 지역간 편차 등)

질문 2) 그 분야를 문제로 삼은 이유가 무엇인가요?

질문 3) 그 분야에서 특히 주요 쟁점이 되는 문제가 있다면 무엇일까요? 이와 관련한
        개인적 체험이나 사례가 있다면 간단히 적어주세요.(뒷면에 적으셔도 됩니다.)

질문 4-1) 선택하신 분야의 쟁점을 해결하기 위한 구체적 제안과 실천이 있다면 어떤
         것이 있을까요?

질문 4-2) 선택하신 분야의 쟁점과 관련하여 새로운 아이디어가 있으시다면 어떤 것
         이 있는지요?

질문 5) 기타 하시고 싶은 말씀을 적어주세요.

『시민의제사전 2016』 설문 분석

이번 『부산 시민의제사전 2016』은 부산 및 경남에 거주하는 일반 시민 239명의 설문을 받아 진행되었다. 설문은 7월부터 10월까지 총 4개월간 온라인과 오프라인을 통해 접수했다.

설문 응답자의 연령과 성별분포를 살펴보면, 전체 응답자 239명 중 147명이 20대로 20대 응답자가 압도적으로 많았고, 그 뒤를 이어 40대와 50대 응답자가 많았다. 또한, 남녀 성별 분포를 보면 여성응

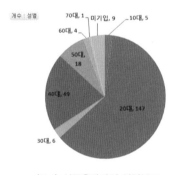

〈표 1〉 설문응답자의 연령분포

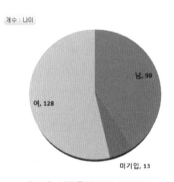

〈표 2〉 설문응답자의 성별분포

답자가 128명으로 남성응답자 98명보다 많았다.

설문지는 응답자에게 ①문화-예술, ②교육, ③경제, ④건강-복지, ⑤생태와 환경, ⑥지방분권과 자치, ⑦재해와 안전, ⑧차별금지와 인권, ⑨정보 및 미디어, ⑩개인의 안정과 행복, ⑪이웃(마을) 공동체의 규범과 전통, ⑫갈등(이념, 지역 세대), ⑬다문화(이주노동자, 결혼이주여성, 중도입국자) 문제, ⑭기타(학생인권, 청년실업, 비정규직문제, 부당노동행위, 지역 간 편차 등) 총 14개 분야 중 관심 분야를 골라 답변할 수 있도록 만들어졌고, 추후 답변내용을 정리하는 과정에서 세부적으로 다시 ①개인의 안정과 행복, ②건강-복지, ③경제, ④교육, ⑤기타, ⑥문화-예술, ⑦생태와 환경, ⑧재해와 안전, ⑨정보 및 미디어, ⑩지방분권과 자치, ⑪차별금지와 인권, ⑫ 공동체의 규범과 전통, ⑬노동, ⑭다문화, ⑮사회통합으로 재분류하였다.

전체 응답자 239명 중 교육이 52명으로 가장 많은 관심을 보였으

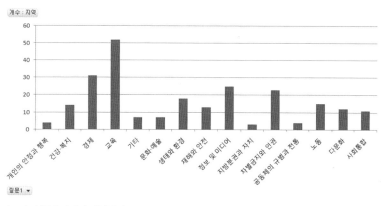

〈표 3〉 설문응답자의 관심분야

며, 다음으로 경제(31명), 정보 및 미디어(25명), 차별금지와 인권(23명) 순으로 관심이 두드러졌다.

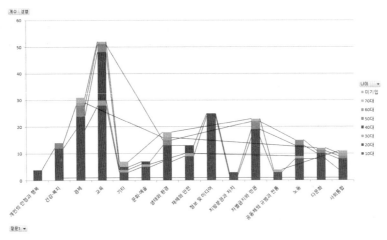

〈표 4〉 설문응답자의 연령별 관심분야

관심 분야는 성별에 따라서도 차이를 보였는데, 사회통합(총 11명 응답자 중 6명이 남성), 다문화(총 12명 응답자 중 7명이 남성), 노동(총 15명 응답자 중 8명이 남성), 공동체의 규범과 전통(총 4명 응답자 중 3명이 남성), 지방분권과 자치(총 3명 응답자 중 2명이 남성), 재해와 안전(총 13명 응답자 중 7명이 남성)의 6개 분야에서는 남성이 더 많은 관심을 보였고, 차별금지와 인권(총 23명 응답자 중 13명이 여성), 문화-예술(총 7명 응답자 중 4명이 여성), 기타(총 7명 응답자 중 5명이 여성), 교육(총 52명 응답자 중 36명이 여성), 건강-복지(총 14명 응답자 중 11명이 여성)의 5개 분야에서는 여성이 더 많은 관심을 보였다. 그 외에 정보 및 미디어(총 응답자 25명), 생태와 환경(총 응답자 18명), 경제(총 응답자 31명), 개인의 안정과 행복(총

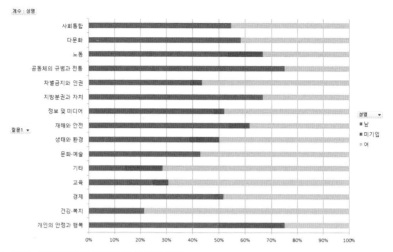

<표5> 설문응답자의 성별 간 관심 분야 분포

응답자 4명)의 4개 분야에서는 남녀의 관심도가 비슷하게 나타났다.

이처럼 정리된 설문내용은 분야별 전문가 필진에게 보내어 비평을 요청하였다.

● 현재 우리 사회의 관심사를 알 수 있는 TV 프로그램들을 보면, 대부분 새로 생긴 인기 있는 TV 프로그램이 개인의 행복추구에서 발생하는 갈등을 다루고 있다. 이 문제를 해결하는 방법으로는 개인의 안정을 보장할 수 있는 복지제도, 보호법 등을 제정하는 방법이 있다.

(임형우 / 부산)

● 요즘은 가면 갈수록 환경이 불안정해지고 빠르고 효율적인 방법만 추구하고 있다. 이로 인해 개개인에게 강박과 우울이 많이 찾아오고 있으므로 개개인의 불행과 아픔에 대해 적극적으로 공감하고 해결할 수 있는 것이 우선적인 문제로 떠오르고 있다. 요즘은 스펙중심을 요구하기 때문에 개인적으로도 행복보다는 사회가 요구하는 기준에 부합하기 위해 노력하는 편이다. 나 스스로도 성격상 행복보다는 항상 사회적인 요구에 따라 움직이며 스스로의 성격이 점점 더 강박적으로 변하고 더욱더 불안함을 많이 느끼고

있다. 이 문제를 해결하기 위해서는 본인이 가지고 있는 문제를 속 시원히 이야기할 수 있는 곳을 찾아가야 한다고 생각한다. 예를 들어 부부면 부부문제를 해결할 수 있는 상담센터에 가고, 어떠한 법률적인 고민이 있으면 법률상담센터에 찾아가 보는 것이다. 더 심하면 병원을 마음 편히 갈 수 있도록 재정적 지원과 고민 상담멘토링제를 통해 더욱더 적극적으로 문제를 해결할 수 있다. 또한, 아이스버킷챌린지처럼 릴레이형식으로 희망메세지를 촬영하여 시민이 직접 제작하는 희망광고를 제작하거나 같은 고민이 있는 사람을 모아서 서로의 고민을 터놓고 이야기할 수 있는 토크 콘서트를 개최하는 것도 새로운 방법이 될 수 있다고 생각한다. 커피컵 밑 부분에 희망메시지를 담아 커피 봉사운동 같은 것을 해도 괜찮을 듯싶다. 또 안심행복위원회를 만드는 것도 좋을 것 같다. 나는 현대사회에서 문제의 시작은 개인의 불행이라고 생각한다. 가면 갈수록 개개인은 불행해지고 이는 나중에 표면적인 사회의 문제로 표출된다고 본다. 이러한 부작용을 조금이라도 막기 위해서는 개인의 안정과 행복을 위해 적극적으로 지원해 줄 수 있는 제도가 필요하다고 생각한다. (익명 / 부산)

- 그냥 개인의 안전과 행복이 사람에게 가장 중요한 것 같다. 이 문제를 해결하려면 사회 외적으로 여러 가지 제도의 마련이 필요하고, 사회 내적으로는 개인의 마음가짐이 중요할 것 같다.

(익명 / 부산)

- 뉴스에 나오듯 범죄들이 많이 나옵니다. 여성들의 귀가 시간에 위험한 것이 가장 문제입니다. 저도 집에 가던 중에도 술 취한 사람

이 갑자기 튀어나와서 놀라서 집까지 뛰어왔던 적이 있습니다. 가로등 설치, 호루라기 소리, 전자발찌 착용자 위치파악 등 안전한 귀가를 위한 조치가 필요합니다. (민수진 / 부산)

개인의 안정과 행복 비평에 앞서

●

김동규

이 부분은 의제 전체를 아우르는 주제이다. 네 개의 설문이 뽑혔지만, 각 설문에 대한 응답 곳곳에 개인의 안정과 행복에 해당하는 내용이 있었다. 그런데 이 의제 중 유독 눈에 띄는 것이 있다면, 여성에 대한 폭력을 예방하기 위해 밤거리를 안전하게 유지하자는 견해였다. 이 견해에는 좋으나, 사람에 대한 감시기술이 가지는 문제점에 대한 고려가 없었다. 범죄자에 대한 신상공개나 위치 파악이 범죄자의 인권 문제를 소홀히 할 수도 있다. 이것이 거리를 안전하게 한다는 보장도 설득력이 없다. 좀 더 시민 사이의 신뢰를 높이면서 시민이 자발적으로 문제를 해결할 수는 없을까.

인권 분야의 견해에도 나오겠지만, 인권은 제한이 없어서 범죄자에게든 피해자에게든 적용되어야 하는 권리이다. 뿐만 아니라 범죄자에 대한 신상공개 등도 감시기술의 확산이라는 우려를 동반하고, 시민의 권리를 옥죌 수 있는 수단이 될 수 있으므로, 이러한 위험성을 함께 고려해서 더 좋은 해법을 고민하고 토론하면 좋겠다. 제안자의 견해는 그 정도로 문제가 되는 주장은 아니나, 이런 부분을 고려한 해법을 고민한다면 더 좋은 제안을 할 수 있을 것이라 기대한다. 여성들의 달빛 시위 역시 여성이 밤거리를 안전하게 다니려는 의도에서 나온 시위이다. 어쩌면 막연한 시위이지만, 이와 유사한 시위들이나 주장들이 어떤 것들을 만들어내는지 지속적으로 지켜볼 일이다.

이와 연관해서 질문하고 싶은 것이 있다. 개인의 안정을 위해 더 큰 권력을 소환하는 것은 과연 정당한 것이며, 이것이 우리의 삶을 행복하게 할까? 자비로운 지배자의 등장은 그의 자비가 철회되는 순간 폭력이 될 수도 있으니, 이런 위험성을 우리 주변에 둔다는 것은 곧 우리의 행복이 한 번에 휴짓조각이 될 수도 있다는 뜻이다. 이런 힘을 주변에 두는 방법이 과연 최선일까?

개인의 안정과 행복을 보장하는 것은 개인의 차원과 사회 구조적 차원 그리고 문화와 가치의 차원이 존재한다. 따라서 자유롭고 평등한 개인들이 소통하고 공감함으로써 건전한 관계성을 형성하고, 이러한 관계성을 바탕으로 문화적이고 사회적인, 심지어 제도적 삶을 풍성하게 만드는 것이 중요하다. 이를 위해 필요한 것이 공존의 기술이며, 이러한 기술로 인해 생산된 결과를 향유하는 것이 개인의 안정과 행복을 위해 중요하다.

우리는 누구나 행복할 권리가 있다. 그러나 권리는 원자적인 개념이 아니라 관계를 통해 만들어지는 개념이다. 따라서 행복추구권 역시 소통과 공감이라는 사회적 관계를 통해 지속적으로 그 내용과 형식을 재창조해야 하는 것이다. 이 둘은 분리되는 것이 아니므로 우리는 이를 소통감compassionication이라는 말을 만들어 불러보는 것은 어떨까? 아무튼 개인의 권리가 관계를 통해 산출되는 것이라면, 행복추구권 역시 일종의 공적 가치가 되는 셈이다. 이러한 가치가 현재를 사는 사람들에게 입기 좋은 옷, 보기도 좋은 옷이 된다. 이 의제는 후속하는 모든 의제를 아우른다는 의미에서 시민의제의 토대에 해당한다. 그런 점에서 이는 시민성을 함양하기 위한 기본 목표이기도 하다. 이런 시민성 함양의 기본적 기술, 입기도 좋고 보기도 좋은 옷을 지어 입는 시민들의 공존 기술 중 하나로 안지영 선생의 공감대화를 소개한다. 이는 행복하고 안정된 삶을 위한 기술 중 하나이다.

타고난 공감을 키우기 위한 실천과 제도가 필요

●

안지영

이 장의 주제인 '개인의 안정과 행복'을 취하기 위해 '비폭력대화'와 '회복적 정의'를 소개하고자 한다.[1] 이 자리를 빌려 이 두 가지 개념—더 나은 행복과 평화를 구현하기 위한 새로운 패러다임—을 소개하게 되어 대단히 기쁘다. 이 두 가지 개념을 간단히 소개하면, '개인과 공동체의 효과적인 의사소통과 평화로운 공존을 돕는 구체적인 실천방법'이라는 것이다.

이 두 가지 개념과 방법을 접하고 체득하기 위해 노력하는 과정에서 한층 자유로워질 수 있다. '선과 악', '우리와 적', '정의와 불의'로 구분된 세상에서 끊임없이 자신의 위치를 확인하며 불안하고 두려웠던 데로부터. 혹자는 우리의 유전자를 '이타적 유전자', '이기적 유전자'로 단정 짓고 각기 다른 주장을 전개하기도 하였다. 그러나 맹수

---

1. 이에 대한 내용들은 다음의 책을 근거로 한다. 마셜 B. 로젠버그, 캐서린 한 옮김, 『비폭력 대화: 일상에서 쓰는 평화의 언어, 삶의 언어』(서울: 한국NVC센터, 2011); 하워드 제어, 손진 옮김, 『회복적 정의란 무엇인가?: 범죄와 정의에 대한 새로운 접근』(춘천: KAP, 2010).

에 비해 나약한 신체조건을 가진 인간이 어떻게 지금의 문명을 이룰 수 있었는지 돌아보자. 인간에게는 타인 및 세상과 공감하고, 소통하고, 협력할 수 있는 본성과 능력이 있었다. 그래서 '공감'은 본성이다. 이 사실을 몸과 마음으로 체득하고 나서부터 낯선 환경과 사람도, 어떠한 심리적 고통과 갈등도 자유롭게 대응할 수 있게 되었다. 타고난 본성에 의해 감지되는 '희로애락'에 살아있음을 감사하면서.

새삼스럽지만 최근 들어 '공감' 본성에 대해 과학적이거나 심리적인 발견이 이어지고 있다. 우리가 '착하거나 나쁘다'고 판단하는 것은 어떤 행위가 끼친 영향에 대한 평가일 뿐이다. 행위는 생존하기 위해 취하는 현재진행형의 선택이다. 행위에 대한 평가는 해당 시대, 지역의 문화와 관습, 당시 주변인의 성향과 상태 등에 따라 달라진다. 어떤 행위를 할 것인지에 대한 선택 또한 매 순간 달라진다. 순간의 선택은 잘못될 수 있지만 공감할 수 있는 본성은 언제나 존재한다. 그래서 죄는 미워해도 사람은 미워하지 말라는 말은 타당하다.

그동안 우리는 인간에게 '타고난 본성' 또는 '인간으로 존재하는 데 필요한 생존 욕구'에 대해 '이기심, 욕망, 욕심' 등으로 잘못 인식하고 이해시키는 식의 도덕교육을 진행해왔다. 어떤 행동을 하거나 하지 말라는 주입식 교육으로 인류의 평화가 더 잘 구현되리라고 희망하였다. 그러나 타인과 집단, 사회, 국가를 위해 자신의 본성을 소홀히 하고 망각하게끔 하는 교육과 관습을 유지해온 결과 자신의 존재에 대한 권리와 책임마저 잃어버리게 되었다. 오히려 스스로 자신에게 필요하고 원하는 것을 파악하는 '나를 향한 공감', 나아가 '나와 타인'을 동등하게 존중하고 소통할 수 있는 공감 능력의 개발이 필요하다. 개개인이 할 수 있는 '최선의 선택', 모두가 만족할 수 있도록 지혜를 나누고 '최선의 행위'를 하기 위해서는 '공감' 본성을 자각하고, 더 잘 개발시켜 가기 위한 '인식 개선, 훈련, 사회적 시스템' 등을 마련하는 것이 필요하다.

1. 일상에서 쓰는 평화의 언어, 삶의 언어, '비폭력대화' [2]

1) 개요

연민의 대화Compassionate Communication 혹은 삶의 언어Language of Life라고도 불리는 비폭력대화Nonviolent Communication는 서로의 차이를 존중하고 갈등을 평화롭게 해결하는 하나의 의사소통 기술로 개발되었다. [3] 비폭력대화에서 '비폭력'이란 간디의 아힘사ahimsa 정신에서 나온 것으로, 마음 안에서 폭력이 가라앉고 자연스럽게 인간 본성인 연민으로 돌아간 상태를 의미한다. 즉 "우리의 생각을 지배하고 있는 이기심, 탐욕, 미움, 편견, 의심 및 공격적인 태도 대신에 다른 사람에 대하여 존중, 이해, 감사, 연민, 배려가 우리 마음 안에 우위를 차지하도록 하는 것이다."

비폭력은 오늘날 인류의 생존과 번영을 위해 우리가 선택해야 하

---

2. 유정혜, 「비폭력대화의 도덕교육적 함의」, 한국교원대학교 대학원 석사학위논문(2013), 8~15쪽에서 요약발췌.
3. 비폭력대화는 임상심리학자이며 평화 운동가인 마셜 로젠버그(1934~2015)에 의해 개발되었다. 그는 1960년대 인종차별폐지법이 시행될 때 일어난 여러 가지 갈등을 해소하기 위한 미연방정부의 프로젝트를 계기로 비폭력대화를 개발 보급하게 되었으며, 1984년 CNVC(center for non-violent communication)을 설립하고 세계 여러 곳에서 NVC훈련과 국가 간 분쟁 지역에서 중재자로 활동하고 있다. 한국에는 2003년 캐서린 한이 처음으로 소개하였다.

고 선택할 수 있는 삶의 존재방식으로 주목받고 있다. 비폭력적 삶의 방식을 통해 사람들은 자신과 세계를 더 깊이 있게 이해하고 진리에 한 발 더 다가서게 된다. 진리는 곧 삶의 의미이며, 그것은 우리가 어떤 행위를 하건 연민과 자비심을 갖고 다른 존재들과 마음을 나누는 관계로 연결되는 것이다. 비폭력대화가 지향하는 것도 '솔직함'과 '공감'에 기초한 질적 유대관계를 통해 모두의 삶을 풍요롭게 하고 나아가 조화롭고 평화로운 세상을 만드는 것이다.

그런데 타인에 대한 사랑과 자비, 용서를 실천하기 위해서는 내적인 힘을 기르는 과정이 필요하다. 그리고 그 내면의 힘은 공포와 두려움으로부터 나오는 폭력의 힘과는 질적으로 다른 것이다. "힘에는 두 가지가 있다. 하나는 처벌의 공포로부터, 나머지 하나는 사랑이 담긴 행동으로부터 나온다. 사랑에 바탕을 둔 힘은 공포로부터 나온 힘보다 천 배나 더 강하고 오래 지속된다." 간디가 이러한 비폭력과 사랑의 힘을 지니고 실천할 수 있었던 것은 인간의 선성에 대한 확고한 믿음 때문이었다. 그는 누구도 의도적으로 악한 사람이 되고자 하지는 않는다고 굳게 믿었다.

비폭력대화에서도 연민으로 서로의 삶에 기여할 때 기쁨을 느끼는 것이 인간의 본성이라고 전제한다. 그런데 우리들이 이러한 본성을 잃고 폭력을 쓰는 이유는 무엇이고, 왜 어떤 사람들은 어려운 상황에서도 본연의 인간성을 잃지 않고 다른 사람들에 대한 연민을 유지하는가? 로젠버그는 이에 대한 연구를 통해 대화할 때 쓰는 말과 말하는 방법의 중요성을 깨닫게 되었다. 그는 인류가 겪은 '지배와 폭력'의 역사는 인간의 본성을 가로막고 소수가 다수를 다스리는데 편리하게 만들어진 언어를 우리에게 물려주었다고 주장한다. 사람들은 옳고 그름, 좋고 나쁨, 정상과 비정상 등 인간을 판단하고 비판하는 말들에 익숙해지면서 스스로를 불신하고 외부의 권위 있는 사람이나 조직에 자신을 맡기게 된다.

그러나 한편 인간은 노예가 되도록 태어나지 않았기 때문에 강요나 비판을 듣게 되면 방어나 공격적인 반응을 보이기도 한다. 따라서 판단이나 강요는 사람을 복종하거나 반항하게 함으로써 어떤 경우든 인간적인 연결을 어렵게 만든다. 로젠버그는 비폭력대화를 통해 우리의 본래 모습을 상기시키고 질적 유대관계를 맺는 것이 그의 의도라고 말한다. 솔직하고 명확하게 자신을 표현하고 다른 사람의 이야기를 존중과 공감으로 들을 수 있게 되면, 서로 주고받기를 원하는 마음이 생기게 된다는 것이다.

비폭력대화의 핵심은 솔직함과 공감에 바탕을 둔 연결이지만, 그것은 기본적으로 자기 공감과 자기 소통으로부터 출발한다. 우리는 다른 사람들과의 관계는 물론 자기 자신과도 보다 따뜻하고 진실한 관계를 맺는 것이 필요하다. 인간관계에서 사람들은 자신의 욕구를 인식하지 못하고 두려움이나 죄책감, 수치심을 피하기 위해 어떤 말이나 행위를 하게 되는 경우가 많다. 또는 비난, 강요, 위협, 처벌을 서로 주고받거나 자기변명이나 정당화를 위해 진심과는 다른 말이나 행위를 하는 경우도 많다. 이런 상호작용 방식들은 각자의 마음에 불편한 느낌을 가져오고 사람들과의 관계도 왜곡시키며, 결과적으로 타인뿐만 아니라 자기 자신으로부터도 단절과 소외를 초래한다.

비폭력대화는 구체적으로 실현할 수 있는 절차와 기술을 통해 우리가 자기 자신 및 타인과 내적으로 연결될 수 있도록 돕는다. 그 방법의 핵심은 자신과 상대방의 느낌과 욕구를 인식하고 그것에 공감하는 훈련을 하는 것이다. 외부 환경이나 다른 사람들의 말과 행동은 우리의 느낌을 불러일으키는 자극은 될 수 있어도 결코 우리 느낌의 근본 원인은 아니다. 우리 느낌의 근본 원인은 이면에 있는 나의 욕구이며 이것을 깨닫게 되면 자신의 느낌과 욕구에 책임질 수 있는 내적인 힘이 생긴다. 따라서 외부의 비판이나 평가를 들었을 때 방어하거나 반격하는 행동양식, 반대로 다른 사람을 비판하거나 분석, 평가하는 습관적이고 자동적인 반응 대신, 서로가 원하는 것에 의식을 집중하는 것이 중요한 요소이다. 그럼으로써 누구의 욕구도 억압되거나 포기되지 않고 모두의 욕구가 조화롭게 충족될 수 있는 창조적 에너지로의 전환을 기대한다.

2) 구성요소[4]

비폭력대화는 우리의 의식을 네 가지 영역으로 나누어 '무엇을 관찰하고, 느끼고, 바라고, 삶을 풍요롭게 하기 위해 무엇을 부탁하는가'에 집중하면서 자신을 표현하고 다른 사람의 말을 귀 기울이도록 대화 단계를 구조화하였다. 즉, 비폭력대화는 관찰Observation, 느낌 Feeling, 욕구Need, 부탁Request의 4요소의 단계로 다음과 같다.

첫째, '관찰'은 어떤 상황에서 실제로 일어나고 있는 것을 보고 듣고 접촉한 상황에 대해서 있는 그대로 객관적이고 구체적으로 묘사

---

4. 강미숙, 「비폭력대화 프로그램이 다문화 부부의 부부이해도와 결혼만족도에 미치는 효과」, 제주대학교 교육대학원 석사학위논문(2014) 22~24쪽에서 발췌 및 수정 보완.

하는 것으로 평가와 분리되어야 한다. 판단, 평가, 추측, 의견을 섞어서 말하면 상대가 이를 비판으로 듣고, 자기 행동을 변명, 합리화하거나 공격할 준비를 하는 데 에너지를 쓰게 되어 더 이상 대화가 진전되지 않는다. 또한, 내 마음속에 일어나고 있는 판단이나 평가를 사실로 바꾸어 표현한다.

둘째, '느낌'이란 외적, 내적 자극을 받았을 때 몸과 마음에서 일어나는 반응이다. 느낌은 필요한 것을 알려주는 경보기 같은 것으로 우리의 내면의 욕구와 연결되어 있어 욕구가 충족되었는지 결핍되었는지 그 여부에 따라 달라진다. 느낌은 또한 생각과 구별되어야 하는데 생각이나 평가가 섞이면 내 느낌의 책임을 상대에게 미루게 된다. 느낌을 표현할 때 뜻이 모호한 말보다 구체적인 느낌을 나타내는 낱말을 사용하는 것이 도움된다. 예를 들어 "그거 좋을 것 같은 느낌인데"라고 할 때 '좋다'라는 말보다 '설레다' '기쁘다' '마음이 놓인다.' 등으로 여러 가지 다른 의미로 표현할 수 있다. 느낌은 타인과 정서적으로 연결해주기 때문에 자신의 느낌을 정확하게 인식하고 표현하는 것이 중요하다. 느낌은 욕구가 충족되었는지 그렇지 않은 지에 따라 몸과 마음이 반응하는 것이므로 신체적 느낌과 정서적 느낌을 모두 알아차리는 것이 중요하다.

셋째, 자신이 알아차린 느낌은 내면의 어떤 '욕구'와 연결되어있다. 느낌을 통해 내면에 충족되거나 충족되지 않은 욕구를 찾는 것이 매우 중요하다. 우리가 하는 모든 행동은 어떤 욕구를 충족하려는 이념, 언어, 지역, 성별, 나이, 문화를 넘어서는 보편적인Universal 것이다. 그러하기에 대화의 초점을 욕구를 인식하고 표현하는 것에 맞추게 되면 인간관계의 내면에 흐르는 본질을 바라보는 것이 가능해지고 보다 명료하고 따뜻한 의사소통을 할 수 있게 된다. 욕구와 욕구를 충족시키는 수단/방법을 혼동하는 경우가 많으므로 이에 주의할 필요가 있다.

'욕구'는 삶의 에너지와 연결되는 것으로 비폭력대화 의식의 핵심이다. 느낌이 자신의 욕구에서 나온다는 것을 알게 되면 자신의 느낌에 책임을 지게 된다. 다른 사람의 말이나 행동이 자신의 느낌을 불러일으키는 자극이 될 수 있어도, 결코 느낌의 원인이 아니라는 인식을 새롭게 해준다. 욕구는 보편적인 것이기에 모두 똑같이 갖고 있는 것으로 욕구 차원에서 우리 모두 연결되는 것을 체험할 수 있다. 그러나 그것을 충족시키기 위한 수단(방법)은 사람마다 문화권마다 매우 다양하고 개개인마다 다르다.

또한, 한 장소에 여러 사람이 있을 때 사람마다 그 순간 필요한 욕구가 다를 수 있다. 이때 자신의 수단/방법만 옳다고 주장하면 갈등이 생길 수 있다. 수단/방법에 앞서 자신에게 필요한 바를 표현할 때 모두의 욕구를 충족할 수 있는 방법을 찾을 가능성도 커진다. 들어줄 때도 상대가 어떤 말로 자기를 표현하든 그 말 뒤에 있는 욕구의 에너지와 연결하는 것이 공감대를 형성하는 지름길이다.

넷째, '부탁'은 내 삶을 좀 더 풍요롭게 하는 데 필요한 것을 긍정적이고 구체적인 말로 표현하는 것이다. 부탁에는 '연결부탁'과 '행동부탁'이 있다. 연결부탁은 상대와 원활한 소통이 이루어져 마음이 연결되도록 하기 위한 것이다. 예를 들면 "제가 한 말에 대해서 어떻게 생각하시는지 말씀해 주시겠어요?", "당신이 바라는 것이 무엇인지 말씀해 주시겠어요?"와 같은 부탁이다. 행동부탁은 상대에게 행동해 주기를 원하거나 해법을 요구하는 것으로 명료하게, 긍정적, 구체적, 가급적 질문의 형태로 요청하는 것이다. 부탁하기 전에 자신의 의도를 명확하게 하는 것이 중요하다. 진정한 부탁은 상대가 나의 부탁을 들어주든 거절하든 그것을 똑같이 받아들이는 것이다.

타인을 공감으로 들어주기 전에 자기 공감은 우선적으로 필요한 비폭력대화의 핵심적인 과정이다. 비폭력대화는 자기소통을 강조하는데 자신의 내부적인 메시지를 비폭력대화의 4요소로 본다. 그러므로 이 모델은 단순한 대화기술의 습득이 아니라 대화 자체에 대한 '관점과 태도의 변화'를 중요시한다.

비폭력대화모델의 의사소통의 방식에서 무엇보다 중요한 것은 4단계로 정리하거나 표현하는 음성적인 대화에 국한되지 않는다는 것이다. 실제로 말 한마디 하지 않아도 '솔직하게 말하기'와 '공감으로 듣기'라는 이 2가지 요소를 경험하는 것이 가능하며 고정적 공식이 아니라 상황에 맞게 유연하게 적용할 수 있다. 비폭력대화 모델의 정수는 4가지를 인식하는 마음에 있지 실제로 주고받는 말에 있지 않다. 따라서 공감의 마음으로 전달하고자 하는 의미나 의도는 표정과 몸짓, 침묵과 존재 자체만으로도 표현될 수 있다.

비폭력대화는 주의 깊게 경청하고 존중하는 자세, 연민을 길러주고 진정으로 서로 주고 싶은 마음이 생기게 한다. 비폭력대화는 친밀한 관계, 가족, 학교, 조직과 기관, 치료와 상담, 외교 · 사업 협상, 어느 상황에서나 일어날 수 있는 분쟁과 갈등 등 다양한 상황과 조건에 효과적으로 적용할 수 있다. 자기 자신을 더욱 연민으로 대하기 위해, 더욱 깊이 있는 인간관계를 나누기 위해, 나아가 세계적으로 온 갖 분쟁 상황에서 갈등을 중재하는 데 사용되고 있다.

2. 평화로운 공존을 위한 '회복적 정의'[5]

1) 회복적 정의의 역사

1974년 온타리오Ontario 주 키치너Kitchener의 작은 마을 엘마이라Elmira에서 십대인 두 명의 고등학생은 스물두 곳의 집을 돌며 창문을 깨고 자동차 타이어를 찢는 등 난동을 부린 혐의로 체포되었다. 이들은 기물파손과 난동으로 체포되어 재판을 기다리고 있었다. 당시 이 지역의 보호 관찰관이었던 메노나이트Mennonite교회 교인 마크 얀치Mark Yantzi와 동료 데이브 월스Dave Worth는 이들에 대한 보고서를 작성하면서 이들이 피해자와 대면하는 것이 치유적인 면에서 도움이 될 것이라는 의견서를 첨부하여 제출하였다.

법적 근거도 없었고 전례가 없는 이들의 제안은 판사에 의해 받아들여졌고, 가해 소년들은 보호 관찰관과 함께 당사자들과 직접 만나 합의할 것을 선고받았다. 이들은 직접 피해자의 집을 일일이 찾아가 자신들이 누군지 밝히고 사과하고 피해에 대해 합의하는 시간을 가졌다. 이들은 이사를 가서 연락이 끊긴 한 집을 제외한 스물한 곳을 직접 방문하여 피해자의 이야기를 듣고 직접 사과하고 피해 회복을

---

5. 서정기, 「학교폭력에 따른 갈등경험과 해결과정에 대한 질적 사례연구: 회복적 정의(restorative justice)에 입각한 피해자–가해자 대화모임(victim–offender mediation)을 중심으로」, 연세대학교 대학원 박사학위논문(2011) 17~27쪽에서 요약 발췌 및 수정보완.

위해 합의하였다. 그들은 봉사 활동과 현금 배상을 통해 피해를 회복하기 위해 노력했으며 몇몇 가정은 이들의 직접적인 사과만으로 용서하고 합의를 해 주었다. 작은 시골 마을에서 일어난 사건에 주민들은 충격을 받았으며 막연한 공포로 두려웠지만 가해 소년들의 직접적인 방문과 사과는 마을에 안정을 가져다주었다. 가해 소년들은 계속 마을과 지역사회의 구성원으로 살아갈 수 있게 되었다.[6] 일반 재판이었다면 유죄판결을 받고 수감되어 소년들은 범죄자로 마을 공동체와 격리되어야 했다. 하지만 이 작은 사법 실험은 당사자의 직접적 갈등해결, 피해의 회복과 지역사회 공동체의 재통합이라는 결과를 가지고 왔다. 캐나다 작은 마을의 사법실험은 캐나다 사법계에 큰 반향을 일으켰고, 이후 캐나다에서는 다양한 회복적 사법 실무와 모델들이 개발되고 발전하였다. 오늘날 전 세계적으로 약 1,200개의 회복적 정의 실천 프로그램이 진행되고 있으며, 미국에서만 약 500여 개의 프로그램이 운영되고 있다. 이들 프로그램의 참여자와 사건의 특징들을 분석한 결과 대체로 경미한 사건을 중심으로 진행되고 소년사건에 적용되는 비율이 높았다. 통계에 따르면 약 90%가 청소년이 연루된 사건들이며 사건들의 유형은 폭행, 절도, 시설파괴 등이

---

6. 키치너 실험에 대한 보다 자세한 내용은 Peachery, D. E. (1989). The kitchener experiment. In Wright, M. & Galaway, B. (Eds.), Mediation and criminal justice: Victims, offenders and community (pp 14-26). Thousand Oaks: Sage Publications 를 참고할 것. 또한 YTN에서 2010년 12월 16일 방영'[YTN 스페셜] 나쁜 아이들 5부 - 죄와 벌, 그리고 용서'에서 확인할 수 있다.

7. 회복적 정의와 회복적 사법에 대한 용어의 사용은 연구 분야에 따라서 그 사용이 구분된다. 사법 분야에서는 회복적 사법으로 통일해서 사용되고 있으며 갈등해결에 초점을 둔 분야에서는 사법보다는 회복적 정의라는 용어를 사용하고 있다. 이 글에서 저자는 'restorative justice'를 원칙적으로는 회복적 정의로 사용하며 사법제도 내에서 사법집행의 일환으로 실천되고 있는 경우로 제한해서 회복적 사법이라는 용어를 사용했다.

회복적 정의 실천의 적용 대상들이었다. 하지만 오늘날의 사법에서 회복적 접근은 성인사건과 강력 범죄로 그 적용의 범위가 확대되고 있다.

2) 응보적 사법retributive justice과 회복적 사법restorative justice[7]

현대의 형사사법은 징벌중심의 응보적 사법 패러다임에 기반을 둔다. 응보적 사법은 잘못된 행동(범죄)을 사회규범의 파괴이자 국가에 대한 공격으로 본다. 그렇기에 응보적 사법은 형벌을 통해 범죄에 책임을 부여하고, 이는 정의의 실현이며 이를 통해 범죄를 예방할 수 있다는 것을 전제로 한다. 따라서 피해자는 국가가 되고 피해는 추상적으로 인식되며, 가해자(범죄자)는 그에 상응하는 고통을 받는 것으로 잘못에 대해 책임을 진다. 응보적 사법에서는 범죄는 곧 국가에 대한 공격이므로 사법절차는 유죄 확정을 짓고 절차적 평등 안에서 적절한 형벌을 제공하는 것에 초점이 맞춰진다. 하지만 이로 인해 실제적 피해 당사자는 사법과정에서 배제되고, 피해자의 요구와 회복은 부차적이 된다. 피해자는 사법절차에서 증언자로서 부수적인 존재로 인식될 뿐이며 사법과정에서 소외된다. 가해자 역시 피해자가 어떠한 고통을 겪는지 알지 못할 뿐 아니라 자신이 선택한 행위의 결과에 대해서도 규범의 위반이라는 추상적 이해에 머물게 된다. 나아가 응보적 사법에서는 가해자와 피해자의 관계가 중요하지 않기에 사법절차에서 양자의 관계적 화해가 추구되는 것도 아니다.

반면에 회복적 사법의 관점에서 범죄는 사람에게 일어난 피해이며 정의란 범죄자를 처벌하는 것으로 성취될 수 있는 것이 아니다. 사법절차는 회복을 증진하는 것이어야 하며 이를 위해 범죄로 영향을 받은 당사자들-피해자, 가해자, 지역공동체-이 해결 과정에 참여하고 노력해 나가야 한다. 왜냐하면, 범죄로 인한 폐해가 복원되었을 때, 공동체가 회복되고, 피해자는 자아를 회복하고 나아가 강화하며 empowerment[8], 가해자는 자신의 잘못을 깨닫고 책임 있는 모습으로 공동체의 구성원으로 돌아올 수 있기 때문이다. 오늘날 회복적 사법은 범죄자와 피해자의 자발적 참여와 대화를 통하여 화해를 도모하는 일종의 갈등해결 절차로서 가해자 반성과 재범방지에 긍정적인 효과가 있다. 가해자에게는 형사 절차와 전과자라는 낙인을 피할 수 있는 장점이 있고, 피해자에게는 가해자로부터의 사과와 피해배상 등을 통해 신변의 안전감 확보 등 피해극복에 긍정적 효과가 있는 것으로 평가받고 있다.

회복적 사법은 전 세계로 확대되어 적용되면서 다양하게 불리게 되었다. 서로 다른 국가에서 모두가 동의하는 공통의 개념으로 정의하는 것이 어려울 뿐 아니라 각각의 다른 언어로 정확하게 번역해 내는 것이 불가능하기 때문이다(UN, 2006). 오늘날 회복적 사법은 '관계적 사법relational justice', '적극적 사법positive justice', '전환적 사법transformative justice', '공동체 사법community justice' 또는 '재통합적 사법reintegrative justice' 등으로 불려 왔으며, 현재는 '회복적 사법restorative justice'이 일반화되었다. 회복적 사법이라는 개념은 1977

---

8. 피해자는 사건의 해결과정에 참여하여 범죄로 인한 피해와 폐해를 직접 해결하는 경험을 통해 상처받은 자아가 원상으로 회복(restoration)되는 것에서 나아가 스스로 책임 있는 구성원이자 주체로서 스스로의 가능성과 역량을 신뢰하고 자아를 강화(empowerment)하게 된다.

년 바아넷트Barnett에 의해 처음 사용되었다. 당시 북미지역에서 행해지던 여러 피해자-가해자 조정mediation 프로그램의 원칙에 대해 지칭하는 의미로 사용된 이후 그 개념과 이론이 발전되어 왔다. 1980년대 이후에 회복적 사법의 다양한 실천 모형이 발전되어 왔고 형사사법의 대안적 패러다임으로 지속적인 연구를 통해 이론적 정립이 진행되어왔다. 마샬Marshall은 회복적 사법은 특정범죄의 이해관계를 가진 당사자들이 함께 모여서 범죄의 결과 및 그것이 장래에 미치는 영향에 대한 문제를 해결해 가는 과정이라고 정의했으며, 브레이스웨이트Braithwaite는 '범죄로 인하여 영향을 받은 사람들이 모여서 범죄로 인하여 야기된 손해를 어떻게 회복할 것인가에 대해 합의를 도출해 내는 과정'이라고 했다.

그러나 현대 회복적 사법은 1974년 캐나다의 사법실험을 계기로 피해자-가해자 화해 프로그램victim-offender reconciliation program, VORP이 시작되고 회복적 사법이 확산되게 되었다. 특히 소년사법에 있어 북미, 호주 및 뉴질랜드를 비롯한 유럽에서는 1990년대부터 회복적 패러다임을 소년사법제도의 기본원칙으로 삼고 구체적인 실천 방안을 모색해 왔으며 응보적 사법관점에서 회복적 사법으로 일대 전환을 이루었다. 오늘날에는 소년사법에서뿐만 아니라 성인사건, 강력흉악범죄, 성폭력 가해자 피해자에게도 적용되고 있다.

국내에서는 2000년대 이후 한국 현실에서의 회복적 사법의 의미와 실천 가능성, 개념정립에 대한 활발한 논의가 이루어져 왔다. 국내 회복적 사법의 논의들과 핵심적 원리에서 정립해 볼 수 있는 회복적 사법개념의 특징은 첫째, 범죄로 인한 피해의 회복에 주안점을 두며 둘째, 피해의 회복은 가해자와 피해자 등 이해관계자의 자발적인 대화를 통한 달성으로 정리될 수 있다. 회복적 사법에 대한 정의들이 보여주듯 회복적 사법의 주요 관심은 '회복'에 있다. 여기서 회복 restoration이란 피해자가 입은 피해와 폐해의 회복, 가해자가 다시 사회에 재통합하도록 하는 회복, 범죄로 인해 피해를 입은 공동체의 회복을 의미한다. 최근 한국에서도 학교폭력의 예방과 해결을 위해 회복적 정의 개념에 입각한 '회복적 생활교육'이라는 패러다임과 실천이 확산되고 있다. 교사, 학생, 부모, 이웃 등 교육공동체에서 다양한 피해가 발생했을 때 실질적인 피해 회복, 구성원간의 관계 회복을 통한 공동체 회복과 재통합을 구현해나가고 있다.

〈표〉 응보적 사법과 회복적 사법 비교

	응보적 사법(retributive justice)	회복적 사법(restorative justice)
관점의 차이	범죄는 국가와 법에 대한 침해이다	범죄는 사람과 관계성에 대한 침해
	잘못은 유죄를 만들어 낸다.	잘못은 의무를 만들어 낸다.
	정의는 국가의 비난(유죄 확정)과 고통 부여(처벌)로 성취된다.	정의는 잘못을 바로잡기 위한 피해자, 가해자 그리고 공동체 구성원의 노력으로 성취된다.
	핵심초점: 가해자가 합당한 형벌을 받는 것	핵심초점: 피해를 회복하기 위한 피해자의 요구와 가해자의 책임
초점	어떤 법을 위반했는가?	누가 피해를 입었는가?
	누가 범인인가?	피해자의 요구는 무엇인가?
	어떤 처벌이 합당한가?	누가 책임을 져야 하는가?

3. 한국에서의 실천

2000년대를 전후전후하여 지난 20여 년간 요한 갈퉁의 '평화적 수단에 의한 평화', '적극적 평화' 개념의 평화를 교육하고 실천해온

단체들이 있었다. 외국에서 들여온 이론 같지만 결국 우리의 공동체 문화에서도 있어왔고 우리들 심성에 본래부터 있어왔기에 많은 사람들의 심장과 마음에 울림을 주며 지속적으로 확산되어가고 있다.

지면 관계로 더 자세한 것은 아래 홈페이지를 참조하기 바란다.

※ 참고할 평화 교육 및 훈련 단체 홈페이지 주소

〈부산〉
민주시민교육원 나락한알 http://narak.kr/
부산 청소년종합지원센터 학교폭력예방 회복조정센터
http://www.bsyc.or.kr/sub02/sub01.php

〈서울 및 수도권〉
한국비폭력대화센터 https://www.krnvc.org:5009/
한국평화교육훈련원 http://www.kopi.or.kr/index.php?userAgent=PC&
비폭력평화물결 http://peacewave.net/
비폭력평화훈련센터 http://cafe.daum.net/NPTCenter
평화를 만드는 여성회 갈등해결센터 http://peacecr.maru.net/

● 기초생활보장수급자로 살아가는 나와 가장 직접 관련되어 있기 문제이다. 문화, 교육 분야보다는 생활금, 현실에 가장 필요한 돈과 관련된 문제가 이 분야의 핵심이다. 나는 매달 국가로부터 생활금을 받고 있지만, 확실히 부족한 면이 있다. 친척으로 도움을 받고 있어 남들 못지않게 살고 있지만 내가 아닌 또 다른 기초생활보장 대상자일 경우 지원금만으로는 살아가기 힘들다. 이에 대한 가장 좋은 해결방법으로 생활금을 올려서 지원해 주는 것이고, 여러 혜택이 분명 있을 것인데 이에 대한 정보가 부족하고 알지 못해 여러 번 혜택 받지 못하는 경우가 있어 이에 해결방법으로 SNS로 정보전달을 해 주는 것이다. 기초생활보장 수급자나 형편이 좋지 않은 가정에 관심을 많이 주는 것도 좋지만 노력하여 다시 일어날 수 있게 도와주는 것이 더 좋을 것 같다. (ㅇㅎㅈ / 부산)

● 저는 부산에 사는 대학생입니다. 군 전역 후 복학해서 학교에 다니고 있는데 통학을 하는 상황입니다. 정해진 생활비 내에서 교통

비가 상당히 많은 부분이 들어가는 것을 느꼈습니다. 환승 관련 요금정책이 바뀌었지만, 아직도 부담이 있습니다. 월초에 용돈을 받아 생활하는데, 저는 후불교통카드 기능이 있는 체크카드를 쓰고 있습니다. 아직 학생이라 정해진 금액 내에서 생활하고 있습니다. 이제야 월 중순이 지나가는데 오늘 아침 지하철에서 내릴 때 카드를 찍었더니 누적금액이 56,000원이었습니다. 통학하는 학생들에게 많은 부담으로 느껴집니다. 이처럼 대중교통 요금이 중순쯤 되면 5만 원가량 누적이 되는데 대중교통의 요금이 조금만 할인이 된다면 좋겠습니다. 수입원이 없는 사람들을 대상으로 (학생 or 노약자) 카드를 발급하여 대중교통 요금의 할인이 적용된다거나, 사용한 교통비가 일정 수준 이상이 되면 몇 퍼센트의 환급을 하는 것도 좋은 방법이 될 것 같습니다. 아니면 일정 비용이 적립되어 사용 가능하게 하는 방법도 좋습니다. 해결방안을 정리하자면 "①학생, 노약자 등의 신분확인 후 교통기능의 할인율이 있는 카드 발급. ②일정 요금 이상의 환급정책 ③교통요금의 일부를 적립하여 사용"이 되겠습니다. (장성식 / 부산)

- 어릴 때부터 부모님이 건강과 복지에 관한 말씀을 자주 해주셨고, 제가 사는 용호동도 용호1동과 2, 3, 4동의 빈부 격차가 커서 어릴 때부터 복지문제를 느꼈기 때문에 이 분야를 선택했다. 이 분야의 주요쟁점은 "부의 재분배"다. 초등학교 때에는 용호1동 주민의 자식만 다녔지만 중·고등학교 때에는 용호2, 3, 4, 대연동 등 많은 지역의 아이들이 같이 다녔다. 그러면서 소득의 격차를 엄청나게 느꼈다. 또한, 봉사활동을 다니면서 빈부 격차를 느꼈다. 이런 문

제들을 해결하기 위한 방안은 대기업의 법인세를 늘리는 것이다. 물론 일정 수입 이상을 얻게 될 시에만 많은 세금을 내도록, 부자들의 세금을 더 걷어 저소득층에게 나누어주고 많은 혜택을 준다. 또 지금도 시행되고 있는지도 모르지만, 자신의 세금이 정확히 어느 부분에 쓰이는지에 대한 도표나 그래프를 제시한다. 그러고 그것으로 인해 어떠한 상황이 더 나아졌다면 전후를 비교한 사진을 제시하여 사이트에 올린다면, 좀 더 가진 자가 저소득층에 관련된 세금을 기분 좋게 낼 수 있지 않을까? (김제형 / 부산)

● 많이 보아왔고 불편을 느꼈기 때문에, 건강-복지를 선택했다. 이 분야의 핵심쟁점은 "출근길 혼잡, 세대 간 갈등, 출근길 노약자분들"이라고 생각한다. 출근길에 너무 혼잡하다. 그러나 노인분들은 등산복 입고 편안히 앉아계신다. 이를 해결하기 위해서 노약자석의 나이제한을 올리거나, 소액이라도 돈을 받는다거나 시간을 제한했으면 좋겠다. 아니면 노약자석을 줄이는 것이 좋겠다.

(황지원 / 김해)

● 우리나라 복지문제가 많으므로 선택했습니다. 이 분야의 핵심쟁점은 "육아휴직"이라고 생각합니다. 우리나라가 다른 선진국의 육아 제도를 적용해도 좋을 것 같습니다. (박선영 / 부산)

● 최근에 한국사회에서뿐만 아니라 많은 국가가 고령화 사회로 문제를 가지고 있다. 그러다 보니 노인 복지 제도를 두고 많은 갈등과 문제가 발생하고 있다. 점점 더 빠른 속도로 고령화 사회로 접어들고 있으므로 빨리 이에 대한 해결방안을 찾아야 할 것이다. 현대화 시대에서 노인은 점점 늘어날 뿐만 아니라 의학기술 발달로

수명도 연장되고 있으므로 노인들의 생활안정을 위해 노인복지제도가 시급하다. 이러한 노인복지문제 해결을 위한 정확한 해결방안을 찾기란 쉽지 않은 것 같다. 하지만 복지에 대한 예산 비중을 늘리거나 다른 국가들의 잘 시행되고 있는 노인 복지 제도를 참고할 필요가 있을 것이다. 또 복지 시설도 늘렸으면 한다. 노인복지문제는 자신이 시간이 지났을 때도 마주할 수 있는 문제이다. 사람들이 더 적극적으로 이 문제에 관해 관심을 가졌으면 좋겠다. (권성민 / 부산)

● 고령화 시대에 접어들고 있는 한국은 복지의 개선이 필요하며 보험업체의 비객관적인 판단으로 보험금을 지급하는 등의 문제가 있다. 보험이 있다면 개인이 죽는다는 것은 더 이상 죽음으로만 끝나지 않는다. 문제는 보험금 지급을 위해서 사인을 밝혀야 하는 데서 발생한다. 이에 대한 사례는 TV를 통해서 쉽게 접할 수 있다. 사인이 증거불충분으로 자살이라 판별되어 보험금이 지급되지 않는 일 등. 물론 사인을 밝히는 점에 보험회사는 좀 더 전문적인 인력을 통해서 접근하려 하지만 너무 비인간적으로 접근한다는 것이 문제다. 이를 해결하기 위해서는 국익을 위하라는 말밖엔 없을 것 같다. 이익만을 따지지 말고 정말 진실을 밝혀내었으면 좋겠다. (익명)

● 살아가는 데 중요한 문제 중 하나가 '건강-복지'인데 우리나라는 복지제도가 잘 안 되어 있는 것 같아서 선택했다. 비싼 병원비 부담, 고령화 사회가 되어가고 있는데 노인복지시설 부족하고, 국민들이 의료복지제도에 대해 잘 모른다는 등에 대한 문제가 있다. 때

문에 병원비를 못 내서 치료를 못 받아서 사망하는 사례도 있다. 나라에서 의료복지에 더 많은 지원과 혜택을 주고, 고령화 계층을 위해 나라에서 운영하는 복지시설을 늘리며, 저소득층에게는 더 많은 지원을 해주어야 한다. 또한, 의료복지제도에 대한 정보를 알려주는 단체를 만들어 국민들에게 알리는 것이 좋겠다. 예컨대 "복리미(복지제도 알림이) : 학교에 설명회를 연다. 스마트폰 앱을 만들어 정보를 넣어놓고 검색을 통해 알 수 있게 한다." 같은 것을 만들어도 좋겠다. (조미애 / 김해)

● 남녀노소 누구나 건강−복지와 밀접한 관련이 있으므로 선택했다. 특히 낮은 장기 기증률이 문제라고 생각한다. 장기이식은 기존의 방식으로는 살려내기 힘든 말기질환, 환자의 장기를 정상장기로 대체하는 것으로 생명을 살리는 것이다. 그런데 주변에서 장기기증을 실제로 서약한 사람을 몇 명 보지 못했다. 또 내가 장기기증 신청으로 해도 내가 죽고 유가족이 반대하면 장기기증을 하지 못한다는 문제도 있다. 일단 장기기증에 대한 인식을 바꾸어야 한다. 우리나라는 동방예의지국으로서 부모님께 물려받은 신체를 훼손하는 것이 큰 불효라는 편견, 선입견을 가지고 있는데, 이를 개선해야 한다. 또한, 인식의 개선이 필요하다는 것을 학생들에게 교육해야 한다. (박소영)

● 장수시대의 복지와 건강이 아주 중요하다. 결국, 건강하지 못하면 나라의 복지예산이 많이 든다. 그런데 복지 사각지대와 복지금이 엉뚱한 데로 새어나가는 문제가 있다. 정말 몸이 불편하고 힘든 본인 혼자 움직일 수 없는 상황에서도 건강보험공단의 장기요양

등급(판정)을 내어주지 않는 부분과 등급판정을 받고 나서의 요양 보호사들의 관리가 제대로 되지 않는 문제가 발생하고 있다. 복지부의 전문화된 부서의 철저한 교육과 관리적 시스템으로 더욱 체계적이고, 엉뚱한 데로 빠져나가는 예산을 잘 조정 분배했으면 한다. 또한, 기존에 있던 직원을 전문교육을 해, 조직적 활성화와 서로 감시 감독하는 또는 감시단을 만들어 철저히 관리했으면 한다. (오경숙 / 창원)

● '건강-복지'는 현 사회에서 많이 다루어지는 내용으로 지면으로나 미디어 쪽으로 해서 많이 노출되어 쉽게 접할 기회가 많은 부문이라서 선택했다. 다양한 복지 분야에서 각기 단체나 기관의 이익에 맞추어진 복지서비스로 인하여 복지혜택을 받지 못하는 사람들이 있다. 예를 들면 비만의 경우 전 지구적인 문제인데, 주변에서 고도 비만자가 있는데 의료혜택이나 복지혜택을 제대로 받지 못한 채 아플 때 이용을 잘 못 하고 있다. 복지나 건강 분야는 서로 떼려야 뗄 수 없는 유기적 관계이다. 사회통합프로그램을 운영하여 기관과의 밀접한 상호작용이 필요하다. 또한, 전문가의 질과 인원을 늘려야 한다. 건강과 복지 분야에서 사각지대에 있는 것을 효과적으로 발견할 수 있는 운영체계가 필요하다. 사회복지사만으론 역부족이다. 주기적인 조사가 필요하다. 국가에선 예산 부족을 항상 들먹이지만, 꼭 필요한 부분이다. 사회복지사는 많은데 복지 공무원은 부족한 것인지 안 뽑는 것인지 모르겠으나 절대적으로 부족한 형편이다. 사회복지사 수를 늘려서 각 분야마다 인원을 투입해야겠다. 복지재단은 많은데 담당 공무원은 적다. (김선옥 / 김해)

● 우리나라는 아이 키우기가 너무 힘든 것 같아요. 회사 내에서 육아휴직을 쓰는 것에 대한 인식이 예전보다 나아졌지만, 아직도 많이 부족해서 여성들의 부담이 큰 것 같습니다. 박근혜 대통령이 대선공약으로 0~5세 무상보육을 하겠다고 했는데, 누리 예산(3~5세)을 중앙정부예산에서 안 쓰고 교육청에서 알아서 하라는 식으로 떠넘겼습니다. 그리고 0~2세 어린이집도 최근에 직장인 여성은 종일반(12시간)을 맡길 수 있는데, 전업주부는 6~7시간만 맡길 수 있게 바꿨습니다. 이런 문제를 해결하기 위해서 우선 대통령이 공약으로 삼은 것을 지켰는지 엄밀히 따져보는 단체가 있었으면 좋겠습니다. 그리고 육아, 휴직이나 보육에 대한 부담을 덜어줄 수 있는 법이나 정책이 만들어지면 좋겠네요. (회사에 돌아왔을 때 차별이 없도록) 유럽 국가는 아이 키우기 좋은 환경을 많이 만들어 놔서 벤치마킹해야 할 것 같네요. 외국에서는 (정확히 모름) 육아휴직을 몇 년 정해놓고 몰아서 쓰는 게 아니라 선택적으로 쓰고 싶을 때 쓸 수 있다고 합니다. 그리고 반나절만 쓸 수 있을 수도. 미국에서는 '유모'같은 직업이 있어 며칠이나 잠깐동안 맡길 수 있던데 우리나라도 그런 직업이 있으면 좋을 것 같습니다. (엄마들끼리 커뮤니티 만든다든가 해서 서로 도와줘도:;) 김무성 같은 사람은 아예 대선후보에도 오르지 못하게 대통령 후보 검열하는 단체가 있어도 괜찮겠네요. (윤소연 / 부산)

● 최근 100세 시대라는 말이 나올 정도로 고령화가 진행되고 있으며 아동보다는 노인의 비율이 점점 증가하고 있습니다. 사회 고령화 문제, 저출산 문제가 주요쟁점이라고 생각합니다. 이번 여름방

학 때 한국주택금융공사에서 잠시 일을 했는데, 그때 몇 명의 여 직원분들은 출산에 관한 복지혜택이 잘되어 있음에도 불구하고 자신이 출산휴가로 자리를 비우는 것에 대하여 다른 직원들의 비판을 두려워했습니다. 항상 늦게 퇴근하기에 육아에 소홀해질 수밖에 없어 출산을 꺼렸습니다. 주택연금의 제도도 생각보다 까다롭기에 혜택을 받지 못하는 노인분들도 보았습니다. 이 문제들을 해결하기 위해서 개인적으로는 노인은 은퇴 이후의 삶에 대비하도록 하고, 국가적으로는 노인복지정책, 출산장려책 제시, 외국의 사례 분석이 필요할 것 같습니다. 이외에 노인공경과 출산장려광고 및 캠페인도 필요할 것 같습니다. (육혜연)

● 한국사회에서 아동학대를 하는 가정이 증가함으로 인해 아이가 정상적으로 자라지 못해서 범죄자가 되는 경우가 급증하고 있다. 이런 아이들이 사회에 적응하지 못해서 일어나는 범죄들(성폭행, 살인…)이 큰 문제다. 이를 보여주는 사례로는 어머니의 강압적인 교육(야구방망이로 때리면서 공부시킴) 때문에 아이가 어머니를 살해한 사건 등이 있다. 이를 해결하기 위해서 학대받는 아이들의 정신적 치료를 무료로 확대(제가 정신과 의사 될 겁니다.)하면 좋겠다. 부모에게 들킬 것이 무섭다면 몰래 신청도 가능하도록 했으면 한다. 상처 때문에 부모와 같이 살고 싶지 않다면 정체성이 확립될 나이, 사랑받을 나이까지 돌봐주는 보육원, 센터 등을 확대(꽃동네, 아동 홀트 복지센터)하고 이런 아이들이 사회에 나왔을 때 사회에 잘 적응할 수 있도록 계속된 상담치료(정신과 의사들의 모임에서 카페를 만들거나 블로그를 만들거나, 쪽지로도

상담 가능)도 병행한다. 무엇보다도 범죄가 일어나는 이유는 그 부모들에게 있다. 범죄를 저질러서 재판할 때 부모도 같이 재판을 받고, 정신적 치료도 부모와 같이했으면 좋겠다. (보라킴 / 부산)

한 번 더 복지를 생각하다

•

유 동 철

1. 국민기초생활보장제도 급여 수준 증대 및 SNS 정보 제공

꼭 필요한 좋은 제안이라고 생각된다.

우리나라 국민기초생활제도의 급여를 받기 위한 조건은 두 가지이다. 하나는 부양의무자가 없거나 부양의무자가 있더라도 부양능력이 없어야 한다는 조건이고 두 번째 조건은 가구의 소득인정액이 선정기준 이하이어야 한다. 그래서 먼저 부양의무자 기준을 장기적으로 폐지해야 한다. 서구에서 산업화와 핵가족화는 전통사회의 가족기능과 상부상조 기능을 무력화시켰다. 그 결과 국가가 가족의 기능을 보완하거나 대체하는 '부양의 탈가족화defamilization of support' 현상이 나타났다. 이로써 개인의 빈곤해소를 국가가 책임진다는 '공적부양론'은 복지국가론의 핵심으로 자리 잡았으나 우리나라는 산업화 국가 중 유일하게 부양의무자 기준을 유지하고 있다. 특히 성인 장애인의 경우 성인임에도 불구하고 항상 부양을 받는 사람으로 규정한다는 것은 장애인에 대한 편견의 한 단면이라고 볼 수 있다.

둘째, 수급자 선정기준과 급여의 수준을 모두 중위소득의 50%에 맞출 필요가 있다. 실제로 OECD 대부분의 국가들은 빈곤의 기준이 중위소득의 50%이거나 60%에 해당한다. 우리나라는 현재 4인 가구가 생계급여를 받기 위해서는 중위소득의 28%인 약 118만 원, 의료급여는 40%인 약 169만 원, 주거는 43%인 약 182만 원, 교육급여는 50%인 약 211만 원 이하의 소득인정액이 있어야 한다. 소득인정액은 현금소득과 함께 재산을 소득으로 환산한 금액이 포함되어 있다. 이렇게 보았을 때 4인가족의 경우 118만 원 이하인 가구에만 생계급여를 준다는 것은 가혹한 경우라고 할 수 있다.

그리고 정보를 SNS로 적극적으로 보내주는 것도 좋은 아이디어이다. 정부(시청, 구청, 동사무소 등, 홈페이지 포함)에 방문하여 관심 분야를 지정하면 SNS를 통해 적극적으로 정보를 제공해 준다면 정보 접근권이 훨씬 높아질 것이다.

2. 대학생 교통요금 부담 경감_ 장성식

매우 좋은 제안이다. 대학생 교통요금 할인 카드를 도입하는 것도 실질적으로 경제활동을 하지 못하는 대학생을 위한 정책이라고 생각된다. 외국에서는 대학생들에게 생활비를 지급하는 경우도 있다는 것을 감안하면 이는 충분히 실행 가능한 정책이라고 보인다. 또한 대중교통사용금액이 많은 사람들에게 환급을 해주는 정책도 대중교통 사용을 독려한다는 면에서 좋은 정책 제안이다. 다만, 현재 대중

교통 사용요금에 대해 연말정산 시 공제 제도가 있으므로 조율하는 것이 필요하다. 이것은 교통 정책에서 다루면 더 좋을 것 같다.

3. 부의 재분배를 위한 조세정책_ 김제형

부의 재분배를 위한 조세정책은 매우 절실하다. 토마 피케티의 제안에서도 알 수 있다. 방법은 이명박 정권 때 무력화된 부유세를 복원하는 것이며, 이에 덧붙여 소득세의 상한 금액을 높이고 가산세를 강화하는 방법이다. 현재 과표기준 종합소득 1억5천만 원 초과인 사람들에게 부과되는 소득세율 38%를 40%로 높이고 3억 이상 소득자에게는 소득세율 50%를 적용할 필요가 있다.

4. 출근길 노약자들의 교통 이용 제한_ 황지원

출근길의 어려움은 이해하나 노약자들의 교통을 제한한다는 것은 노약자들에게 경제적 비용뿐만 아니라 심리적, 사회적 비용을 가중하는 결과가 올 것으로 생각된다.

5. 육아 휴직_ 박선영
우리나라는 만8세 이하 또는 초등학교 2학년 이하의 자녀에 대해 부모 모두 1년간의 유급 육아휴직을 사용할 수 있다. 이 경우에 육아휴직급여가 통상임금의 40%까지(월 상한액 100만 원) 지급되는데 매우 도움이 큰 제도이다. 다만 육아휴직 급여액이 낮아서 육아휴직을 선택하지 못하는 문제, 육아휴직을 신청하는 것에 대한 직장의 눈치 문제 등이 남아 있다. 이를 해결하기 위해서는 육아휴직 급여액을 통상임금의 50%까지 상향 조정하고 월 상한액도 150만 원으로 조정할 필요가 있다. 또한, 육아휴직을 신청제도에서 조정제도로 나가갈 필요가 있다. 지금은 육아휴직을 하려면 사업주에게 육아휴직을 신청하고 고용센터에 신청서를 제출해야 하는데, 이런 방법이 아니라 육아휴직을 하려는 사람이 고용센터에 접촉(전화나 방문)하면 고용센터에서 알아서 조정해 주는 방법이다.

6. 노인복지해결_ 권성민

너무 포괄적인 제안이어서 딱 꼬집어서 이야기할 수 있는 것이 없다. 다만 최근의 노인 문제에 접근하는 경향이 성공적 노화, 건강한 노화를 지향한다는 면에서 노인 의료비 문제를 반드시 해결해야 한다. 이를 위해서는 노인의료비는 본인 부담금 100만 원 이하로 제한하도록 하고, 주치의제도를 도입해서 여기저기서 의료쇼핑을 할 수 없도록 예방해야 한다. 부산은 우리나라 7대 도시 중 고령화 비율이 가장 높은 도시이다. 고령화 비율이 높은 것은 나쁜 것이 아니다. 오히려 어르신들이 편한 노후생활을 할 수 있는 도시로 만들 필요성이 높다고 보아야 한다. 그런데 부산시는 이에 대한 대처 능력이 전국 꼴찌로 나타난다. 고령화 대응력 지수는 경제 활력과 생활 활력으로 나누어져 있다. 부산발전연구원에 따르면 부산은 60세 이상 고용률이 7대 도시 평균보다 6~8% 낮게 나타난다. 어르신들의 경제 활력을 높이기 위해서는 어르신들을 아무 일자리에나 배치하지 말고 어르신들이 퇴직 전에 수행하던 일과 비슷한 영역에 취업할 수 있도록 지원해야 한다. 노인취업센터나 시니어클럽에서 어르신들이 퇴직 전에 하던 일에 취업시키는 경우 인센티브를 제공해서 취업을 활성화하여야 한다. 그리고 노-노케어라고 해서 건강하지 못한 어르신들을 돌보는 일자리를 건강한 어르신들에게 먼저 돌려드려서 일자리를 많이 만들어야 한다. 또한, 국민연금을 지금의 40년 가입 40% 보장에서 50% 보장이 될 수 있도록 지급수준을 상향 조정해야 하며, 기초연금과 국민연금가입 기간이 연동되도록 해 놓은 것을 풀어야 한다.

7. 보험업체의 사망 원인 조사에 따른 보험금 미지급

이것은 민간보험업체에 대한 이야기여서 다루기가 어렵습니다.

8. 의료복지 강화_ 조미애

제안처럼 의료복지 전반적인 것을 강화할 필요가 있다. 일단 건강보험료를 조금 올려 모든 질병을 건강보험이 다 커버할 수 있도록 해야 하며, 모든 질병에 본인부담금 100만 원이 넘지 않도록 해야 한다.

부산에 한정해서 이야기한다면, 부산의료원의 공공적 기능 강화 및 공공의료사업부 신설하여 장애인 진료, 야간 분만, 응급의료 등 필수적 의료서비스의 수행 기능을 강화해야 하며, 지역 국립대병원인 부산대학교병원, 지역암센터, 권역심뇌혈관질환센터 등과 협력하여 부산시 의료안전망 사업, 미충족 보건의료사업을 수행해야 한다.

또한, 생활 권역별 시민건강정보센터를 설치·운영할 필요가 있다. 시민들이 건강정보를 쉽게 접근하고 필요한 교육을 받을 수 있는 시민건강정보센터를 설립(1개 센터가 4개 자치구 관할)하고 여기서 건강한 생활 실천을 경험하는 건강 체험터 운영, 혈압, 혈당 조절 등 시민들을 위한 전문적 건강 상담, 시민 대상 맞춤형 보건교육 프로그램 운영, 시민들의 건강과 의료이용 궁금증을 해결하는 콜센터 운영, 권역에 소속되어 있는 보건소, 학교, 유치원, 어린이집 등의 보건교육 지원 등의 서비스를 해야 한다.

이러한 사업의 재원마련을 위해 담배소비세를 통해 조성된 재원의 50% 이상을 시민건강을 위해 사용하여야 한다. 담배세 중 국세에 해당하는 국민건강증진기금에 해당하는 재원은 국민건강증진을 위한 목적 기금으로 사용하지만, 지방세에 해당하는 담배소비세 재원은 그 사용처가 불분명하다. 건강도시 사업을 활발하게 펼치고 있는 원주시의 경우, 담배소비세 전액을 건강도시 사업 예산 등 건강을 목적으로 하는 재원으로 활용하고 있다. 부산시에서도 담배소비세를 건강도시 사업 등 시민들의 건강 향상을 목적으로 하는 예산으로 지정하는 것이 필요하다(예: 안전한 도로환경 조성, 마을 내 걷기코스 조성, 어린이 건강 먹거리 지원, 건강테마 공원의 조성 등)

9. 장기기증에 대한 인식 개선_ 박소영

장기기증이 활성화될 필요가 있다. 지난해 뇌사 장기기증자는

446명이었다. 2012년 409명, 2013년 416명 등 해마다 조금씩 늘기는 하지만 3년째 400명대를 벗어나지 못하고 있다. 살아있는 사람의 생체 기증(1,952명)과 사후 각막 기증(73명)까지 합하면 지난해 2,471명이 숭고한 '생명 나눔'에 동참했다. 이 정도 규모로는 급증하는 장기이식 대기자를 감당할 수 없다. 질병관리본부 장기이식관리센터에 따르면 장기이식 대기환자는 30일 현재 2만6749명이다. 지난해 말 2만4607명에서 9개월 만에 2,000명 이상 증가했다. 고령화와 만성질환 증가로 더 늘어날 전망이다. 반면 의학기술이 발전하면서 뇌사자는 점점 줄어들고 있다. 매년 1100여 명이 장기이식을 기다리다 안타깝게 생을 마감한다. 이 때문에 생체 기증이나 뇌사 장기기증으로는 현재의 장기수급 문제를 해소하기 어렵다는 지적이 나오고 있다. 이를 개선하기 위한 인식개선 사업이 필요하다. 이를 위해 운전면허증을 따기 위한 교육시간에 장기기증 인식개선 교육을 포함하거나 운전면허증 발급 시 장기기증서약도 함께 받을 수 있는 방법을 강구할 필요가 있다. 더불어 장기기증 후 남은 가족들에 대한 심리적 안정을 돕는 정책도 필요하다.

10. 복지예산 감시_ 오경숙

복지예산을 잘 감시해서 복지사각지대에 사용하자는 제안은 좋은 제안이다. 그러나 복지예산이 잘 집행되고 있는지를 감시한다는 것은 쉬운 일이 아니다. 조를 짜서 서로를 감시하게 하는 방법은 오히려 상호신뢰를 줄이고 감시사회로 가게 만들 위험도 있다.

11. 복지사각지대 해소를 위한 복지공무원 증원_ 김선옥

좋은 제안이다. 그런데 정부에서는 사회복지직 공무원을 2014년부터 2017년까지 6,000명을 증원하는 것을 목표로 공무원 채용을 하고 있다. 증원 계획이 끝나고 업무배치가 된 이후 다시 평가하여야 할 것으로 생각된다.

12. 육아휴직, 보육 강화_ 윤소연

좋은 제안이다. 육아휴직에 대해서는 앞에서 지적한 바 있고 보육을 강화하는 것은 우리나라에서 매우 중요한 방안이다. 먼저 누리과정 예산 중 어린이집 예산은 교육예산이 아니라 보육예산이므로 중앙정부에서 책임지는 것이 맞다. 그리고 부산의 경우 국공립어린이집을 이용하는 아동의 비율이 6% 남짓으로 서울의 절반 수준에 그치고 있다. 국공립어린이집을 지금의 두 배로 강화하고 민간어린이집도 준공공어린이집이 될 수 있도록 지원을 강화해야 한다. 보육교사의 인건비도 대폭 상향조정되어야 합니다. 무엇보다 우리나라에 아직도 도입되지 않고 있는 아동수당(또는 가족수당)이 도입되어야 한다. 그래야만 아동을 양육하는 데 경제적인 부담이 없어질 것이다.

13. 저출산, 고령화_ 육혜연

여기에 대해서는 앞에서 두루 살펴보았다.

14. 아동학대_ 보라킴

학대받는 아동을 보호하고 이들이 추후에 범죄자로 성장하지 않도록 지원하자는 내용은 좋은 제안이다. 현재 학대받은 아동들은 아동보호전문기관에 의해 보호되고 있다. 그런데 아동보호전문기관에는 단독 수사권한이 없고 인력도 부족하여 매우 어려운 상황이다. 이런 것들이 보완되어야 한다. 학대는 사후처방보다는 사전예방이 우선이다. 아동학대에 대해서는 사소한 잘못도 돌아볼 수 있도록 지속적으로 지적하고 큰 잘못일 경우 일벌백계할 수 있는 분위기가 필요하다.

● 지금 대한민국이 직시하고 있는 현실은 386 486 세대 VS n포 세대의 갈등이다. 우리가 말하는 386세대 486세대 즉 베이비붐 세대는 고성장시대에 태어나 소위 한국이 경제성장의 특권이란 특권은 다 얻고 지금 고위관직에 앉아있다. 그리고 그들은 현재 2015년을 살아가는 n포세대에게 '노오력을 해라', '하면 된다'라는 논리로 그 높은 지위에 앉아있다. 실제로 필자의 생각에서는 이런 베이비붐 세대가 청년들을 위해 희생해주지 않고, 자기들이 빠는 꿀을 계속 빨려고 자신들을 위한 정책을 만들어내고 있다. 실제로 베이비붐 세대는 대학에서 소위 말하는 캠퍼스의 낭만, 학점을 빌미로(?) 취업으로 걱정 안 하는 대한민국 이래에 최대 꿀 세대다. 그러나 현재 2015 대한민국은 그저 1학년 때부터 스펙, 시험, 학점, 공무원, 교사를 위한 그저 상위교육기관일 뿐이다. 따라서 나는 베이비붐 세대가 감히 우리에게 '노력을 해라'라는 조언을 할 자격이 있는가 의문이 든다. 따라서 베이비붐 세대의 이념 개선이

우선되어야 한다고 본다. (JH / 부산)

- 빈부격차와 세대 간 격차가 심하다. 개인의 권리와 복지를 위해 국가가 존재함에도 현실에서는 조국이나 국가가 우선시되고, 돈은 개인의 행복을 위한 수단과 도구임에도 돈이 목적이 된 사회가 큰 문제다. (익명 / 부산)

- 최근 청년 실업자 비율이 증가하면서 대학교에서 공부하는 학생들이 순수하게 학문을 공부하지 못하고 당장 눈앞에 들이닥친 취업준비에 급급해 하는 상황이 맘에 들지 않는다. 이런 상황 속에서 청년 구직자와 기성세대 간의 갈등이 두드러진다. 청년 실업자 문제는 사실상 잘 분석해보면 획일화된 교육과 주입식 교육으로 인해 자기 자신만의 적성 및 특기를 살리지 못하고 서로 같은 직업만을 추구하다 보니 일어난 일이므로 구직자들은 자신의 기준점을 조금씩 낮추고, 취업준비생들은 국내에서 해외로 눈을 넓히는 것이 부족하게나마 도움이 될 것이다. 또한, 사교육의 열풍을 국가에서 강제적으로 끊어 내리고 창의적인 교육을 시작하는 것도 좋으나 이러한 방법은 너무나 극단적이고 반발이 심하므로 수능체제는 유지하되 대학 간의 차이를 최소화하고 입학 시 수능의 반영비율을 대폭 감소가 필요하다. (안재현 / 부산)

- 전반적으로 경제적으로 발전하고 물질적으로 종전보다 풍족해졌다고 하지만 개개인의 측면에서는 오히려 상대적 빈곤함과 박탈감을 느끼는 경우가 많기 때문에 빈부격차의 문제가 가장 문제가 된다고 생각해서 '경제'를 선택했다. 개인의 노력 여하와 상관없는 임금체계 개선이 필요하다고 생각되어진다. 최소한 행복한 삶을

위한 경제적인 충분조건이 이루어져야 한다고 생각한다. 최저임금의 상승이 필요하다. (감미란 / 김해)

- 경제는 너무 성장에 치우쳐 서민에게만 피해가 가고 그 성장이 지속되지 못하고 추락하니 국민 전체가 힘이 드는 사회가 되었다. 여기서 재벌기업의 독점적 경영방식이 크게 문제가 되는데, 우선 경영주의 지배구조를 바꿔야 한다. 또한, 한국의 교육이 바로서야 좋은 지식인을 배출할 수 있다. 나라의 역군으로 성장할 수 있어야 한다. (김기환 / 김해)

- 경제와 관련한 거의 모든 문제가 다 주요쟁점이라고 생각한다. 돈 없어서 배우는 것도 시원찮고, 연애 안 되고 집안 싸움 나고, 좋지 않은 소리 듣다 정신건강마저 해친다. 그러고 나니 힘도 없다. 최저임금 인상이던, 기본소득이던 내수 진작을 통한 소득주도 성장이던 통일대박이던 아무거나 되는대로 해주세요. 걍 뭐라도 해주세요. 살려주세요. (강찬구 / 부산)

- 나날이 청년실업은 늘어만 가고 있고 빈익빈 부익부가 더욱 심해지는 추세가 문제다. 대기업의 횡포가 특히 문제이며, 이에 대한 정부의 많은 관심과 중소기업이 살아나길 바란다. (김성종 / 김해)

- 빈부격차의 문제, 계층 간의 고착화로 인해 사람들이 점점 나아가고자 하는 의지를 상실해가는 것 같아 보인다. 정당한 대가가 제대로 분배되지 않는 것이 핵심적인 문제다. 아버지께서 예전에 근무하시던 50여 명 규모의 작은 회사의 사람 이야기를 들은 적이 있는데, 그의 생활 수준과 연봉의 차이가 직원 평균에 비해 지나치게 차이가 커서 이것이 과연 정당한가 생각하게 되었다. 이를

해결하기 위해서 정책의 변화를 통한 분배문제 해결이나 법인세 증가와 같은 것이 필요하다고 생각한다. (박정혁 / 부산)

● 경제라는 의미가 지금 우리가 살아가는데 사회 내에서 절대적으로 떨어질 수 없는 관계이기 때문에 그리고 경제라는 것은 하나만 삐끗해도(서로 맞물려가는 톱니가 안 돌아가듯이) 한 번에 지탱하고 있던 것이 쉽게 붕괴되거나 무너지기 때문에 중요하다고 생각한다. 경제적 문제는 한두 가지가 아니다.(경제적 문제는 세계에도 크게 영향을 지님) 2008년 이전 때의 생필품의 가격에 비해 현재 2015년 생필품의 가격이 터무니없게 올라간 것을 포함해 원자재의 가격이 올라가다 가격의 양은 그대로 그 생필품의 속 내용물의 양이 감소되어 그대로 내어놓는 경우 〈 현 지금 위안화 악화(중국저성장)—한중간 기술격차 감소, 장기적인 수출 악재, 인플레이션 등등, 부동산 침체 〉 비록 전문가는 아니지만, 이 문제를 해결하기 위한 방안은 정부의 중점으로 2008년 세계금융위기 이후의 후유증(계속되는 부동산시장 침체, 인플레이션 등등)에 대한 큰 대책 마련 〈 자세히는 못쓰는 ㅜㅜ 〉 그리고 즉각적으로 악화에 대한 악의 원인을 제지하는 강경책 (꼬리가 꼬리를 무는 원본적인 악의 순환 잘라내기) 등등이 있으며 〈 위안화 악화 = 중국 저성장 =〉 글로벌 부동산 거품 감소 〉에 대한 해결책은 새로운 잠재적인 시장을 개척하여 그 잠재력을 잘 이용하여 하나의 돌파구 마련, 새로운 산업인재육성으로 새로운 기술개발 (지금처럼 IT만 고집하면 뒤처지게 됨), 중국의 소비심리 이용 등등이 해결방안이라고 할 수 있다. 흠… 아프리카 대륙의 나라 (분쟁지역이 발발한 동부,

중부, 북부(일부) 제외한 수교한 지역에 기본적인 인프라투자나 정부가 이 지역에 수출이나 같은 교역량 확대, 그리고 아프리카뿐만 아니라 잠재력이 남아있는 남미지역에 교역량 확대 그리고 FTA채결. 그래서 우리에게는 더욱 이득이 되는 것이 청년실업이나 현재진행형인 물가상승에 대해서나 이로 인한 소비심리 위축이 해결된다. 이로 인해 우리는 취업난 때 쉽게 취업해서 더욱 쉽게 사회에 뛰어갈 수 있다. 경제라는 것은 우리 인간 사회에서는 하나의 넓고 넓은 우주이다. 세상은 넓고 인간의 삶의 경제의 길은 다르네. (박재형 / 부산)

- "양극화로 인한 소득격차 심화, 대기업중심의 경제구조로 인한 왜곡, 고령화 및 청년 일자리 창출 한계, 고용창출의 한계로 중산층 붕괴와 소득최하위층 증가, 지역경제의 경쟁력 약화, 수도권중심의 산업기반" 등의 문제가 있고, 또 일자리문제로 청년세대와 노년층세대간 경쟁적 갈등이 생겨 국민통합에 저해되는 것도 문제다. 이를 해결하기 위해서는 소득하위구간 임금인상(최저임금인상)과 경제활성화를 위해 소비를 전제로 한 소득하위 중산층 포함 소득하위구간층 대상 국민기본소득제를 3년간 한시적으로 도입(복권기금 등 활용)해야 한다. 그리고 비정규직을 정규적으로 안정화해야 한다.(신규일자리 창출의 이면에는 비정규직의 실직이 동시 진행되어 제로섬게임이 지속되고 있음) (익명 / 부산)

- 시민 생활의 안전과 보장이 안 된다. 이 분야의 핵심 쟁점은 "경제민주화 논의 재개", "지속가능한 경제체제 공론화", "사회진보지수, 지구행복지수, 지속가능한 경제복지지수, 생태발자국지수 등

의 새로운 가치 평가 및 지수 도입", "대안사업 모델(예, 노동자소유협동조합, 이익기업 등)", "자본의 지배구조 민주화, 사유화된 것을 공유화하기, 대안적 소유의 다양화", "지역기반 경제조직의 권한 되찾기", "기업에서의 민주적 의사결정과 새로운 거버넌스 도입", "지역투자 활성화", "지역화폐와 타임뱅크 보급", "경제정책 혁신과 지역/국가규제의 강화", "참여예산제의 실질화", "공유재 되살리기 및 선물경제 확산" 등이 있겠다. (전중근 / 부산)

- 법제로라도 민주화와 수평화를 규정하고 있는 정치영역에 비해 실질적 권력의 장인 경제부문은 자유주의라는 명목 하에 소수의 압제가 이루어집니다. 이 부문의 핵심 쟁점으로는 빈부격차, 비정규직, 청년실업 등이 있습니다. 현재 비정규직과 구직의 어려움에 대한 공포로 인해 많은 선택들이 졸업을 유예하고 공무원 시험에 매달리고 있습니다. 이를 해결하기 위해서 보유세를 획기적으로 증대시키며 소득세를 축소하고, 고용유연화와 그에 따른 적극적 복지가 필요합니다. 뜻있는 변호사들이 위헌법률심판제기를 통해 국민의 사회권을 증진시킬 계기를 마련해야 합니다. 부유세를 창설하여 자본가가 자본을 독점하고 효율을 떨어뜨리는 것을 방지하되 소득세를 감소시켜 경제활동을 증가시킵니다. 생활임금제를 보편화하고 최저임금의 적용분야는 선별하여 따로 정하도록 합니다. 올바른 정치가를 고르는 눈이 있는 국민만이 변화를 누릴 수 있습니다. (익명)

- 파업, 청년실업과 임금피크제를 만든 이유가 경제의 비활성화 때문이라 생각한다. 주위 중소기업들이 적자운영을 하고 있으며 폐

업이 잦다. 이를 해결하기 위해서는 대기업이 상생의지를 가지며 경제 민주화를 하려는 의지가 필요하다. 또 많이 버는 사람은 많은 세금을 내는 것이 필요하다. 상생의 일반화를 바란다.

(나귀부인 / 김해)

- 빈부격차가 너무 심하다. 잘 사는 사람은 잘 살 수밖에 없고 못 사는 사람은 계속 빈곤할 수밖에 없게 시스템이 되어있다. "대출, 빚, 이자"가 핵심 쟁점이다. 집이 어려워져 대출을 할 수 밖에 없는 상황에서 대출을 하면 사금융의 경우 이자가 너무 세서 한 달에 원금을 갚기보다 이자만 나가게 된다. 그렇다면, 그 가정은 빚을 갚지 못하고 떠안게 되는 가난의 굴레에서 벗어날 수 없다. 사금융의 높은 이자를 국가에서 제재를 가해 낮춰야 한다고 생각한다. 신뢰가 너무 낮은 사람에게 돈을 잘 빌려주는 것도 모순이 되는 점이 있는 것 같다. (wowdasom73 / 부산)

- 먹고 살기 힘들다. "비정규직"이 핵심쟁점이라고 생각한다. 한 대학교에서 예고도 없이, 이유도 없이 그동안 수고했다는 말 한마디 없이 잘렸다. 교육부 타도와 비정규직 노동자들의 적극적 저항이 필요하다. (이미화 / 부산)

- 경제는 제 관심분야 입니다. 늘 풀리지 않는 오래된 숙제인 것 같습니다. 그중에서도 "여성노동(감정노동자)"부분을 중요하게 생각합니다. 감정노동자에 관한 통계가 제대로 제시되어야 현실을 파악하고 대안 모색이 가능할 것 같습니다. 부산 내에서 감정노동자의 현황 파악하기가 필요할 것 같습니다. (이영수 / 부산)

- 잘못된 분배로 인하여 많은 사회 문제가 발생하고 있다. "부익부

빈익빈, 노인빈곤과 높은 자살률, 청년실업, 부의 세습, 부조리한 재산 형성, 각종 세금 포탈, 기업 총수의 횡령(효성 group)" 등의 문제가 있다. 관련 사례로는 촉망받던 독립영화 감독이 쌀과 김치를 구걸하다가 아사한 사례, 세모네 자살 사건 등이 있다. 이를 해결하기 위해서는 사회 안전망이 아주 심층적으로 촘촘히 짜져야 하고, 교육에 의해 계층이동이 가능해야 한다. 또 정의로운 사회가 될 수 있도록 개인 각자가 달라져야 한다. (한수선 / 부산)

● 경기침체로 고용과 소비가 위축되었다. 청년 실업뿐만 아니라 중장년층의 일자리 부족도 문제다. 경력단절로 인해 쉽게 취업의 문을 두드리기가 어렵고 이력서를 낼 직장조차도 많이 부족함을 느꼈다. 노동시장의 안정화도 중요하고 필요하겠지만, 지금은 노동시장이 좀 더 유연해져서 청년, 중장년 모두 취업의 문이 낮아지고 일할 경험이 많았으면 한다. 그러면 소비도 좀 더 촉진될 것이고 경제가 활성화되지 않을까 한다. 근로시간을 정해놓지 말고 유연하게 해서 시간을 유동적으로 조직하여 다양한 근로시간대에서 일할 수 있는 시스템이 된다면 보다 많은 인력이 필요하지 않을까? (김민하 / 부산)

● 우리나라뿐만 아니라 세계적으로도 청년실업이 문제다. 스펙이 우선시되는 사회다. 학교가 어디냐는 질문에 인제대라고 하면 그냥 "아~" 이러한 눈빛으로 바라보고 서울대라고 하면 보는 눈빛이 돌변한다. 힘든 사회에 찌든 학생, 취준생 여러분 즐겁게 삽시다. (김형빈 / 창원)

● 현재 우리사회에서 취업을 하기가 되게 어렵다. 그래서 사람들이

'스펙'을 위해 계속 공부하고 하는데도 취업을 하기가 어려운 게 현실이라서 "경제"를 뽑았다. 하지만 취업을 위해 그냥 놀고먹고 하는 사람도 많은 것 같다. 청년들끼리 스펙을 쌓기 위해 여기저기 돈 쓰는 게 문제인 것 같다. (배득주 / 울산)

- 인문계 학생들의 취업이 너무 힘들어지고 있다. 취업의 문턱이 너무 높아졌다. 형식적인 '서류 〉 면접' 등의 방식보다 공모전 등 자신의 능력을 실제로 보여줄 수 있는 기회를 많이 만들었으면 한다.(저는 이공계 입니다.) (익명 / 부산)

- "경제"가 문제가 되면 미래가 문제가 되기 때문에 골랐다. 특히 "청년실업"이 문제다. 규제를 통한 기업의 투자 증대, 중소기업 활성화를 위한 독과점 규제, 중소기업 쪽의 근로질 증대가 필요하다. (이원빈 / 부산)

- 대학교 4학년이다 보니 취업문제가 피부로 와 닿는다. 중소기업에 들어가면 실력 없는 사람으로 낙인찍히고 만다. 해결책은 사회가 바뀌는 거보단 내 안에서 찾으려고 한다. 취업하고 싶다.

(이민호 / 창원)

- 요즘 청년 실업문제가 많이 발생하고 있어서 골랐다. 일자리가 없는 것이 문제다. 일자리를 늘리고, 정부에서도 일자리를 관리해야 한다. (문정원 / 부산)

- "경제"이슈에 대해 주변 사람들이 이야기하는 것을 종종 들어본 적이 있어서(가장 많이 접한 이슈라서) 골랐다. 근본적으로 다양한 분야에 신생기업들이 생기거나 해서 이전보다 일자리를 늘리는 것이 대책 중 하나가 될 수 있을 것 같다. 또 각 개개인의 역량

을 살린 교육을 토대로 다양한 인재를 양성해서 사회의 여러 분야에 잘 맞는 인재가 배치될 수 있기를 바란다. (윤장실 / 부산)

- 매년 청년실업자가 증가하고 있다. 요즘 청년실업이 급격히 증가하고 있는데 물론 내 주위에도 대학을 졸업했는데도 대출로 빚이 생겼을 뿐 취업을 하지 못하고 있는 분들도 계신다. 또 다른 경우로는 나는 특성화고등학교를 졸업했는데 취업 위주의 학교이기 때문에 고등학교에서 취업도 시켜준다. 그런데 그 친구들이 졸업 후 계속 그 회사를 다니지 않고 막상 취업해보니 평생직장으로 하기엔 무리가 아닌가라는 생각으로 그만두고 지금 아르바이트를 하고 있는 친구들이 많다. 특성화 고등학교에서는 취업률을 늘리려고 그냥 무조건 그 회사가 어떤 회사인지 보다 취업률을 늘리려는 것에만 중점을 둔다. 그것이 나중에는 청년실업으로 이어진다. 이런 식으로 취업을 시키는 것은 청년실업을 늘리는 셈이다. 문제를 해결하기 위해서는 특성화 고등학교에서도 학생들에게 더 많은 정보를 제공하고 많은 걸 가르쳐야 되고 취업률을 우선순위에 두지 않고 이 직업이 평생직업으로 가질 수 있게끔 도와줄 필요가 있다. (김소희 / 김해)

- 돈을 들여 공부를 했는데도 취업하기가 힘들다. 대기업이 아니면 취직을 꺼리는 청년들이 문제다. 사촌 언니가 대학을 졸업한 지 꽤 되었는데 가고 싶은 회사를 가지 못해 일자리만 계속 구해 다니다가 공무원 공부를 시작하게 되었고 시험에 계속 떨어져서 아직도 공부 중이다. 이런 문제를 해결하기 위해서는 나라에서 중소기업한테 혜택을 주어 대기업만 가려고 하는 청년들에게 중소기

업을 가려는 마음을 심어주어야 한다. 예를 들어 이 중소기업에 들어가면 국비를 지원받아 일도 하면서 자신이 하고 싶어 했던 것을 동시에 할 수 있게 해준다. (익명)

- 청년들이 취업하기가 힘들다. "학력, 학점, 스펙, 빽"이 핵심쟁점이다. 스펙을 중요시하기보다는 미래의 가능성을 봐야 한다고 생각한다. (김현주 / 부산)

- 대기업의 부당횡포와 언론장악 등이 사회 자체의 규범을 암묵적으로 깨트린다고 생각한다. 기업 고위간부들이 법을 어겼을 때 벌금 징역 감면하는 문제들이 있다. 실례로 졸업한 명문 사립고등학교에서 이사장의 친인척 우대 임용(부당횡포)이 있었다. (전지혜)

- 현실적으로 내가 생각하기에 청년실업이나 비정규직문제들이 가장 공감이 되고 이해가 되었기 때문에 이 분야를 선택했다. 청년실업이 가장 문제 되고 있는 것 같다. 다양한 청년들에게 한가지의 정답만을 요구하지 말고 여러 가지 경험을 할 수 있는 또 많은 사람들에게 기회를 줄 수 있는 사회가 되었으면 좋겠다.

(익명 / 부산)

- 부익부, 빈익빈의 구조가 더욱 심해지는 사회가 되었다. 특히 중소기업과 시장상권(자영업)의 몰락이 문제다. 재벌기업의 독점적 경영방식의 변화가 있어야 한다. (노경석 / 김해)

저성장 시대의 새로운 성장전략

●

남종석

1. 바보야, 문제는 경제야*!!*

1993년 미국의 대통령이 된 빌 클린턴 대통령의 선거 구호는 "바보야, 문제는 경제야!!" 였다. 빌 클린턴은 미국의 42번째 대통령으로서 2015년 현재 민주당 대통령 후보 경선에 나선 힐러리 클린턴의 남편이다. 클린턴이 이 구호를 외쳤던 것은 12년간 집권한 공화당이 경제를 망쳐 놓았기 때문이다. 1980년 미국의 대통령이 된 도널드 레이건은 미국의 힘을 과시하겠다며 군비를 대폭 확장했고 경제를 살린다는 명목으로 부자들의 세금을 감면하고, 보호무역주의를 주창하며 미국 시장에 의존하고 있던 개발도상국들을 위협한다. 레이건은 당시 공산 국가였던 소련을 무찌르겠다는 일념으로 신냉전을 창조했으며, 기업들이 사업하기 좋은 환경을 만들기 위한 시장주의 정책을 꾸준히 추진했다. 그래서 미국 경제는 좋아졌는가? 천만의 말씀. 1980년부터 미국 경제는 재정적자, 무역적자 즉 쌍둥이 적자라고 불리는 구조적인 정체 상태에 빠진다. 그래서 1992년 선거 경쟁에서, 클린턴이 "바보야 문제는 경제야"라는 구호를 케치프레이즈로 제시한 것이다. 신냉전이니, 공산주의 척결이니, 강한 미국이니 해도 결국 문제는 '경제'이다.

한국도 비슷한 상황이다. 2008년 미국발 세계금융위기 이후 세계 경제는 구조적 침체에서 빠져 나오지 못하고 있다. 미국은 3조 달러 이상 화폐발행을 통해 유동성을 공급했음에도 불구하고 여전히 더딘 회복과정에 있으며, 유럽과 일본은 마이너스 성장, 디플레이션 압력에서 헤어나지 못하고 있다. 세계 경제 성장을 추동하고 있던 중국마저 상대적으로 낮은 7% 성장률로 진입했다. 이렇게 되자 주요 선진국과 중국 시장에 수출하며 성장을 하던 신흥공업국들의 경제 상황이 매우 좋지 않다. 2014년 한국 제조업은 최초로 마이너스 성장을 했으며, 수출 역시 마이너스 성장했다. 기업들은 물건이 팔리지 않아 시름하고 청년들은 일자리가 없어 고통 받으며, 가계는 소득 감소로 소비할 여력이 없다.

그럼에도 불구하고 대통령과 그 주변 인물들은 이념 갈등 조장에만 관심을 두고 있다. 집권 2년을 종북 척결로 허송세월하던 박근혜 정부는 이제 교과서 국정화를 통해 역사마저 왜곡하려 한다. 경제위기 같은 것은 안중에도 없다. 경제적 무능과 실패에 대한 책임을 정치적 갈등을 조장함으로써 벗어나려는 한다. 오죽했으면 한국 대통령에 대한 비판에는 극도로 신중한 미국의 대표 일간지『뉴욕타임즈』조차 편집부 사설에서 한국 경제의 대외적 신뢰도에서 가장 우려되는 부분은 집권당과 청와대의 이데올로기적 퇴행이라고 지적했을까?

정말 눈 뜨고 볼 수 없는 부끄러운 장면이다. 그래서 우리 모두 외쳐
보자. "바보야 문제는 경제야!!"

시민의제 설정에 동참한 한 시민은 우리 사회의 문제들 중 가장
중요한 것은 무엇인가라는 질문에 대한 답으로 경제 꼽았다. 그 이유
로 그는 "경제 문제가 우리가 지금 살고 있는 사회에서 가장 중요한
문제이기 때문이다." 이 답변은 동어반복이다. 경제가 중요하기 때문
에 중요하다는 것. 그러나 비록 표현에서 투박했지만 이 답변에는 어
떤 진실이 담겨있다. 그가 말하고자 하는 것은 경제문제가 개인의 재
생산만이 아니라 사회의 재생산에서 가장 중요한 부분이기 때문이
다. 우리가 살고 있는 체제는 경제가 붕괴되면 빈부격차 심화, 계급
간·계층간 사회적 갈등의 심화, 가족과 개인의 삶의 위기를 초래한
다. 마르크스는 생산과 유통, 소비가 이뤄지는 경제 공간을 건축물의
토대에 비유했다. 이 토대 위에서 정치적, 이데올로기적 형식이 만들
어지다고 한 것이다. 경제적 관계가 모든 것을 규정하는 것은 아니지
만 사회의 재생산에 있어서 경제적 현실은 매우 중요한 조건이다.

2. 수출주도 성장, 불평등, 가계위기

우리 사회가 직면한 가장 중요한 문제가 경제라고 답변한 이들은
이와 같은 경제위기에 직면하면서 경험하게 되는 현실을 다양한 언
어로 표현하고 있다. 경제 문제와 관련하여 가장 많이 지적한 것은
빈부격차 심화, 대기업으로의 경제권력 집중, 가계 빚의 증가, 청년
실업 등이다. 설문지 참여자들은 각자 자신의 시각에서 경제 문제가

중요한 이유를 제시했지만 이는 경제 위기라는 전체의 상이한 면을 부각시키는 것이다.

한국경제는 오랫동안 대기업 중심의 수출주도 성장export-led growth에 의존해왔다. 대기업의 수출 증대와 투자 확대가 새로운 일자리를 창출하고 가계소득을 증가시켜 내수를 증진시키는 성장체제였다. 낙수효과trickle-down-effect가 이러한 논리를 압축적으로 표현한다. 이명박 정부 당시 대기업의 수출을 증가시키고 투자를 촉진하기 위해 규제를 완화하고 법인세를 인하했다. 기업들은 노동자들의 임금 상승을 억제함으로써 수출 상품의 가격 경쟁력을 유지하려 했으며 정부는 이와 같은 관행을 다양한 정책수단을 동원해 지원하였다. 그러나 기업들은 기대와 달리 사내유보금을 쌓아둔 채 투자를 회피하였고, 해외의 값싼 노동력을 활용하기 위해 글로벌 아웃소싱에 주력하였다. 국내에서 기업들은 활용하기 쉬운 비정규직 고용을 확대하였으며 정규직 고용을 최소화하였다. 그 결과 고용 증가율은 둔화되고 실질임금 상승률이 하락했고, 불안정 고용이 확대되었다.

문제는 수출 주도 성장전략이 2000년대 이후 뚜렷한 성과를 내지 못하고 있다는 점이다. 낙수효과가 계속 줄고 있다. 2008년 글로벌 금융위기는 그와 같은 경향을 심화시켰다. 위기 이후 경기침체로 인해 세계 수요는 급속하게 감소했으며, 이는 한국 기업들의 수출 증가를 둔화시키는 직접적인 요인이 되었다. 2008년 글로벌 경제위기 이후 한국의 현실은 수출 대기업 중심의 성장이 대외적인 경기변동에 얼마나 취약한가를 잘 보여준다. 한국의 산업화가 진행된 이래 2014년 처음으로 수출이 마이너스 성장을 기록했으며 제조업 산출이 감소했다. 해외시장의 불확실성이 증가하면서 기업들의 투자는 더욱 위축되었고 수출은 급감했다. 30대 재벌기업 가운데에서도 적자기업이 증가했으며 부채 증가로 은행의 법정관리를 받고 있거나 매각되는 기업들이 늘어나고 있다. 1997년 IMF 외환위기 이후 다시 구조조정의 오는 것 아니냐는 견해가 하루를 멀다하고 신문지상에 오르내린다.

경제위기는 빈부격차를 심화시켰다. 2000년 이후 한국 경제의 성장이 정체되면서 증가한 사회적 부의 많은 부분은 대기업과 이에 고용된 노동자들의 몫으로 돌아갔다. 1990년대 이후 대기업들은 신규고용을 줄이고 설비투자를 확대하면서 자본집약도를 높여 왔다. 고용 없는 성장의 시대가 된 것이다. 2000년대에 들어와서는 수출 대기업들은 연구개발투자를 통해 국제적인 경쟁력을 확보해 왔다. 경쟁력이 증가한 대기업들은 글로벌 시장에서 높은 수익률을 기록했으며, 이 기업들에 고용된 노동자들의 임금도 함께 증가했다. 공기업이나 국가기관에 고용된 이들도 마찬가지였다. 안정된 소득을 향유할 수 있었다.

그러나 대기업 수출 중심의 경제성장으로 인한 혜택은 중소기업 노동자들, 비정규직 노동자들, 자영업자들의 소득으로 확대되지 않았다. 한국 산업생태계 내에서 수요 독점적 지위를 차지하는 대기업들은 중간투입물을 공급하는 중소기업들의 납품단가를 일방적으로 인하하고, 기술혁신의 성과를 탈취하며, 대금결재를 지연하는 방식으로 중소기업을 수탈해 왔다. 경제성장의 혜택이 협력기업들로 확대되지 않은 것이다. 문제는 대기업 고용은 전체 노동자 중 10%만

차지할 뿐 대다수의 노동자들은 중소기업에 고용되어 있다는 점이다. 더불어 1997년 외환위기 이후 자영업의 증가로 인해 요식업 등 자영업이 과잉공급 되면서 자영업자의 평균 소득도 급감했다.

국민소득 가운데, 기업소득을 의미하는 이윤 몫은 지속적으로 증가한 반면 노동자들의 몫인 임금 소득은 상대적으로 정체되면서 계급 간 격차도 심화되었다. 노동자들은 생산성이 증가해도 생산성 증가만큼 실질임금을 인상시킬 수 없었던 것이다. 빈부격차는 계급 간 소득격차 확대, 노동자계층 내부의 소득격차 확대로 구조화 되었다. 청년 실업 문제도 이와 관련되어 있다. 대기업들은 노동절약적인 투자를 통해 자본집약도를 증가시킴으로써 신규 고용 창출을 회피해 왔다. 중소기업은 저임금 장시간 노동을 강제함으로 청년들이 회피하려는 일자리가 되었다. 그 와중에 높은 청년실업률 장기적으로 지속되고 있다. 2010년 이후는 중소기업 일자리도 줄어들어 청년들의 사회진출을 더 어렵게 하고 있는 상황이다.

빈부격차는 가계의 위기를 가져온다. 사회안전망이 취약한 가운데 노동소득에 의존하는 가구들은 가구원 중 누군가 해고되거나 건강에 문제가 있을 때 곧바로 삶의 위기를 경험한다. 소득이 낮아지면 부채를 통해 소득을 매워야 한다. 가계 빚이 늘어나는 것이다. 2000년대 이후 가계 빚은 빠른 속도로 증가해 왔다. 부동산 중심의 자산 축적이 가계부채를 증가시킨 첫째 요인이었다. 중산층의 부동산 투기 욕망을 부추겨 경기를 회복시키려던 국가 정책으로 인해 한국 사회에서는 '부동산 불패의 신화'가 만들어졌다. 그러자 너나없이 빚을 내어 집을 샀다.

그러나 부동산으로 인한 가계 빚 증가는 전체 가계 빚의 60% 정도 책임 있다. 나머지 40%는 생계형 빚에서 비롯된 것이다. 실직으로 인한 자영업 창업 과정에서 빚을 지거나 학비 대출, 카드 대출 등 생계형 대출이 급속하게 늘어났기 때문에 가계 빚이 증가한 것이다. 특히 저축은행, 사금융 등 높은 이자율을 요구하는 약탈적 대출에 노출된 저소득층 가구들의 위험은 더 커졌다. 현재와 같이 매우 낮은 금리에서 대출하여 집을 구매했거나 생계형 대출을 한 이들은 금리 변동의 위험에 노출되어 있다.

중앙은행이 기준금리를 인상하게 되면 시중 은행들도 따라서 금리를 인상할 것이며, 가계의 이자상환 부담은 증가할 수밖에 없다. 안정적인 가구 소득이 있는 가계들의 경우 소비를 줄이고 원금과 이자를 갚아 나가면 되지만 불안정 고용으로 인해 소득이 안정적이지 못한 가구들은 늘어나는 이자부담과 원금 상환 부담을 감당할 수 없다. 이렇게 되면 부동산 매물이 급증하게 되고 이는 곧바로 은행위기로 확대될 수 있다. 이는 한국 경제가 안고 있는 가장 큰 위험요소이다. 가계 소득 감소, 가계 적자가 개별 가구의 위기만이 아니라 한국 경제 전체를 폭파시킬 수 있는 뇌관으로 성장한 것이다.

3. 무엇을 할 것인가?

다중지성이라고 했는가? 설문 인터뷰에 참여한 다수 시민들의 논의를 종합하면 경제 위기 속에서 한국 경제가 나아가야할 방향의 기본적인 그림을 그릴 수 있다. 시민들은 한국 경제의 문제를 해결하기 위해 다음과 같은 과제를 각각 제시했다. 대기업의 기업지배구조의 변화와 대기업-중소기업 관계의 전환, 최저임금 및 생활임금의 현실화, 안정된 일자리 제공, 서비스 노동자들의 인권 보호, 약탈적 금융에 대한 규제 등이 그것이다. 이 대안들은 비록 시민들이 처한 각각의 상황에서 비롯된 것이지만 한국 사회가 직면한 문제를 해결할 수 있는 실마리를 제공한다.

앞에서 보았듯이 한국 경제는 대기업 중심의 수출주도로 빠르게 성장해 왔다. 그 과정에서 해외시장 의존도가 지나치게 높아졌으며 내수 비중은 줄어들었다. 노동자들의 임금 성장을 억제함으로써 가격경쟁력을 확보하고 이를 수출 증진의 수단으로 삼은 것이다. 이로 인해 앞에서 썼듯이 전체 국민소득에서 차지하는 노동의 몫은 감소하고 기업 이윤은 확대된 것이다. 뿐만 아니라 수출 성과를 대기업이 독식함으로써 대중소기업 간의 격차, 대기업 노동자와 중소기업 노동자 간의 격차가 확대되었다. 뿐만 아니라 수출주도 성장체제 하에서는 해외수요가 감소하게 될 경우 한국 경제는 매우 취약한 상황에 노출된다는 점이다.

과도한 수출 의존도를 낮추고 내수를 성장시키기 위해서는 노동자들의 실질임금이 올라야 한다. 기업이나 부자들이 아니라 노동자 가구의 소득이 증진되어야만 소비가 증가한다. 왜냐하면 기업들은 현재 이윤 몫이 증가하더라도 신규투자를 하지 않고 있으며 부자들은 이미 충분히 소비하고 있기 때문에 소득이 증가하면 이를 금융자산에 투자할 뿐이다. 금융자산에 투자는 실물경제를 성장시키지도 않고 일자리도 만들어지지 않는다. 그러나 노동자 가구, 저소득층의 소득이 증가하면 소비는 크게 증가한다. 경제학은 이를 저소득층의 한계소비성향이 더 높다는 것으로 설명한다. 저소득층의 소비가 소득 증가에 더 민감하게 반응한다는 점이다.

그렇다면 저소득층, 노동자 가구의 소득을 증가시키는 방법은 무엇인가? 간단하다. 많은 시민들이 제기하고 있듯이 최저임금을 단계적으로 대폭 상승시키는 것이다. 민주노총에서는 현재 최저임금 10,000 운동을 전개하고 있다. 미국에서는 15$ 운동을 한다. 영국 노총은 10£운동을 하고 있다. 최저임금이 10,000이 되면 하루 8시간, 주 40시간 노동하는 노동자들의 기본급이 209만원 된다. 기본급이 209만원이기 때문에 최저임금을 받는 노동자일지라도 잔업, 특근 등을 하게 될 경우 급여는 더 상승한다. 이렇게 되면 생계임금은 보장된다.

그러나 한국의 현재의 임금체계와 중소기업의 노동생산성으로서는 시간당 10,000 임금은 실현 불가능한 목표이다. 중소기업의 노동생산성이 높지 않아 노동자들에게 10,000 제공하기 쉽지 않다. 시간당 10,000 운동이 구체화되기 위해서는 우선 대중소기업간의 약탈적 관행을 없애고 중소기업의 생산성 향상이 대기업의 수익성으로 귀결되는 것이 아니라 중소기업의 영업이익으로 귀결될 수 있는 산업생태계를 구성해야 한다. 중소기업의 영업이익률이 높아지면 임금 상승을 하고도 일정한 마진을 확보할 수 있기 때문에 실질임금 상승이 가능하다. 대중소기업 관계의 전환은 전체 노동자들의 실질임금을 향상시키는데 있어서도 결정적으로 중요한 요소이다.

최저임금의 대폭 상승은 이를 수용하지 못하는 기업들, 자영업자들을 시장에서 퇴출시킨다. 실업자가 늘어날 수 있다. 그러나 이것은 고용보험의 정상화를 통해 해결해야할 문제이다. 미국 의회예산국은 노동자들의 소득이 증가하면 세수가 증가하기 때문에 퇴출되는 기업으로 인해 발생하는 신규 실업자들로 인한 고용보험 부담의 증가도 큰 문제가 아님을 보여주는 실증연구를 제출하였다. 최저임금 대폭 상승에 대해 자영업자들이 반대하고 있지만 이는 고용보험과 취업기회를 제공하는 것으로 대응해야 한다.

다른 하나의 과제는 임금구조의 개선이 필수적이다. 한국은 기본급이 낮고 성과급, 수당 등이 지나치게 높은 임금구조를 갖고 있다. 그러다 보니 기본급 10,000에 성과급, 수당 등이 덧붙여지면 임금상승률이 매우 높게 나타나는 것이다. 임금체계를 기본급 중심으로 재편하고 수당과 성과급을 낮추게 되면 최저임금 10,000 운동은 결코 불가능한 과제가 아니다. 뿐만 아니라 최저임금 10,000이 실현되면, 노동자계층 내부의 격차도 크게 줄이는 효과가 있다. 최저임금의 대폭 증가는 하위 소득 노동자의 임금을 향상시키는 반면 대기업 노동자들과 같은 고소득층 노동자들의 임금상승을 상대적으로 낮추는 효과가 있다.

노동자 계층 내부의 임금격차 감소는 빈부격차로 인한 노동의 소외를 극복할 수 있고 대기업-중소기업 노동자들의 사회적 연대의 조건도 더 확대할 수 있다. 최저임금이 높아지면 한국의 과잉 학력 문제나 청년 실업 문제도 자연스럽게 해결할 수 있다. 굳이 대학 가지 않아도 되고 좋은 일자리를 찾기 위해 수 많은 학생들이 스펙 쌓기에 열중하지 않아도 된다. 물론 더 좋은 일자리를 위한 경쟁이야 있을 수 있지만 어떤 일자리에 종사한다 해도 생활임금을 받을 수 있다면 그만큼 삶의 안정성은 커질 것이다. 청년 실업 문제도 약화시킬 수 있는 것이다.

4. 한국 경제의 새로운 대안 : 소득주도성장?

소득주도성장은 실질임금과 가계소득 증대를 통해 내수를 증진하고 생산성을 높여 경제성장을 도모하는 전략이다. 한국 경제의 수요체제와 생산성 체제의 선행 연구들은 한국경제에서 소득분배와 성장의 선순환이 가능하다는 것을 보여주고 있다. 실질임금 증가, 가계소득 증진은 총수요를 증가시킬 뿐만 아니라 노동생산성을 향상시킴으로써 경제성장율을 높일 수 있다. 이는 실질임금 상승이나 복지 증대가 단지 비용 상승만 초래하는 것이 아니라 경제성장의 토대가 될 수 있음을 뜻한다. 임금상승이 기업 투자를 위축시키는 것이 아니라 총산출을 증가시킴으로써 투자를 촉진하는 경로가 될 수 있다. 유효수요 증가는 노동절약적 기술진보를 촉진시켜 노동생산성을 증가시키는 효과가 있다. 뿐만 아니라 실질임금 상승은 고용을 증가시킬 수도 있다.

소득주도 성장 전략은 과도하게 하락한 임금 몫의 회복을 통해 가계소득을 증진시킴으로써 수요측면에서는 내수확대, 공급측면에서는 노동생산성의 증가를 촉진시켜 경제성장을 도모하는 전략이다. 그리고 이는 지나치게 높은 한국 경제의 수출의존도를 낮추고 수출과 내수의 균형 성장을 추구하는 전략이다. 이 전략은 지금까지 한국

경제가 추진해 왔던 수출주도 성장, 부채주도 성장의 한계를 극복하고 수출과 내수의 균형, 대기업과 중소기업의 동반성장, 대기업 일자리와 중소기업 일자리의 격차 해소 등 형평성과 효율성을 함께 추구하는 성장전략이다. 소득주도성장은 최저임금의 단계적 인상, 저소득 가구에 대한 생활임금 보장, 생산성 증가율과 실질임금증가율의 연계성 확립을 통한 가계소득 증대를 주요한 정책수단으로 한다. 그리고 이는 영세소상공인과 저임금 노동자 가구의 생계를 지원하는 사회복지제도 강화에 의해 뒷받침될 필요가 있다.

● 한국사회는 개인이 단체에 속하여 개인의 삶의 방식이 단체에 영
향 받기 때문에 계획이 수정되거나 포기되는 부분이 많고 개인을
위한 투자시간이 부족하다. 주말이 되어도 자신이 속한 단체의 영
향을 받아 자유로이 활동할 수 없다. 그러니 단체에 속한 일이 개
인에 영향을 주지 않을 범위에서의 일을 시켜야 한다.

(익명 / 부산)

● 사회 곳곳에 상하로 나뉜 권위주의적인 문화가 만연해 있다. 이는
효율적일지는 몰라도 계층 간의 단절을 야기하며 소통의 부재로
이어질 수 있다. 대기업의 소통 없는 갑질 및 횡포, 군대 내의 병
상호간의 구타 및 가혹행위, 기타 대형마트 등에서의 갑질 등등이
연이어 나타나고 있다. 미디어를 통해 갑질과 횡포는 많이들 접하
였으리라 생각한다. 필자의 군 시절에 선임병이 하라면 부당하더
라도 별다른 항변을 못 하고 지시대로 따르는 등 여러 사연이 있
다. 이 사회의 강자들은 약자들을 배려할 줄 알고, 약자들은 강자

들의 베풂에 고마워할 줄 알며 서로가 소통할 수 있는 소통의 장
을 조성해야 한다. 그리고 언론이 강자들과 유착하지 않고 잘잘못
을 가려 여론을 조성하고, 정당하게 벌 받을 일이 있으면 벌을 받
아야 한다. 솔직히 내가 이 사회의 강자는 아니라서 딱히 실현 가
능한 아이디어가 떠오르지 않습니다만 소통이 원활하고, 서로의
의무를 저버리지 않으며, 배려하는 사회가 되었으면 합니다.

(익명 / 부산)

● 대한민국이라는 국가는 문화 및 예술에 있어서 많은 발전을 하였
고, 대중들에게 보편화 되어 있다. 반면에 대한민국 국민들의 문
화적 의식들은 그에 미치지 못한다. 보편화된 문화인만큼 많은 사
람들이 쉽고 빠르게 이용할 수 있기 때문에 개개인의 이기주의라
든지 양심적이지 못한 비도덕적 행동들을 서슴지 않게 하는 모습
을 쉽게 볼 수 있다. 얼마 전 MBC 예능 프로그램 '무한도전'이 강
원도 평창에서 가요제를 열었다. 많은 대중들이 가요제를 보기 위
해 며칠 전부터 줄을 서서 밤을 새워가며 취식 및 숙영을 하느라
인산인해를 이루었다. 이러한 과정에서 발생한 쓰레기, 취식물 심
지어 인분까지 치우지 않고 길바닥에 방치한 채 대중들은 가요제
만 즐긴 후 돌아가 버렸다. 이와 같은 사례에서 대한민국 국민들
의 문화적 의식이 낮음을 볼 수 있다. 때문에 윤리적인 의식을 가
지는 것이 무엇보다도 중요하다. 깨진 유리창의 법칙처럼 사소한
것도 그대로 방치하면 큰 범죄로 이어질 수 있듯이 반대로 내가 먼
저 바닥에 버려진 쓰레기를 줍기 시작한다면 다른 사람들도 그곳
에 쓰레기를 버릴 순 없을 것이다. 새로운 방안으로 문화를 이용

하러 갈 때는 무조건 쓰레기통을 들고 다니는 것을 의무화시키는 것을 제안한다. 만일 안 들고 왔을 시 범칙금을 내게 해서 불편하더라도 들고 다닐 수 있게 대중화시키면 좋을 것 같다. 또한, 1년 전 유행했던 아이스버킷을 활용하여 쓰레기봉투 한 개 채우기를 지목하는 캠페인을 여는 것도 좋겠다. (김종하 / 부산)

● 최근에 이 부분에 대해 내가 겪고 생각을 오래 했던 것이 있어 선택했다. 계속 잘해주고 위해주면 그것이 당연한 줄 안다. 또 처음부터 아무것도 안 해주면 첫인상이 나쁘다고 한다. 예를 들어 남을 위하고 배려해주고 생각하는 사람 A가 있다고 하자. 그 주위 사람들은 A을 처음엔 고맙게 그리고 감사히 여기다가 시간이 지나면서 'A는 원래 그래 자기 성격이야'라고 생각하다 결국 부탁만 늘어놓게 된다. A는 계속 부탁을 들어주다가 한번은 들어주지 않는다. 그러자 상대는 인상을 찌푸리며 돌아선다. A는 주위 사람들에게 왜 그러냐고 물어본다. 주위사람들은 '원래 너 부탁 다 들어주잖아'라고 한다. A는 마냥 잘해주는 것만으로는 살기(?) 생활하기 힘들다 생각한다. 이런 문제는 인간관계라 딱히 해결책은 없는 것 같다. 이 문제를 얘기했을 때 '여우처럼 살아라.'라는 말을 많이 들었다. 좀 더 자신의 이익이 되는 부탁을 들어주고 보답도 받고 살라는 말을 들었다. (익명 / 부산)

공동체의 서사의 저자는 우리!

●

김동규

1. 비평과 해법

공동체의 규범과 전통에 관한 설문조사는 다른 설문에 비해 비교적 응답 인원수가 적었다. 그럼에도 불구하고 공통점을 찾으라면, 전체가 지나치게 우선시된다는 이야기와, 타인에 대한 배려와 존중의 전통이 소멸되었다는 점이다.

사회의 특성이 현대에 들어 더욱더 신자유주의적 성향을 띠게 되면서, 전통적 공동체성이 와해되어가고 있는 것도 사실이고, 이 가운데 전통적 공동체성이 해체되는 데 대한 지적과 비판이 일상적이다. 대부분 이런 식의 견해를 표출하는 사람들은 기성세대이기 마련이다. 하지만 이번 설문조사에 참여한 사람들 중 공동체의 규범과 전통이 실종되었다는 데 대한 아쉬움을 토로한 사람들은 20대가 대부분이었다. 어쩌면 여기서 우리는 공동체의 규범과 전통에 대한 기성세대와 새로운 세대 사이의 인식 차이를 경험할 수 있을지 모르겠다.

20대에게 문제가 된 것은 전체가 우선시 된다는 점과 그 전체가 지나친 권위를 가지기 때문에 개인의 자유와 결정권이 지나치게 억압된다는 점이다. 그래서 오히려 개인의 자유와 결정권이 전체로부터 보호되어야 한다고 생각하고 있다. 최근 한국과 일본의 사회과학 서적에 공공성을 다루는 책들이 많이 등장하고 있는데, 두 사회가 전체를 우선시하고 개인을 억압하는 권위적 전통을 가지고 있다는 데에는 약간의 의견의 차이가 있음에도 불구하고 비슷한 견해를 내보인다. 권위주의 시대에 한국은 개인보다는 전체를 더 중시해야 한다는 멸사봉공滅私奉公의 정신이나, 개인을 죽여서라도 전체를 살려야 한다는 파사입공破私入公의 정신을 일본으로부터 수입한 바 있기에 전체를 개인보다 우선시하고, 전체가 개인보다 더 높은 권위를 가지는 경험들을 일본과 공유하고 있다.

최근 신자유주의적 사상과 문화에 익숙한 젊은 세대들은 이러한 권위적 전체주의의 문화와 대립각을 세울 수밖에 없다. 그럼에도 불구하고 이 세대들은 자신의 문화 역시 건전한 규범에 입각한 공동체성에 뿌리내려야 한다고 생각한다. 개인의 자유나 취향을 충분히 존중받으면서 건강한 공동체를 구성할 수 있는 방법은 없을까?

한 가지 더 특이한 것은 공동체성의 파괴를 갑질의 문제와 결부시키고 있다는 점이다. 최근 시장경제 분야에서 갑질의 횡포를 자주 목격하게 된다. 뿐만 아니라 행정분야의 권위적 관료주의의 문제로 갑질에 대한 반감이 확산되고 있다. 갑질은 기본적으로 공동체 내부의 평등성이 파괴되었다는 것을 보여주는 신호이다. 최근 갑질 고객의 횡포에 대해 여러 업체들이 갑질 고객에 엄중하게 대응하겠다는 소식들이 들린다. 좋은 소식이다. 그러나 다른 한편 갑질하는 기업에 대한 엄중한 대응은 찾아보기 쉽지 않다. 갑질은 고객만이 하는 것이 아니다. 그렇다고 고객을 응대하는 업체의 직원만이 하는 것도 아니다. '호갱'이라는 말이 유행하듯, 고객을 존중하지 않고 수익의 대상으로 보는 '기업'이나 '행정관청' 역시 갑질 논란에서 자유로울 수 없다.

그렇다면 공동체의 규범과 전통 문제에서 공통적으로 산출되어야 하는 해법의 기본원리는 자유와 평등의 원리이며, 이러한 원리를 뒷받침하는 공동체의 덕성은 상호존중과 배려에 있다. 공동체가 새롭고 건전한 규범을 창조하려면, 상호존중과 배려에 입각한 자유롭고 평등한 구성원들의 상호협의가 중요하다. 설문에 참가한 사람들이 '소통'의 중요성을 표현한 점은 배려와 존중에 입각한 자유롭고 평등한 개인을 염두에 두고 있다고 하겠다. 상황이 이렇다면 무한도전 쓰레기 가요제를 비판한 설문자의 응답 역시 일부 해소될 수 있다. 즉 발전된 문명에 걸맞은 공동체 의식을 확산하는 것도 위와 같은 원리에 입각해야 하는 것이다.

한 응답자가 무한도전 가요제와 같은 문제들을 해결하기 위한 공동체의 덕성 함양을 위해 다음과 같은 제안을 해주었다. "아이스버킷과 같은 캠페인을 해서, 쓰레기봉투 한 개 채우기 운동을 한다." 이러한 운동은 새로운 공동체 의식과 규범 창출이 가능하다는 것을 스스로 인정한 것이다. 물론 이러한 캠페인은 미디어 등 다양한 소통 매체와 조화를 이루어야 한다. 응답자들이 지적하였듯, 문제는 여기서도 발생한다. 다시 말해 '불통'만큼이나 문제가 되는 것은 공적 소통을 독점하고 있는 미디어의 문제이다. 예컨대 미디어는 늘 강자의 편에 서 있고, 이러한 문제가 공동체 파괴에 중요한 영향력을 행사한다.

다양한 장비와 인력을 사용할 수밖에 없는 미디어 산업은 그 규모를 유지하기 위해 그만큼 거대 자본에 의존할 수밖에 없다. 이를 위해 제안된 것이 미디어 독점 방지였으나, 최근 신문이 TV와 겸업을 할 수 있게 되면서, 특정한 언론사가 시민의 눈과 귀를 독점하는 상황이 발생하고 말았다. 다양한 사건을 다양한 시선으로 보고 경험하여 시민이 스스로 사건을 해석하고 판단하는 상황은 점점 요원해지고 있다. 이 점은 지속적으로 견제되고 비판의 선상에 올라야 한다.[1]

최근 이 문제와 관련한 다양한 비판 운동이 있다. 소규모 자율미디어 운동의 확산이 그렇다. 이를 위해 소규모 미디어 집단들의 자생력이 확산될 수 있도록 관심과 자원을 공급해주어야 한다. 그리고 이러한 집단들 간의 연대를 강화해야 하며, 이들이 건전하게 자신들의 소신을 펼칠 수 있도록 시민의 다양한 참여 그리고 감시와 감독 견제 및 비판(비평) 문화를 활성화해야 한다. 예컨대 시민 자율 미디어 페스티벌을 열고 여기서 서로 배우며, 새로운 미디어 환경을 체험하고 새로운 제안을 하는 생산적 모임을 강화할 필요가 있다. 예컨대 Daum문화재단과 지역의 미디어 단체인 미디토리가 협력하여 체인지 온과 같은 행사를 개최하고 있는데, 이런 유의 행사들이 좀 더 시민의 미디어 역량을 높일 수 있다면 좋겠다.

개인이 활력을 갖고 이 활력이 다양한 매체를 통해 공식적, 비공식적으로 지역 시민사회에 전달될 수 있다면 좋겠다.

공동체의 규범과 전통을 새롭고 건전하게 하기 위해서는 물론 대

---

1. 자세한 정보는 정보와 미디어 의제 부분을 참고.

중매체의 문제를 넘어서야 한다.

지역 문화 예술의 활력, 지역의 특수한 공간 등 다양한 요소들이 이러한 역량 향상을 위해 기여해야 할 것이다.

시민의 새로운 공적 활력을 향상하여 이를 통해 새로운 규범을 발굴하고 확보하는 것이 매우 중요하다.

이를 위해 다양한 시민 공론장이 필요하다. 이러한 공론장은 상호존중과 배려에 입각한 자유롭고 평등한 소통으로 전통의 편견을 깨고 새로운 전통을 만들어내는 역동적 공론장이 될 것이다.

최근 서울시는 시민교육 강화의 일환으로 시민교육 전문가 양성 프로그램을 만들고 있다. 이러한 지역사회의 프로그램이 새로운 공동체성과 규범을 만들어내는 데 기여할 수 있을 것이다. 뿐만 아니라 시민성 함양을 위하여 다양한 시민문화를 경험하고 체험할 수 있도록 하는 것도 좋겠다. 실제 지역 시민사회가 공동체성 함양을 위해 어떻게 일하고 있는지를 직접 경험하는 것은 새로운 전통과 규범에 대한 패배주의나 냉소를 극복하고, 전통과 규범 창출을 위한 동기를 부여할 수 있으며, 이러한 활동의 지속 가능성을 보장할 것이다. 여기서 기존의 보편성(오래된 전통)과 새로운 보편성(새로운 전통) 사이의 긴장이 해소될 수 있을 것이며, 보편성과 특수성의 긴장이 건전하게 해소될 수 있다. 심지어 이러한 긴장과 해소는 세대차이, 성 차이, 문화차이, 인종차이를 극복할 수 있는 지혜를 생산할 것이며, 이는 건전한 지역정체성의 창출과도 연결된다. 해양문화의 개방성이라는 추상적인 말이 좀 더 구체화되어 지역사회의 정체성을 자리매김하려면, 이러한 공적 긴장과 화해의 지혜를 무시해서는 안 된다.

2. 인식전환을 위한 제안

　몇몇 응답자들의 의견을 보면 권위주의가 효율적이라는 생각을 갖는 듯하다. 그러나 권위주의의 효율성을 너무 쉽게 인정하는 것은 아닐까? 권위주의의 효율성은 생각보다 경직성으로 연결되기 쉬운 것은 아닐까? 최근 효율성을 가장 중시하는 경제체제 또는 사업체에서도 권위주의보다는 비권위주의와 탈권위적 경영을 하려는 경향이 많다는 것은 오히려 권위주의의 비효율성을 증명하는 것은 아닐까?

　어떤 응답자는 강자의 배려에 대한 약자의 감사라는 상호성을 언급하였다. 그러나 이러한 인식은 심히 우려스럽다. 왜냐하면, 강자와 약자 사이의 불평등한 비대칭 관계를 이미 말 자체가 전제하고 있기 때문이다. 강자의 배려가 만일 강자의 입장에서 제공되는 배려라면, 이것은 약자에게는 폭력이 될 수도 있다는 것을 기억해주면 좋겠다. 강자의 배려에 약자가 반드시 감사할 일인지도 점검해야 할 것이다. 그리고 그 반대의 경우도 생각해보기를 바란다. 약자의 배려를 강자가 당연시하는 게 더 문제가 아닌지 말이다. 강자의 횡포에 이렇다 할 저항을 보이지 않고 감내하는 경우는 어떨까? 최근 착한 죽음들이 많다. 월세를 놓고 돌아가시거나, 자신의 시신을 치우는 사람을 배려하여 국밥값은 놓고 돌아가신 분, 아사지경에 이르렀음에도 도둑질을 하지 않는 사람들 같은 경우를 생각해보면, 약자들이 오히려 시민적 덕성에 가깝게 서 있지는 않을까? 이렇게 뒤집어보고, 저렇게도 뒤집어보고 생각해보고 공감해봤으면 한다. 한발 더 나아가 배려에 대한 감사는 매우 중요하지만, 배려와 감사가 특정인에게 한정되고 결정되어 있는 덕목이 되어서는 안 될 것이다. 응답자가 중요하게 생각하는 소통을 가능하게 하기 위해서라도 강자는 배려하고, 약자는 감사한다는 식의 생각은 소통이 갖는 '상호성'이라는 덕목을 해치는 것은 아닌지 생각해보면 좋겠다.

패배주의적 해법을 우리는 과연 견뎌낼 수 있을 것인가? 여우처럼 살기를 권한다고 우리 모두가 여우처럼 살 수는 없을 것이다. 설령 우리 모두가 여우처럼 살게 된다면, 공동체의 덕성과 규범은 모두 휴짓조각이 되고 말 것이다. 모든 인간관계가 전략이 된 곳에서 우리는 살 수 있는가? 심지어 전략적인 관계인 거래관계에서도 '신뢰'라는 시민적 덕이 필요하다. 그렇다면 우리는 여우처럼 살아야 하는가?

한국 사회는 처음부터 다문화 국가였다. 자신의 조상을 추적해서 올라가고 올라가다 보면 늘 낯선 존재와의 결합과 그 결합을 통한 새로운 질서의 창조를 살펴볼 수 있다. 단군신화 역시 하늘과 땅의 이질적 질서가 결합한 것 아니던가? 처용의 설화를 생각해도 그러하다. 김수로왕과 허황후의 이야기도 그렇다. 그리고 단군의 자손에 속하지 않는 '성', 즉 한국에서 유래하지 않은 '성'을 가진 사람들이 여전히 문제없이 한국사회에서 한국의 전통을 유지며 살고 있다. 한국 사회는 처음부터 단일민족국가가 아니었음에도 훌륭한 공통의 문화와 전통을 만들었다. 우리는 이 지혜를 어떻게 복원할 것인가?

공동체의 규범은 언제나 변화 가능하며, 늘 재창조되는 것이다. 이 재창조는 배제된 것들을 포함하는 새롭고 관용적인 보편성이어야 할 것이며, 물론 비폭력적이어야 할 것이다. 이를 위해서는 배제된 존재, 탈 정치화된 존재 그래서 순전히 사적인 존재가 되기만을 강요

받았던 다양한 존재들의 호소에 귀 기울여야 할 것이다. 여기서 공적인 것과 사적인 것이 어떤 특징을 갖는지에 대한 해명이 간단히 필요하다.

공적인 것과 사적인 것에 관하여[2]

사적인 것이 '공적인 것'으로부터 배제된(박탈된) 것이라는 아렌트의 견해를 염두에 둔다면, 공적인 것으로부터 박탈되는 것의 특성이 오롯이 사적인 것으로 남게 된다. 사실 공/사의 경계에 대한 의견은 분분하나, 정작 사적인 영역이 가지는 특성에 대해서는 대체로 합의를 보고 있는 것 같다. 사적인 영역은 고대부터 지금까지 철저히 가정의 영역, 사적 친밀성과 돌봄이 작동하는 정서의 영역, 공식적 시장경제의 발생 이후 경제가 아닌 생계의 영역, 그래서 공개성보다는 여전히 비공개성과 은폐성이 작동하는 영역, 공통의 관심사를 중요시하는 다수성이 살아 숨 쉬는 곳이라기보다는 일원적이고 배타적인 소속성이 작동하여 단수성과 동일성이 작동하는 영역이다. 그럼에도 불구하고 이 영역에서 얻어진 경험들을 지속적으로 공적인 논의의 장으로 퍼 올릴 수 있다. 그런 점에서 사적 영역은 여전히 공적 영역과 긴밀한 결합 관계에 있다. 하버마스가 『사실성과 타당성』에서 공적 토론이 모든 테마에 열려 있다고 말하면서, 사적인 영역의 중요성을 공론장 이론 안으로 포함시키고 있는 것도 이런 이유 때문이다. 이 연장선에서 사이토 준이치 역시 공적 공간이 공/사의 경계를 둘러싼 담론의 정치가 행해지는 장소이지, 공적인 테마에 관해서만 논의해야 하는 장소가 아님을 역설한다. 그러니 무엇이 공적 테마인가는 의사소통에 선행해서 미

---

2. 자세한 내용은 다음을 참고하라. 김동규, 「새장르 공공미술의 정치철학 : 공론장 개념을 중심으로」, 『사회와철학』 25집, 2013 또는 김동규, 「사적인 언어의 정치화와 공론장 : 하버마스와 아렌트를 넘어」, 『사회와 철학』 22집, 2011.

리 결정되어 있는 것이 아니다. 이런 맥락에서 기든스는 일찍이 사적인 영역의 정치적 특성을 언급한 바 있다. 일상 속의 정치적 감수성이 '설명 가능성'과 결합하여 충분히 공적 특성으로 반영될 수 있다고 본 것이다. 사이토 준이치 역시 미나마타병과 관련된 환우회에서 등장하는 친밀성이 공적 기능을 할 수 있다고 언급한 바 있다. 최근 언급되고 있는 '활사개공活私開公'의 정신, '개인적인 것이 곧 정치적인 것'이라는 캐롤 헤이니쉬의 주장 등도 사적인 것의 공적인 특성을 보여주고 있다.[3] 그렇다면 중요한 것은 사적인 곳에서 공적인 것을 발견하는 것이다. 이러한 공공성의 정치를 발견의 정치라 부를 수 있을 것이다.[4]

활사개공活私開公은 이런 점에서 공동체의 규범과 전통을 새롭게 만들어나가기 위해 중요한 덕목이다. 사적 개인들의 활력이 무질서만을 만들어내는 것은 아니다. 차이 나는 다양한 사람들이 생산하는 무질서는 늘 새로운 질서를 만들어내기 마련이다. 그러므로 사적인 개인들이 모여 만든 사회 역시 무질서chaos와 질서cosmos 사이를 움직이는 일종의 역동chaosmos임을 기억하는 것이 중요하다.

"공동체의 규범과 전통이라는 서사는 아직 끝나지 않았으며, 우리가 공동체 서사의 저자임을!"

---

3. 활사개공活私開公이라는 개념은 일본 장래세대총합연구소 소장 김태창 박사가 제안한 것인데, 그는 같은 연구소에서 1998년 11월 3일 개최했던 공공철학공동연구회의 종합토론을 통해 "공은 사를 부정하는 것이 아니라 사를 통해 열리는 것이다."라고 주장하였다. 그는 활사活私를 통하여 개공開公함으로써, 관료주의적 지배로부터 생활세계를 자립시킬 수 있고, 공과 사를 모두 활력 있게 하고 개선시킬 수 있다고 생각했다.
4. 수잔 레이시는 페미니스트들의 사유가 지극히 개인적이지만 공적인 정치성과 사회적인 특성을 가진다고 설명하며, 이러한 것들에 대한 공감이 미술가가 세상에 제공해야 할 봉사라고 강조한다.

● 문제가 되는 다른 분야를 아우르는 것이 교육이라고 생각한다. 개인, 가정, 나아가 집단이나 공동체에서 발생하는 문제는 현행 교육제도가 만들어 낸 것이라고 본다. 이 분야에서는 "성적지상주의 또는 입시제도"가 핵심쟁점이라고 생각한다. 최근에 발생한 사건 중에서, 성범죄의 혐의가 있는 선생이 대입 입시에 유능하여, 타 학부모가 그 혐의가 있는 선생을 옹호하는 것에서 보듯이, 성적지상주의가 도덕뿐만 아니라 범죄도 두둔하게 된다. 이를 해결하기 위해서는 산학을 분리시켜 대학을 취업에 필요한 자격으로 보는 것이 아니라 학문과 공동체를 생각할 수 있게끔 정부의 노력이나 정책이 필요하다. 복지와 병행한다면 상당 부분 교육의 문제가 해소될 것이다. 좋은 교육이라고 해도 나쁜 교육이 될 수 있지만, 나쁜 교육은 나쁜 교육을 전수하게 된다. 악순환의 고리를 끊기 위한 강제적 정책이 필요하리라 본다. (하동윤 / 부산)

● 필요 이상으로 교육열이 높다. 사교육비가 증가되고, 모두가 대학

가려 하는 현상이 문제다. 또 쓸데없이 학원 다니는 애들이 많다. 마이스터고와 같은 것들 늘리면 대학진학률도 줄어들고 교육열도 낮아지리라 생각한다. (익명 / 부산)

● 내가 겪어본 교육 분야가 문제가 있다고 느꼈기 때문에 선택했습니다. 교육방식이나 방법의 문제, 평가 기준이 특히 문제라고 생각합니다. 학생으로서 학업에 임하며 항상 평가 기준이나 교육방법에 의문을 가졌었습니다. 조금 더 개개인의 장점 또는 성격을 최대화 시켜주는 교육 방식을 연구해보았으면 좋겠습니다. (익명)

● 최근 인터넷 기사 중에 대학을 졸업하고 다시 전문대로 입학하는 사례가 증가하고 있다는 기사를 봤다. 대학을 졸업하고 취직 때문에 다시 전문대로 들어가는 것은 문제가 있다고 생각한다. 고등학교에서 철저한 흥미, 적성 탐구를 해야 하고, 또한 대학에서 편입과 전과가 수월하게 진행될 수 있어야 한다고 생각한다. 대학에서 책상에 앉아 공부하는 것보다는 학과에 맞는 현장이나 회사와 연관하여 실험 연구 등 좀 더 실용성 있는 공부를 했으면 좋겠다.

(김종하 / 기장)

● 획일화된 기본교육(초, 중, 고)이 문제라고 생각합니다. 무엇보다도 종합대학의 축소가 필요합니다. 획일화된 교육이라고 지적하고 있지만 이미 거기에 맞춰진 사람이 되었기에 변화를 시도하지 못해 안타깝습니다. (익명)

● 학생이라는 신분에서 교육은 가장 현실적으로 와 닿는 문제라고 생각한다. 이 분야에서 가장 문제가 되는 부분이 있다면 성적만 잘 나오면 되고, 대학만 잘 들어가면 되고 취직만 잘하면 된다는

생각을 가지게 하는 게 우리나라의 현실이라고 생각된다. 부모가 자식의 성적을 위해서 시험문제를 교사에게 돈을 주고 거래를 하는 사례도 있다. 청년실업, 취업의 길이 조금 더 다양한 방법으로 열리고, 또 기업에서 면접을 볼 때 이력서를 보지 않고 그 사람의 창의성, 임기응변, 적응력 등을 본 후에 나중에 이력서를 보는 식의 면접이 좋을 거 같다. (김현우 / 부산)

● 교육은 가장 많이 겪어 봤고 지금도 겪고 있는 문제다. 다양한 교육 방법이 되었지만, 특정 커리큘럼을 따라가지 않으면 결국 낙오자 취급을 받는 사회 풍토가 특히 문제다. 사촌 동생이 간디고등학교에 갔고 성적도 좋았지만 결국 2학년 때 다른 고등학교에 전학을 갔다. 결론적으로 특수고를 졸업해서는 다시 공부해서 수능을 치든가 다른 다양한 일을 해야 하는데 다양한 일을 부모님의 도움이나 빽이 없으면 현실적으로 하기 힘들다. 따라서 제도적 도입이 필요하다. (강진완)

● 획일화된 교육을 받은 사람들에게 다원화된 사고를 요구하는 사회는 합당치 않다. 다원화된 사회는 사회발전에 필수불가결한 요소이므로 획일화된 교육과 시험을 문제 삼았다. 자기가 하고 싶은 분야와 상관없는 수능과목(수능 자체를 비난하는 것은 아니다.)이 문제다. 또 수능으로 학생들은 대학을 평가할 수밖에 없다. 그래서 입결 성적이 높은 학교나 과에 자신의 흥미와 상관없이 들어간다거나 자신이 흥미로워하는 과에 들어갔어도 그곳의 입결성적이 낮으면 학생들의 자존감이 떨어질 수도 있다. 물론 인기 있는 과와 명문대학교의 입결성적이 높은 것은 당연하다고 생각한다. 하

지만 문제는 그 이전의 교육이다.(좋은 성적=좋은 대학) 성적과 대학으로 사람을 판단하고, 그에 따라 직업의 귀천도 생기며, 학벌주의의 사회도 나타나는 것이다. 이런 문제를 해결하기 위해 교사들, 특히 중 고등학교 교사들이 좋은 의식을 심어주면 좋겠다. 사실 내가 제기한 문제는 사회 구조적 인프라의 문제가 아니다. 사람들의 의식, 줄 세우고 판단하는 의식, 특히 학벌에서 그런 의식이 많이 일어난다. 교사 1명은 교육 구조적 인프라를 바꿀 수는 없다. 하지만 학생들의 의식을 바꿀 수 있다. 요즘 사회의 메타는 글로벌이다. 그 글로벌 사회에서 필요한 것은 영어가 아닌 다원화된 사고가 아닐까? 부모들의 교육도 함께 병행됐으면 좋겠다. 사실 부모가 아이들 만들었고 부모들의 입맛에 맞는 선생을 고르기 위해 사교육이 판치는 것이다. "내 아이가 공부를 못해도 된다."는 용기는 부모가 꼭 있어야 한다. 그리고 그 아이에게 좋은 의식을 심어주는 것도 꼭 필요하다. (기호영 / 부산)

● 학생이 만든 시계를 폭탄으로 오인한 사건을 보고 우리나라는 왜 교육 강국이면서 저러한 인재가 나오지 않을까 생각이 교육의 문제점을 떠올리게 했다. 우리 교육의 문제는 대기업 취업을 위한 교육에만 매달린다는 것이다. 외국과 같은 경우에는 자유로운 교육방식으로 여러 분야에 재능이 있는 수재들이 많이 나오지만 우리나라는 문과와 이과로 나누기 시작하여 고정된 틀에서 생각해야한다. 이를 해결하기 위해선 대학의 차별화를 없애서 교육의 과열화를 제지하고 진도 빼기식의 교육보다 생각하며 의견을 자유롭게 이야기할 수 있는 분위기를 조성해야 한다. 중학교 3년 중 1

년을 여러 학문을 체험하는 단계를 도입하여 아이들의 대학의 목표보다 자신의 꿈을 설계할 수 있게 해주어야 한다고 본다.

(이지수 / 부산)

● 수험생이라는 생활을 겪으며 다른 문제들보다 교육문제를 직접적으로 경험했다. 무엇보다도 자살이나 보여주는 공부가 교육문제에서 두드러진 문제라고 생각한다. 회사에선 영어 실력(회화)을 보기 위해 토익, 토플 같은 성적증명을 요구하나 그 학문에서 고득점이어도 실상 회화를 못한다거나 학생 자살률 1위라는 뉴스를 본 적이 있다. 대학입시와 관련하여 극도의 스트레스를 받아 자살로 이어졌다고 한다. 이런 문제를 해결하려면 일자리를 창출하여 굳이 대학을 가지 않아도 되게 하고, 주입식 교육이 아닌 직접적으로 배워서 쓸 수 있는 기술 습득하게 해야 한다. 또한, 사람을 성적으로 평가해선 안 된다고 생각한다. (홍길동 / 부산)

● 막 20대에 들어온 대학생의 입장에서 중·고등학교를 다니는 학창시절에 꿈 없이 오로지 공부에만 전념하는 것이 안타깝다. 물론 이 사실을 누구나 알고 있고 자유학기제나 교육과정을 축소하는 등의 노력을 하지만 우리나라 사회구조상 대학에 들어가야 하는 분위기고 구조라, 앞에 제도들이 근본적인 대책이 될 수는 없을 거 같다. 이러한 과정 속에서 쉬운 수능을 추구하는 것과 재수생과 반수생이 늘어나고 있는 점이 특히 문제다. 사람들은 누구나 실수를 하고 날에 따라 자기가 가진 역량보다 더 잘할 수도 있고 못할 수도 있다. 평소에는 월등히 잘했던 친구가 쉬운 수능에서 미끄러졌던 실제 사례가 있다. 따라서 쉬운 수능을 추구하는 것만

이 답은 아닌 것 같다. 노력하는 자에게는 보상이 주어져야 한다고 생각하기에 변별력이 있었으면 좋겠다. 점수대로 맞춰가지 말고 중학생 때나 고등학생 초반에 자기가 하고 싶은 일들은 찾을 수 있는 교육이 이뤄졌으면 한다. 그리고 더불어 교권을 지켜주자.

(익명 / 부산)

● '교육입국 백년대계'임에도 우리 교육은 지나치게 즉흥적, 자의적이다. 교육에서 보여주기와 내실의 간극의 문제와 인성 회복과 공동체의 신뢰가 특히 주요쟁점이라고 생각한다. 교육의 이념과 목표를 재점검하고 실질적으로 미래사회에 도움을 줄 수 있는 방안을 널리 공청 하여 결정할 수 있는 의사결정방식을 만들어야 한다. 자유와 평등의 상호조화에 대한 기본적인 인식이 필요하다.

(익명 / 부산)

● 사회구성의 기본은 교육인 것 같다. 입시문제와 학사과정이 그 중에서도 중요한 부분이다. 체험중심, 실습중심의 교육이 되고, 기말시험 후의 학교생활에 대한 프로그램도 개발해야 한다.

(김혜련 / 김해)

● 대학에서 비정규교수로 일하고 있는 중이다. 교육 전반이 문제라고 생각하지만, 고등교육의 현장에 있으면서 모든 초, 중, 고 학생들이 대학에 오기 위해 분투하는데 과연 이 곳에 올 만한 가치가 있는가 하는 의문이 든다. 특히 대학구조 '개혁'문제와 강사법 문제가 주요 문제라고 생각한다. 대학구조개혁 한다면서 비정규교수들을 해고하는데 그 방법이 강의를 줄이고, 강의 당 학생 인원 수를 늘리는 것이어서 눈에 띄지 않는다. 결국, 강의 질도 떨어지

고, 일을 할 수 없으니 대학원도 무너진다. 몇 년째 일어나고 있는 일이고, 앞으로 더 많이 이루어질 일이다. 대학에 가고 싶어 하는 자녀가 있는 부모들과, 대학에 가고자 하는 학생들이 이 문제에 대해 알 수 있고, 논의할 수 있는 자리가 있으면 좋겠다. 한국 비정규교수노조의 제안들 중에 강의 듣는 인원을 OECD 기준으로 대략 15명으로 제한하자는 게 있다. 큰 문제에 작은 제안인 것 같지만, 학생에게나 선생에게나 가장 가깝게 다가갈 수 있는 내용이라 함께 이야기해 볼만하다. (양창아 / 부산)

● 디오게네스는 '모든 국가의 기초는 그 나라 젊은이들의 교육'이라고 했다. 교육은 질문1)의 1에서 14까지 모든 문제를 아우르는 뿌리이며 유일한 열쇠다. 무엇보다도 교육의 본질을 되찾고 공교육이 바로 서야 한다. 삶과 노동을 가르치는 교육이 필요하다. 초등학교에서 '꼬마시인학교' 수업을 하며 동시를 쓰면서 아이들의 아픔을 치유하고 아이들이 삶을 보다 긍정적으로 생각할 수 있도록 했었다. 아이들과 함께 나도 배우며 이런 수업이 '변화'를 가져온다는 걸 체험했다. 나의 삶에 대한 '글쓰기' 수업이 긍정적인 변화를 가져올 것이라 확신한다. 이와 같이 인문학이 살아나는 교육이 시급하다. 영수 위주의 입시교육이 아니라 아이들이 스스로의 삶을 고민하고 설계할 수 있는 시스템이 필요하다. 작은 것부터 시작할 수 있는 용기가 필요하다. 영어단어 외우는 대신 시를 외운다면 머지않아 나비효과를 불러일으킬 것이다. (강기화 / 부산)

● 어떻게 배웠느냐, 무엇을 배웠느냐가 삶의 질을 결정하는 가장 중요한 문제이지 싶습니다. 지금 학생들이 배우는 내용은 실제 삶에

별 불필요한 것들로 많이 구성되어 있다고 봅니다. 성적으로 줄세우기와 학생들의 평가제도는 특히 주요 문제입니다. 수학의 경우 성적으로 분반(상, 하 반)으로 수업했었는데 선행을 전제로 하기 때문에 사교육을 받지 않는 학생은 따라가기 힘들었습니다. 그리고 하반의 아이들은 학습 분위기가 엉망이라고 합니다. 성적으로 아이들에게 차별이 이루어져서는 안 된다고 생각합니다. 성적으로 구분하는 모든 제도 폐지(일제고사 폐지 등)했으면 합니다.

(전미경 / 부산)

● 획일화된 교육, 갇혀있는 교육, 개인의 특성과 창의성, 재능을 고려하지 않은 교육 등이 문제입니다. 각 분야의 다양한 경험과 생각이 녹아날 수 있는 사람들로 구성된 교육위원회가 독자적으로 서서 교육에 대한 충분한 고민과 체계가 장기적인 관점에서 이루어져야 할 거라 생각합니다. 한국사회에서 일어나고 있는 많은 문제점들이 미래에 개선될 수 있기 위한 가장 큰 대안은 교육의 변화라 생각합니다. 지금의 교육체계로는 더 많은 사회문제가 야기될 거라는 생각이 듭니다. (김성옥 / 부산)

● 고등학교에서 졸업한지 얼마 되지 않았는데, 어쩌면 고등학교 교육과정이 나에게 맞지 않는 것인가 하는 생각이 들어서 여러 분야 중 "교육"분야를 선택했다. 교육에서 과도한 경쟁으로 인한 스트레스가 가장 문제다. (지금에서야 드는 생각이지만) 할 수 있던 일(공부와 공부 이외의 다른 일도)마저도 스트레스에 눌려 해내지 못했다. 구체적 제안까지는 모르겠지만, '우선은 좋은 대학에 가야 성공할 수 있다.'(성공하는 방법은 좋은 대학에 가는 것 분이

다.)라는 인식부터 바꿔야 하지 않을까. 혹은 성공의 의미가 바뀌거나. (이옥희 / 김해)

● 모든 것이 문제이지만, 근본적으로 그것들을 해결하는 힘이 교육에 내재해 있기 때문에 교육이 가장 큰 문제라고 생각합니다. 그 중에서도 교육과 삶이 분리되어 있는 부분이 가장 문제라고 생각합니다. 대학만 가면 인생이 안정될 줄 알았더니 아니더군요. 이상적인 답안은 없겠지만, 다양한 삶을 보여줄 수 있는 교육운동이 자유롭게 일어날 수 있도록 마련하면 어떨까요? 일리치〈학교없는 사회〉에서 아이디어를 얻자면 지역사회에서 청소년에게 교육마일리지를 제공해 자유롭게 다양한 활동에 참여할 수 있도록 하면 어떨까요?(인문, 문화, 농업, 스포츠 등) (박지원 / 부산)

● 우리 애가 고3인데 수시접수를 하는 과정에 정보가 너무 없고, 자기가 공부분야가 아니라 성적에 맞춰서 대학을 가니 답답하다. 현 교사들도 합격만 하면 된다는 생각을 가지고 있는데 이것도 문제다. 각 학교의 진로상담 선생님의 보강과 학생들과의 친밀함이 필요하다. (정은희)

● 학생들 인성교육에 많은 관심과 교육이 필요한 것 같다. 요즘 학생들의 예의범절이 너무 부족한 것 같다. (임미옥)

● 많은 사회문제가 학벌, 지식 위주의 사회체제를 위한 지나친 경쟁을 위한 교육(제도)에서 비롯된다고 생각한다. 대학입시제도가 핵심 문제다. 특정 대학에 입학하기 위해 특목고를 목표로 유아 때부터 학습경쟁을 하는 경우가 곳곳에서 보인다. 서열화된 대학입시제도 개선하여, 대학평준화를 이루고, 학문의 전당으로서의 대

학기능을 회복되어야 한다고 생각한다.(문, 사, 철학과 유지)

(김은숙 / 김해)

- 우리교육이 획일적인 생각을 가지게 하고, 사회가 요구하는 틀 안에서 벗어나지 못하게 한다. 서로 돕고자 하는 마음과 인정하는 마음이 없이 경쟁과 적의로 가득 차 있다. 교육은 위의 8 차별금지와 인권, 11 공동체의 규범과 전통, 12 갈등, 13 다문화 의 출발선에 있는 분야이다. 성공과 행복이라는 관점이 물질적인 것이 아닌 다른 것에 있는 전반적인 사회프로그램과 공감할 수 있는 대안들이 가정, 학교, 사회 전반에서 나왔으면 한다. (김영란 / 김해)

- 한국사회 교육의 양극화로 지역 간, 계층 간 격차가 커지고 향후에도 한국 사회의 갈등을 심화시키는 요인이 될 것이라고 본다. 또한 주입식 교육방식이 변화해야 하는 문제도 크다. 특목고, 일반고, 특성화고 등 차별화된 교육과 사회적 특혜, 주입식 교육으로 교육의 흥미와 질 저하가 문제가 된다. 대학입시 개선과 교육과정의 다양화(다양한 형태의 학교 확대: 예술, 음악, 공예 등), 고교평준화가 필요하다. (니나 / 김해)

- 초 · 중 · 고등학교에서의 교육은 변화하고 있는데 수능은 변화가 없다. 아이들은 학교에서의 시험과 수능을 같이 해야 한다.(학교에서는 모든 시험을 서술형으로 평가하고 있다.) 교육정책이 자주 변화하지 않았으면 좋겠고, 정부의 정책을 믿고 준비할 수 있었으면 좋겠다. (이선희 / 김해)

- 성적비관을 해서 자살하는 학생들이 많다. 성적제일주의와 사교육(선행학습, 영어조기교육), 입시제도가 큰 문제라고 생각한다.

(김세린 / 경남)

● 다른 나라와 비교해보아도 교육이 문제인 것 같다. 사교육비 등등이 특히 문제인데, 이 부분은 정부에서 해줘야 할 일이 많은 것 같다. (익명 / 울산)

● 상대평가로 상위 점수 위주로 나열하는 교육방식은 문제가 있다고 생각합니다. 이로 인해 학생들의 스트레스가 큽니다. 이런 교육방식 때문에 상위 성적의 학생에게만 더 교육혜택이 주어지게 된다고 생각합니다. 성적에 상관없이 중 · 하위권 성적의 학생들 모두 동등하게 발전할 수 있도록 했으면 좋겠습니다. (익명 / 김해)

● 교육은 내가 오랫동안 경험해 왔고 문제라고 많이 느껴왔습니다. 가장 핵심적인 문제는 대학입시 문제입니다. 성적 위주로 모든 것을 판단합니다. 제가 경험해보고 주위에서 여러 경우들을 봐 왔는데, 대학입시를 위해 소중하거나 중요한 많은 것을 포기해왔습니다. 개개인을 파악하기 위한 교육제도 등이 필요하다고 생각합니다. (김소예 / 김해)

● 아이를 둔 엄마로서 아이들 교육이 제일 걱정이 됩니다. 특히 학교폭력, 무상급식문제, 한국사 국정교과서 문제가 핵심 쟁점입니다. 무상급식과 관련하여 학부모피켓운동에 참여한 경험이 있습니다. 생각보다 학부모의 요구와 학생들의 기본적인 인권에 학교나 교육청이 무신경한 느낌이 듭니다. 공청회나 집회, 집단모임에 참여하여 의견교환과 할 수 있는 일을 돕는 정도가 우선 할 수 있는 일이라고 생각합니다. 또한, 학교 내의 도서관이나 기타 장소를 적극적인 소통의 장으로 만들면 좋겠다는 생각이 드네요. 생각

보다 무슨 일을 진행할 때, 각 모임별로 개인별로 연대하기란 쉽지가 않은 것 같습니다. 일단 각성된 시민의식이 필요한 것 같고 어렵지 않은 주제로 함께 모일 수 있는 소통의 공간이 많이 필요한 것 같습니다. (나나1022 / 김해)

● 대입 위주의 교육방식에 많은 문제점이 있다고 생각합니다. 매해 바뀌는 대학 입시제도가 문제입니다. 수능 A B 선택형, 갑자기 바뀐 수능 문항 수 등으로 큰 혼란이 있었습니다. 애초에 대입만을 위한 교육이 아니라 다양한 공부가 필요하지만, 현실적으로 힘들다면 수능만이라도 제도의 안정화가 필요합니다. (익명 / 부산)

● 너무 정해진 길로만 가야 한다. 모든 아이에게 똑같은 교육을 시킨다. 동생이 8살인데 레고놀이를 좋아한다. 레고놀이를 할 때 내가 나도 모르게 정해진 틀로만 만들어 라고 짜증을 냈다. 자유롭게 두고, 위험한 부분만 제지하는 것이 필요할 것 같다. (도현 / 부산)

● 최근 총장직선제, 간선제에 관해 좋지 않은 일이 있었고, 그에 따라 많은 담론들이 나오고 있습니다. 단지 이념적인 문제가 아니라 대학의 재정지원 등의 현실적이고 직접적인 문제로 다가오기 때문에 대학이 상업화되어 가는 것에 대해서도 이야기를 나눌 수 있다고 생각합니다.(대학=취업학교라는 인식도 함께) 듣고 싶은 과목이 있어도 정해준 수업만을 들어야 졸업 시에 좀 더 좋은 조건을 더해주는 문제도 있습니다. 학점, 전공에 관계없이 학생들에게 다양한 주제로 강의가 열렸으면 좋겠습니다. 굳이 학술적인 내용이 아니어도 사회에 대한 문제점 등을 함께 나눌 수 있는 기회, 정치에 관심을 가질 수 있는 기회가 있었으면 좋겠습니다.

(김다빈 / 부산)

- 우리나라는 학벌 위주의 사회이므로 그만큼 비리와 개인 사정 등 등 많은 것들이 이슈가 되고 문제로 여겨지고 있다. 또 학업 비관한 자살도 잇따라 발생하고 있다.(수능을 못 본 학생이 괴로워하다가 아파트에서 뛰어내려 자살을 하는 것) 너무 학벌 등을 따지지 않고 무조건 성적으로만 그 학생을 판단하지 않도록 해야 한다. 많은 문제점들이 잘 해결되었으면 좋겠다. (태쁘)

- 내가 이때까지 살아오면서 겪었던 일 중에 가장 불만을 가졌었던 분야가 교육 분야이다. 대부분의 고등학생들의 야간자율학습이 강제자율학습이다. 내가 고등학교 때 야간자율학습 신청서를 자율이 아닌 강제로 동의한다고 표기해서 제출했어야 했었던 일이 있었다. 원인은 대학의 입시제도에 있다고 생각한다. 일단 학생들의 특기나 취미 위주로 수업을 해서 자신이 좋아하는 것에 대해 공부하면 이론이라도 즐겁게 느껴지고 수업의 효율성이 높아질 것이고 대학에서도 학생들의 국영수 성적 비율을 좀 더 낮추고 그 분야의 자격증이나 능력을 보는 입시 제도가 좋다고 생각한다. 고등학생을 둔 학부모들도 야간자율학습을 무조건 찬성하는 분들도 계시겠지만, 분명히 불만을 가지고 계신 분들도 분명히 계실 것 같기 때문에 학부모의 불만들을 설문으로 해서 그러한 문제점을 뉴스나 신문에 자주 보도하다 보면 고등학교에서도 점점 야간자율학습을 강제로 하진 않게 될 것 같다. 또한, 혁신학교나 대안학교가 아닌 대중적 방법이 필요하다고 생각한다. (정윤희 / 부산)

- 역사, 철학, 문학, 예술(순수학문)의 홀대와 교과부 교육정책의 과

학기술분야 지원 편중이 문제다. (나나 / 부산)

- 세 아이를 키우며 늘 고민해왔던, 고민할 수밖에 없는 부분이 교육입니다. 지금 하고 있는 '일'도 교육 분야이다 보니 더 그렇습니다. 획일적인 교육방향, 목표, 제도 등이 문제라고 생각합니다. 학교라는 곳이 배움의 즐거움을 일게 하는 곳이 되어야 한다고 생각합니다. 그러나 지금의 교육환경은 대학가는 기술을 가르치는 곳이 되어버렸고, 그 기술마저도 제대로 가르치지 못해 학원으로 학생들을 내몰고 있는 이 현실은 반드시 개혁되어야 합니다. 하나를 바꾸어 해결할 순 없겠지만 하나씩 하나씩 바꾸어 나가다 보면 언젠간 많은 것이 바뀌지 않을까 합니다. "①쉬운 교과과정 : 찍은 놈이나 공부한 놈이나 점수가 비슷한.. 지나치게 어려운 교과과정의 개혁 ②다양한 진로 : 꼭 대학이 아니어도 세상을 살아가는 힘을 기를 수 있는 길을 열어주는 교육 ③성적으로 차별하지 않는 교육환경 : ex) 전교 30등까지 정독실 사용. 전교 30등까지 대학탐방신청가능 등등 교과 성적으로 순위 정하기, 수준별 반편성 등 ···."을 제안해 봅니다. 부디 교육정책만이라도! 아주 장기적인 계획을 꾸준히 실천할 수 있도록 제대로 실현할 수 있길 바랍니다.

  (이도향 / 김해)

- 사회구조의 밑바탕은 교육이고 질문 1번의 모든 구조적 문제를 해결할 수 있는 유일한 방법이라 생각한다. 교육이 아닌 공부라는 사치에 사로잡힌 우리나라 교육환경이 문제다. 고등교사(20대)와의 상담에서 전공은 뭐라도 상관없으니 대학레벨을 보고 먼저 선택하라는 조언을 보며 황당했던 경험이 있다. 대학-대기업 이 고

리부터 끊어야 할 것 같다. 또한, 지금 자라는 아이들에게 19c할머니에게서 배운 20세기 엄마의 교육을 거부할 수 있는 기회를 주는 것도 필요하다. 초등교사(중, 고)임용 후 장애아, 비행청소년, 조실부모가정 등등 봉사항목을 넣어 인권을 바탕으로 한 교육이 무엇인지 현장에서 체득을 한 후 교단에 설 수 있다면 좋을 듯하다.

(김아영 / 김해)

● 일등만을 위한 교육으로는 백년대계를 지향할 수 없다. 우수한 학생임에도 불구하고 일등이 아니면 잘하고 있다는 인식을 사회와 학교, 부모, 특히 본인이 인식이 못하는 것이 가장 문제다. 가족 중 조카가 공부를 잘해서 서울교대를 갔으나 학교는 결국(취직) 포기하고 고시(행정)를 3년 차 공부하고 있다. 가까운 가족 중에 흔히 있는 사례다. 전문가의 조언을 제도권에 반영하고, 일등이 목표가 아닌 일류가 되는 사람을 키우는 교육이 되었으면 한다. 다양한 방법으로(개개인의 특징을 살릴 수 있는) 교육을 시켜야 하며, 앞으로 계속 인구가 줄어드는 미래에 필요한 교육 대안이 시급하다. (김미경 / 김해)

● 시대가 변했음에도 불구하고 교육은 별 진전이 없어 보이고, 교육은 정지되어진 상태에서 계속 이어지고 있는 것 같습니다. 교육이 인성, 학생들의 진로, 다채로운 체험 등이 있어야 하는데, 성적 위주의 서열화가 되어 꿈이 없는 텅 빈 메아리만 있을 뿐 체계적인 제도의 부재가 안타깝습니다. 특히 입시 위주의 성적 중심 교육환경이 가장 문제가 되는 것 같습니다. 오로지 좋은 학교를 가기 위한 과정일 뿐, 학생들의 체험 활동, 동아리 활동 등 성적 외의 활

동이 미비하다고 생각합니다. 학교에서 성적이 가장 중요한 사항이다 보니 학생들은 더 좋은 성적을 받기 위해서 사교육을 받고 그렇게 됨으로써 학교 공교육은 무시되는 것이 지금의 현실인 것 같습니다. 공교육만으로 학생들의 교육이 충분할 수 있고 다양한 체험학습 등의 프로그램이 많으면 좋겠습니다. 프랑스 교육이나 유럽교육 등을 벤치마킹하는 것은 어떨까요? 서열 위주가 아닌 프랑스처럼 평준화해서 아이들의 입시 위주 교육에 스트레스를 줄이면 좋을 것 같습니다. 그리고 대학 이외는 대안이 없는 교육의 다양화로 학력 위주보단 꼭 자기가 하고 싶은 일을 지원해주는 교육기회의 다양성이 필요하다고 봅니다. 단지 성적만이 학생의 진학을 대부분 차지하는 지금의 입시 제도를 수정하면 좋을 것 같습니다. 재능은 있지만, 성적이 안 돼서 학교를 포기해야 되는 것은 안타깝고, 재능, 성적이 아닌 자기만의 독특함, 이력이 있다면 학교에 입학이 가능하게 되면 교육의 다양성을 채울 수 있지 않을까요? 학생들이 학교에 공부하는 곳만으로 인식하는 것이 아닌, 자기가 하고 싶은 일, 꿈을 지원해 주는 곳이면 좋겠습니다. 단지 시험을 위한 지식 습득이 아닌 프로젝트 수업 등 깊이 있는 즐거운 체험과 스스로 지식을 습득할 수 있는 다채로운 제도가 지원되는 교육이었으면 합니다. (최정미 / 김해)

● 우리나라에는 다른 나라보다 교육에 관한 문제들이 많은 것 같다. 일단 주입식 교육이 문제다. 중학생 때부터 고등학생까지 주입식 교육을 받아왔는데 학교에서 배우는 것만 외우고 수능 문제만 외우고 풀다 보니 대학교에 와서 교수님이 공부하라고 찝어준 걸 외

워서 시험 치는 것은 잘했는데 어떤 문제에 대해 내 생각을 말하거나 토론하고 이런 것에 매우 취약했다. 창의적으로 해결하는 수업을 늘리고 발표수업이나 말하기 수업, 학생들의 취미와 특기를 더 펼칠 수 있는 수업 등을 만들면 좋겠다. 어느 한 지역단체에서 뜻을 모아 주입식 교육을 하는 학교와 안 하는 학교를 만들어 누가 더 후에 잘 살아가는지 조사해서 국가에 발표하는 것도 좋겠다. (조혜진 / 김해)

- 고등학교 때와 대학교 때의 수업방식의 차이가 너무 크고 입시 위주로 수업을 하다 보니 성적에 맞추어 과를 정하는 경우가 대부분이다. 이로 인해 학과 수업에 흥미를 갖지 못한 학생들이 진로에 대한 어려움을 겪고 있다. 중, 고등 심지어 대학에서까지도 시험에 초점이 맞춰진 수업과 공부하고 생각한다. 언니도 고등학교 때 시험 성적에 맞추어 대학에 간 사례인데, 지금 3학년인데도 졸업 후 진로를 어떻게 해야 할지, 또 이 전공이 나에게 맞는 것인지조차 고민하며 심지어 공무원 준비를 할지 생각하고 있다. 발표형식의 수업을 초·중·고등학교 때도 많이 했으면 좋겠다. 그리고 시험에 초점을 맞춘 수업이 아닌 자신의 의견을 내비칠 수 있는 수업을 하고 시험에도 논리적인 사고를 바탕으로 하는 서술형 문제를 보편화시켰으면 좋겠다. (임영진 / 부산)

- 작년까지, 그리고 지금도 가장 많이 접하고 느꼈던 분야가 교육 분야이다. 과한 사교육과 학벌 중시, 올바르지 못한 교육이 문제다. 고등학생 때 보충수업에서 국어 선생님께서 수업을 하시면서 자신의 정치 관념을 표출하던 등 한쪽에 치우친 수업을 하셨던 경

험이 있다. 교육에 대한 제안이라면, 우리나라 교육이라고 한다면 열띤 사교육 경쟁인데, 공교육을 확대 시키는 것이 있다.

(김예린 / 부산)

● 현재 학생 신분으로서 느끼는 점이 많다. 각박하게 돌아가는 교육 정책에 담가진 사람으로서 조금 개선되었으면 좋겠다는 부분이 많았다. 무엇보다 공부하면 할수록 즐겁지 않다. 내가 공부에 흥미가 없는 사람도 아니었는데 말이다. 우리 교육에는 학생들의 의견이 많이 반영되지 않는다. 또한, 그 정책이 바뀌기도 쉽지 않다. 학생과 학부모는 이러한 점을 잘 알고 있지만, 그냥 참는다. 고등학생 때 학생회에서 한 안건을 교장 선생님 및 학교 교사들에게 건의한 사항이 있었다. 고등학교 1학년 때부터 자판기 설치에 대해 건의하였는데도 불구하고 터무니없는 반박으로 항상 좌절되었다. 내가 고등학교 3학년 때 마침내 자그마한 자판기 하나가 교내에 딱 한군데 설치되었는데, 선생님들이 우려하던 쓰레기 문제는커녕, 오히려 학교 밖에 나가 편의점 음식을 사 오는 빈도가 줄어 학교가 더 깨끗해졌다. - 학교 안에서의 학생들 의견도 받아들여지는 게 힘든데, 나라(사회)에는 오죽하겠나 싶었다. 교육에 대한 제안으로는 일단 수업시간을 조금 줄여보는 게 어떤가 싶다. 그게 어렵다면 주요과목 외 예체능이나 인성, 창의적 체험활동 시수를 늘려주었으면 한다. 고등학교 때의 생활을 돌이켜보면 그 덕분에 머리에 떠오르는 추억거리가 없다. 인문계 위주, 대학입시에 초점이 너무 크게 맞춰진 게 아닌가 싶다. 나 또한 그랬고. 전문계를 조금 더 늘리거나 구체적 분야를 다양케 하여 자신의 흥미에 맞도

록 진학하는 게 어떨까 싶다. 전자공고, 상업 고등학교 외에 지금 사회의 다양한 분야를 좀 더 반영해서 말이다. 외국에서 공부하고 싶다는 생각이 많이 든다. 얼른 대학을 졸업하고 외국으로 유학을 가고 싶다. 되도록이면 좋은 나라로. (김민지 / 부산)

● 한국의 교육이 학생들을 다양하고 창의적인 인재로 자라도록 해 주지는 않는 것 같습니다. 공부 외의 다양한 활동을 하기 어려운 교육방식과 교육과정(ex. 늦게까지 의무자습)이 문제입니다. 고등학교 때 하루 종일 학교에 있으면서 공부를 해야 하는 압박감 때문에 놀 때도 편히 놀지 못했고, 졸업 후 학창시절의 추억이 별로 없습니다. 성적 위주의 입시보다는 학생의 자질을 더 볼 수 있는 입시 방식이 많아졌으면 좋겠습니다. 배우는 과목 중 절반은 국, 영, 수 등의 기본 지식을 쌓는 과목으로 하고 절반은 여러 가지 체험, 경험을 해 볼 수 있는 과목을 교육과정으로 정하면 어떨까 싶습니다. (익명 / 부산)

● 유아교육이 잘 되어야 그 아이들이 잘 커서 우리나라를 잘 이끌 수 있다. 유아교육자 급여가 그들이 하는 일에 비해 너무 작고, 아이를 잘 키우기 위한 제도가 잘 안 되어있다. 프랑스 외 유럽 여러 국가에서 하는 것처럼, 유아교육자 국가고시를 시행하여 유아교육자들을 엄격히 선발하고, 급여를 높이는 등 교수나 초중고 교사들만큼의 대우를 해주고 국민들에게 유아교육의 중요성을 인식시키는 것이 필요하다. 또한, 공익광고를 만든다거나 시민단체를 만들어 이것을 통해 국민들의 인식을 서서히 변화시켜 문제 인식을 하도록 한 뒤 국가적 차원에서 문제를 나서서 해결할 수 있도록 했

으면 좋겠다. (익명 / 제주)

● 경쟁을 부추기는 교육, 인간성 소멸, 기능적인 면만 강조하는 교육으로 통합적인 인간에 대한 교육부재로 공격적인 (우월주의 〈→〉 열등의식의 잘못된 표출) 등의 문제가 발생한다. 또한 역사교육 부재로 역사의식이 사라지고 있다. 경쟁만을 가르치는 교육, 입시문제(방법적인 문제, 사교육을 할 수밖에 없음) 특목고 등 우열반 교육의 문제들을 우선적으로 해결해야 한다. 개인적인 경험으로 친구를 좋아하는 초등학생 아이가 중학교에 들어가면서 친구들과의 경쟁을 숙명으로 받아들이고 내신을 신경 쓰는 모습이 안타까웠다. 교육에 대한 제안으로는 공동체교육, 대학입시제 변경(국영수 교과 교육 외의), 우열반 교육 폐지, 노동교육(직업차별이 덜하다면) 등이 있겠다. (익명 / 부산)

● 교육이 공교육에서 제대로 이루어지지 않고 있다. 교육이 학교에서 이루어지지 않고, 학업 뿐만 아니라 인성까지 사교육에서 배워야하는 상황으로, 가족을 유지하기 위한 에너지가 사교육 시장으로 몰리게 됨으로써 가족의 해체까지 가는 현실이다. 일단은 사회적으로 노동에 대한 인식부터 바뀌어야 한다고 생각한다.

(이정하 / 김해)

● 문제를 지적하는 일은, 자고로 '미래'를 내다보는 일입니다. 그러하기에 현시대의 문제를 말하는 일은, 곧 미래를 바라보는 일이지요. 하지만 미래의 중심이 될 우리의 아이들에 대한 교육 문제에 있어서는 참으로 안타까울 수밖에 없습니다. '경쟁'과 '돈' 그리고 겉으로 보이는 '화려함'만을 최고 가치로 가르쳐 아이들에게 '인간'

에 관한 문제, 인간과 인간 사이의 '관계'에서 필요한 일들에 관해 전혀 제대로 교육이 되고 있지 않습니다. 이는 참으로 개탄스러운 비관적 현실이며, 또한 미래이기도 하지요. 미래 세대에 대한 제대로 된 교육이 없이는, 그 어떤 담론도 무용합니다. 그것이 교육과 인권이 가장 중요한 의미를 갖는 이유이지요. 가장 중요한 것은, 어린 시절부터 시작되어야 하는 인권 교육, 인문학 교육이며, 또한 지금 자행되는 인권 침해적인 사례들에 대해 좀 더 적극적으로 지적하고 비판하는 힘 있는 공적 기구체, 혹은 공무원들이나 정부 인사들에 대한 직접적, 적극적 견제, 혹은 개도 교육 프로그램들이 마련되어야 할 듯합니다. 교육을 위한 제안으로는 "①학교에서의 인권 교육 과정을 정규 수업의 일환으로 취합하여 인권 교육 과정의 정례화, ②공공 기관이나 공무원들의 차별 철폐, 혹은 인권 교육을 위한 실질적 교육, 그리고 그에 대한 확실한 평가 기준 마련, ③'인권'의 가치를 공고히 하기 위한, 지역 주민 모두의 자존감을 회복하기 위한 정기적 지역 주민 교육 프로그램 마련" 등을 제시하고 싶습니다. 시민들 각자의 자존감과 주체적인 자아의식이 강화되어, 존중과 배려가 함께하는 사회로 만들기 위한 많은 좋은 프로그램들을 만들어주시기 바랍니다. (김비 / 부산)

- 아이들의 사교육비로 부모는 피폐해지고 아이들은 공부에 시달리고 있다. 성적향상을 위해 학원을 쇼핑하는 현상이 벌어지고 있다. 공교육을 살려서, 학교 안에서 선생님과 함께 문제를 해결해 나가는 시스템을 만들어야 한다. (박경희 / 부산)

- 인터넷 뉴스든 신문이든 매체에서 가장 많이 보아왔고 또 나도 겪

을 문제가 아닐까 해서 교육 분야를 택했다. 대학생들이 너무 많다는 것이 일단 문제다. 한국에서 대학을 못 가면 성공하기 어렵다는 사회적 인식 때문에 다들 대학교에 진학하려는 당연한 생각을 가지고 있고, 또 대학교도 그것에 맞춰 많이 생겨났다. 고3 입시할 때 진짜 공부 더럽게 안 하는 친구도 대학 가려고 발버둥 치는데 사실 한심했다. 가서도 공부 안 할 거고 등록금만 낭비 할 거고 그 돈으로 다른 일을 찾았으면 싶었다. 마찬가지로 반 친구 중에 요리사를 꿈꾸는 친구가 있었는데 잘은 모르지만 왜 요리사가 대학입시에 대해 고민하는 게 좀 의아했다. 왜 요리사가 미적분을 공부하는지도. 일단 사회적 인식을 바꾸는 게 제일 중요하지 않을까 싶고 정부가 대학구조조정을 통해 인구대비로 대학생 수를 줄이지 말고 정말 소위 '지잡대'라고 불리는 수준 낮은 대학을 줄여나가는 게 좋지 않을까 생각된다. 공부 말고 다른 길을 택했을 때 먹고 살 수 있도록 정부가 노력해야 되지 않을까. (홍주완 / 부산)

공정하고 공평한 교육을 위하여

●

김달효

들어가며

교육 분야에 대한 시민들의 문제의식은 크게 '입시제도', '사교육비', '출세주의', '공교육'이라는 요소로 정리될 수 있었다. 이에, 이러한 요소들을 아우를 수 있는 내용을 효율적, 효과적으로 전달하고자, "1. 학교선택제와 수준별 수업, 2. 자사고, 3. 대입시험제도: 개천의 용은 어디로 갔나? 4. 대학평준화: 공교육 정상화와 사교육비 문제의 대안"으로 정리하였다. 특히, 대학평준화는 현실적으로 실현 불가능한 것으로 혹은 급진적인 방안으로 간주될 수도 있다. 하지만 한국의 사교육비 문제와 입시제도 그리고 출세주의로 인한 공교육 문제가 유발되는 원인을 곰곰이 생각해보면, 대학의 서열화로 인한 학벌주의 구조가 만들어져 있기 때문임을 간파할 수 있어야 한다.

1. 학교선택제와 수준별 수업

1980년대에 영국과 미국에서 발달된 신자유주의는 무한경쟁, 시장화, 민영화, 자율화, 소비자주권 등의 가치가 강조되고, 사회적, 공공적 책임에 있어서의 국가 역할은 축소되는 특징을 가졌다. 우리나라도 이러한 신자유주의 패러다임에 영향을 받아, 통합, 평등, 대중 중심적 가치보다는 구분, 차등, 소수 중심적 가치가 더 사회 전반을 지배하게 되었다. 그리고 이런 가치는 보수주의적 관점과 상통하는 측면이 있어, 교육에 있어서는 김영삼 정부의 5·31 교육개혁안으로 구체화 및 문서화되었다. 그 대표적인 특징을 꼽자면 교육에 있어서의 소비자주권과 학교자율화이다. '주권'과 '자율'이라는 말이 그럴 듯해서, 마치 교육체계가 진정한 발전으로 도약하는 것처럼 착각하게 된다. 하지만 실질적으로는 학생들을 구분 짓고 차등하며, 엘리트 위주의 '잘하는 자'와 '가진 자'에게 더 많은 혜택을 주어 교육의 양극화 현상을 더 악화시키는 결과를 초래한다. 그런데 왜 대중들은 거부감을 갖지 못했을까? 그것은 겉과 속이 다른 책략, 즉 차등과 무한경쟁 그리고 선택을 통한 학생의 학력 향상, 학교 만족도 증가, 사교육비 경감, 국가경쟁력 강화라는 선전에 현혹되었기 때문이다. 그 대표적인 것 두 가지가 있다. 하나는 학생의 성적을 기준으로 학생을 구분하고 차등하여 가르치는 것이 더 낫다는 논리로 나타난 '수준별 수업'이고, 다른 하나는 학생과 학부모가 원하는 학교를 자율적으로 선택할 수 있도록 보장해준다는 논리로 나타난 '학교선택'이다.

이러한 두 가지 교육정책을 주장하는 사람들의 논리는 이렇다. "공부 잘하는 학생과 못 하는 학생을 같은 반(또는 학교)에서 함께 수업하게 되면, 교사는 중간 수준에 맞춰서 수업하게 되고, 그렇게 되면 공부 잘하는 학생은 이미 다 아는 내용이라서 수업이 무의미해지고, 공부 못 하는 학생은 그것조차도 이해가 안 되어서 역시 수업이 무의미해진다. 이것이 얼마나 교육적 낭비인가. 그러니까, 학생의 수준에 맞춰서 반(상위반, 중위반, 하위반) 또는 학교(일류, 이류, 삼류 고등학교)로 따로 배정하고, 교사가 해당 학생들의 수준에 맞춰서 수업하게 되면 모든 학생들이 수업에서 혜택을 보게 될 것이다. 그 결과로 학생들의 학력이 향상되고 학교 만족도가 높아지며 사교육비도 경감될 것이다." 많은 사람들이 이러한 말에 솔깃한다. 그러나 그러한 말은 사실과 거리가 멀다. 많은 사람들은 사교육비가 과거보다 줄어들기는커녕 더 증가하기만 해서 힘들다고 느낄 것이다. 왜냐하면, 구분 짓고 차등하는 교육체제일수록 그 구분의 상위 그룹에 들기 위해 사교육비가 더 들고 스트레스를 더 받기 때문이다. 또한, 실제로 주요 연구들에 따르면, 학생들의 학력은 소수의 최상위 그룹 학생을 제외한다면 오히려 학생들을 구분 짓지 않고 함께 가르치는 것이 더 효과적인 것으로 나타났다. 그렇다면, 과연 누구를 위한 교육정책인가? 학교에서는 아이러니하게도, 학생들에게 오로지 성적만이 최고라는 비교육적인 것을 가르치는 데 열중이다. 여기에 상위반 또는 일류 고등학교에 들지 못한 학생들의 인권과 존엄성은 없다.

교육정책은 어떤 정권과 사람인가에 따라 방향이 달라진다. 이명박 정부는 평준화를 유명무실하게 만들고 학교들 간의 서열화를 강화하기 위한 교육정책을 추진해왔다. 박근혜 정부도 그 기조를 유지해가고 있다. 그래서 강제적인 일제고사를 치고 그 결과를 공개함으로써 학교들 간의 서열화를 더욱 부채질한다. 또한, '자율'과 '선택'이라는 그럴듯한 말로 국민들을 현혹시켜, 학생들을 구분 짓고 차등하며 특정한 계층과 학생들에게 유리한 특목고와 자율형 사립고를 많이 추진하는 것을 정당화한다. 마치, 사교육비 문제와 중고등학교 입시지옥 문제로 인해 평준화 정책을 선택할 수밖에 없었던 1970년대로 이전으로 되돌아간 듯하다. 역사의 교훈마저 망각한 채 오히려 공교육을 약화시키는 데 몰입하는 것이 안타까울 따름이다.

2. 자사고

2014년 6 · 4지방선거의 하나로 실시된 교육감 직선제 선거에서 전국 17개 시 · 도 중 13개 시, 도에서 소위 진보 교육감이 당선되었다. 한마디로 압승이었다. 상황이 이렇다 보니, 벌써부터 보수언론과 보수학자들 그리고 보수정치가들은 교육감 직선제 폐지를 이전보다 더 강하게 주장하고 있다. 그 이유는 당선된 진보 교육감들이 내세운 공약들(혁신학교 확대, 자사고 축소 혹은 폐지, 고교평준화 강화)이 보수주의자들의 이념과 상충하기 때문이다.

자율형 사립고(일명 자사고)는 이명박 정부가 고교평준화 정책을 폐지하고 학교선택제를 전면 시행하려다가 여의치 않자, 자사고 100개를 만들어 고교평준화를 유명무실화하고 학교선택권을 확대하기 위해 본격적으로 시행한 정책이었다. 따라서 자사고 문제는 학교선택제의 논리 차원에서 일단 파악할 필요 있다. 실제로 자사고의 본래 취지는 "건학이념에 따라 자율적으로 교육과정을 운영하도록 학교를 다양화해 학생의 학교선택권을 보장해야 한다."는 것이었다. 또한,

자사고 같이 교육수요자가 직접 선택해서 가는 학교를 통해 학생들에게 공부를 열심히 할 수 있도록 동기부여 해주고, 학생들 간 그리고 학교들 간의 경쟁을 통해 교육의 질을 높일 수 있으며, 이를 통해 국가경쟁력을 강화할 수 있다는 논리를 펼쳤다.

하지만 입시위주의 획일화된 학교교육을 강요하는 한국의 현실 속에서, 과연 지금의 자사고가 진정 교육과정의 다양성과 학교의 다양화를 추구하게 되었는가? 절대 그렇지 못하다. 학교의 서열화를 다양화로 간주해서는 안 된다. 자사고는 명문 입시전문학교로 기능하고 있으며, 학교서열화와 사회양극화를 초래하고 있다. 이러한 문제는 비단 한국에만 국한되는 것이 아니다. 대표적으로 미국과 영국의 경우 한국의 자사고 같은 학교선택제의 여러 모델이 시행되고 있지만, 많은 연구결과에 의하면 상당한 교육적, 사회적 문제가 발생함을 확인할 수 있다. 단적인 예로, 학교교육에 있어 학생의 개인적 차이보다는 계층과 관련된 강한 패턴이 작용한다는 사실이 밝혀졌고, 사회적으로는 불평등과 양극화가 심화되었다는 사실이 밝혀졌으며, 학교교육 형태의 다양화를 가져오는 것이 아니라 오히려 성적과 계층을 기준으로 한 학교서열화를 강화시켰다는 사실이 밝혀졌다.

한국의 자사고는 사회적 약자를 위한 것이 아니라 실제로는 성적이 우수하고 사회경제적 여력이 되는 사회적 강자를 위한 것이기 때문에 사회정의를 위한 교육정책이 아니다. 또한, 특목고, 자사고, 일반고로 이어지는 학교서열화를 조장하여 사교육비 문제를 극대화시키고 교육을 통한 사회계층의 세습화를 가속시킨다. 그리고 성적이 우수한 학생들이 빠져나간 일반고에는 슬럼화 현상이 초래되어 공교육 정상화를 추구하는데 상당한 애로사항을 유발시킨다. 한 사회의 학교구조가 이 같은 문제를 유발하게 되면, 그 결과 포용, 평등, 협동, 공동체 의식을 강조하는 사회와는 거리가 멀어지고, 배제, 차등, 경쟁, 이기주의 의식을 강조하는 사회가 된다.

자사고에 입학할 수 있는 사람들만의 학교선택권을 생각해선 안 된다. 그것을 통해 교육적, 사회적 역효과가 상당하다면, 사회적 공익을 추구하기 위해 선택의 자유에 일정한 제약이 있더라도 인정할 수 있어야 한다. 이것은 고교평준화가 학교선택권을 침해하기 때문에 위헌이라는 주장에 대한 헌법재판소에 합헌 판결의 주요 내용이기도 하다.

자사고를 일반고로 단순 전환시키는 것만으로는 충분하지 않다. 보편성을 추구하되 교육의 참된 질을 높이려 해야 한다. PISA(국제학업성취도평가)에서 최상위권을 유지하는 핀란드의 경우, 학생 및 학교의 경쟁을 조장하고 학교서열화를 위한 고등학교가 있어서가 아니다. 적은 학급규모(학급당 학생 수), 입시위주의 교육이 아니라 사고력 함양과 소통 위주의 교육, 경쟁과 결과(성적)를 강요하는 것이 아니라 협동과 과정(성취)을 지향하는 교육이 주요 원인이다. PISA에서 최상위권이기 때문이 아니라, 그러한 교육 방식이 참된 교육에 근접하기 때문에 핀란드의 교육 방식에서 대안을 찾을 수 있다.

물론 그 속에서도 경쟁이 있을 수밖엔 없겠지만, 교육이 이루어지는 과정에서 기회균등과 교육다운 교육을 추구할 수 있고 민주주의의 참된 가치를 실현할 수 있다는 것이 중요하다. 학교가 이러한 가치를 추구할 때, 우리 사회의 모습도 좀 더 아름답게 변화될 것으로 기대할 수 있다. 우리는 진정으로 교육다운 교육을 통해 좀 더 건전하며 활력 넘치는 사회를 추구해 나가려 해야 한다.

3. 대입시험제도 : 개천의 용은 어디로 갔나?

'개천에서 용 난다.'는 말이 있었다. 즉, 가난한 가정환경에서 어렵게 공부해서 명문대학에 진학하는 경우가 있다는 것을 뜻하였다. 그래서 한때는 모든 방송사의 메인 뉴스에서 이러한 사례가 소개되었다. 예를 들면, 반지하의 단칸방에서 어렵게 살고 있는 상황에서도 열심히 공부하여 서울대학교에 수석합격을 하였다는 소식이었다. 그런데 지금은 눈과 귀를 아무리 깨끗하게 해서 그런 소식을 접하려고 해도 도무지 보이지도 않고 들리지도 않는다. 왜 그럴까? 그것은 대입시험제도의 변화 때문이다.

1994년 이전까지는 학력고사였고, 이후부터는 수능시험으로 대입시험제도가 바뀌었다. 그런데 희한하게도 1994년까지는 개천에서 용 나는 경우가 있었고 방송에서 크게 다루었지만, 그 이후부터는 매우 드물어졌고 거의 없어져 버렸다. 그것은 수능시험으로 바뀌었기 때문이다. 그럼 학력고사와 수능시험은 어떻게 다르기 때문에 개천에서의 용이 나타나기도 하고 사라져 버리기도 하는 것일까? 간단히 말해, 학력고사는 암기 위주의 내용을 테스트하는 것인 반면, 수능시험은 응용하거나 종합하는 내용을 테스트 하는 것이다. 그래서 학력고사 때는 집이 가난해서 학원이나 과외를 받을 수 없는 학생이더라도 거의 암기하다시피 열심히 공부하면(예를 들어, 국어의 여러 참고서를 통달하다시피 하고, 영어는 man-to-man과 성문종합영어에 나오는 단어와 문법 그리고 독해를 능통하게 하며, 수학은 해법수학과 정석수학에 나오는 문제유형을 암기하다시피 풀 수 있으면) 시험 결과가 고득점으로 나왔다. 그러나 단순 암기 능력을 묻기보다는 여러 가지를 종합하고 응용하는 능력을 묻는 수능시험으로 바뀐 이후로는 학력고사 때처럼 암기 위주의 공부 방식으로는 고득점이 힘들어졌다. 그래서 어려서부터 많은 것을 보고 듣고 체험을 해보면서 성장하고 학원이나 과외에서 전문적으로 가르침을 받을 수 있는 가정환경을 가진 학생일수록 수능시험에서 유리하게 되었고, 개천에서의 용은 사라져버렸다.

학력고사의 단순 암기 위주의 테스트에서 다양한 것을 테스트하는 수능시험으로의 변화는 어떻게 보면, 교육적이기도 하고 시대적으로 필요한 사안이었다. 하지만 대입시험제도의 변화에 따라 어떤 계층에게 유리하게도 불리하게도 적용될 수 있다는 사실은 간과한 것이다. 그렇게 되어, 교육열이 굉장히 높은 우리사회에서 부모의 사회경제적 배경이 자녀의 사회경제적 지위로 이어지는 대물림 현상이 뚜렷해졌고, 학교교육을 통한 사회적 신분 상승은 이제 꿈꾸기 어렵게 되었다. 무서운 현실이다. 개천에서 용 나는 경우가 많은 우리현실을 꿈꾸기 위해서는 입시제도가 다양화되기보다는 단순화되는 것이 바람직하다. 이것은 입학사정관제의 예를 통해서도 알 수 있다. 즉, 이명박 정부에서 사교육비 문제 해소와 공교육 정상화 기여에 도움이 될 것으로 판단하여 도입한 것이 입학사정관제였다. 그 이후 박근혜 정부에서는 입학사정관제를 학생부종합전형이라고 이름을 변형하여 시행하고 있다. 결과적으로, 입학사정관제(학생부종합전형)가 사교육비 문제 해소와 공교육 정상화에 기여하였는가? 그렇지 않다. 오히려 맞춤형 사교육 시장이 활성화되어, 정보력과 경제력을 갖춘 부모의 자녀가 입시에서 유리하도록 만들었다는 비판을 면하기 어렵다.

4. 대학평준화 : 공교육 정상화와 사교육비 문제의 대안

한국의 사교육비 문제는 두말할 필요도 없이 골칫거리다. 사교육을 안 시키려니 다른 아이들보다 뒤처질 것 같아서 불안하고, 사교육을 시키자니 일반 서민들로서는 엄두가 나지 않는다. 그래도 우리나라 학부모들은 자기가 희생해서라도 자녀의 교육문제만큼은 뒤처지기 싫어하기 때문에 어떤 일을 해서라도 뒷바라지를 해주고자 한다. 그래서 서민들로서는 자녀가 학교에 들어간 이후로는 더욱 어려운 생활을 할 수밖에 없게 된다. 또한, 국가적으로 보아도 사교육에 과잉 투자되는 것은 사회적 문제뿐만 아니라 경제적 문제로도 직결되기 때문에 해결해야 하는 과제다.

그래서 이러한 사교육비 문제를 해결하고자 교육정책 차원에서 많은 시도들이 있었다. 사교육비 경감을 위한 대표적인 교육정책 사례들을 들어보면, 사교육 강제 단속, 수능시험 문제와 EBS 방송과의 연계, 방과 후 학교 운영, 수준별 수업, 입학사정관제 등이 있었다. 그러나 이러한 교육정책들은 사교육비 경감에 별다른 효과가 없었다. 특히, 입학사정관제의 경우 한다는 근본 취지는 매우 바람직하지만, 교육열이 극심한 한국에서는 입학사정관제 전형(학생부종합전형)의 맞춤형 사교육 시장이 성행하고 있어, 또 다른 사교육비 문제를 불러일으켰다.

그렇다면, 사교육비 경감을 위한 여러 가지 교육정책들이 결과적으로 아무런 힘을 발휘하지 못하는, 우리나라 사교육비 문제의 근본적인 원인은 어디에 있을까? 여기에는 다양한 원인들이 있겠지만, 대표적인 원인으로는 두 가지를 들 수 있다. 하나는 학부모들의 자녀 교육에 대한 과도한 교육열이고, 다른 하나는 대학의 학벌주의 사회 구조 때문이다. 우리나라 사교육비 문제 주범의 시나리오는 이렇다. 먼저, 대학이 서열화되어 있는 우리나라의 사회구조에서 높은 사회경제적 지위를 획득하기 위해서는 소위 명문대학교를 졸업해야만 한다. 왜냐하면, 대학을 졸업했느냐가 중요한 것이 아니라 어느 대학을 졸업했느냐에 따라 인맥과 연줄이 형성되고, 그것이 그 사람의 직업이나 지위를 결정하는 데 중요하게 작용하기 때문이다. 즉 대학의 학벌주의 사회가 만들어졌기 때문이다. 이러한 사회구조 속에서 학부모들은 자녀의 출세를 위해서는 많은 사교육비를 들여서라도 명문대학교에 보내기만 하면 된다는 인식이 강해졌다. 따라서 이러한 두 가지 문제를 직접적으로 해결하는 데 관련되지 못하는 교육정책들은 무용지물이 될 수밖에 없다. 그래서 위에서 예로 들었던 사교육비 경감 방안들이 실패하였던 것이다.

이렇듯 순서상으로 볼 때, 우리나라 사교육비 문제의 핵심은 대학의 서열화 구조, 즉 학벌주의 사회구조에서 비롯된다. 그래서 진정으로 사교육비 문제를 해결하고자 한다면 대학의 서열화 구조를 개혁해야만 한다. 즉 명문(일류)대학교와 삼류대학교의 구분이 없도록 하는 교육정책을 펴야 한다. 그 방안이 바로 대학평준화이다. 예를 들면, 공부 잘하는 학생들만 서울대학교에 진학하는 것이 아니라, 성적이 다양한 학생들이 골고루 진학하도록 만드는 것이다. 그렇게 되면, 자연스럽게 서울대학교를 비롯한 몇몇 명문대학교의 학벌주의 문제가 해결되고 또한 사교육비 문제도 해결될 수 있다. 그러나 많은 사람들은 과연 그게 가능하냐는 의문을 가질 것이다. 물론 쉬운 문제는 아니다. 특히 한국의 보수 언론과 명문대학교 출신자들, 즉 기득권층을 중심으로 대학평준화는 결과적으로 대학경쟁력과 국가경쟁력 약화를 초래할 뿐이라고 반대할 것이 분명하다. 하지만 프랑스, 핀란드, 독일, 스웨덴 등 유럽의 대표적인 복지국가들은 대학평준화를 지향한다. 그래도 복지국가로써 부럽게 잘만 사는 국가가 되었다.

여기에서 우리는 많은 시사점을 얻을 수 있다. 마냥 불가능한 것이라고 체념하기 전에 일단 우리나라의 사교육비 문제와 학벌주의 문제를 해결하기 위해 지향해야 하는 교육정책이 대학평준화 밖에 없다는 것을 인식하고 그 방향을 설정하는 것이 선결과제이다. 그런 다음, 시간을 두고 그 실현 가능한 구체적인 방법들을 구안하는 것이 필요하다. 프랑스의 예를 들면, 프랑스는 처음부터 대학평준화를 시행한 것이 아니었다. 교육의 불평등 문제를 극복하고 사회평등을 구현하는 차원에서 일부의 반대에도 불구하고 대학평준화를 이루었다. 다만, '바칼로레아'라는 자격시험을 두어, 일정한 능력(예, 60점 이상)이 검증되는 모든 학생들에게 대학을 지원할 수 있는 기회를 부여하였다. 그리고 파리 1대학, 파리 2대학과 같이 대학명칭을 설정하고, 각 대학에서는 특성화된 전공을 설치하였다. 즉, 파리 1대학은 문학 중심 전공, 파리 2대학은 이공계 중심 전공을 설치하고, 학생들은 자신의 적성에 따라 대학을 지원하는 것이다. 따라서 한국처럼 서울대학교가 존재하는 것이 아니다.

이러한 프랑스의 대학평준화 방안을 한국에도 시행하는 것이 한 방법이다. 또한, 실질적인 평등을 구현하기 위해, 대학에 학생들을 배정할 때 학생들의 성적별, 계층별, 지역별, 성별 등을 감안하여 골고루 분포되도록 배정하는 것도 필요하다. 그리고 대학교들 간에 학교시설이나 교수진의 역량 등에 차이가 벌려지지 않도록 많은 예산을 확보하고 배분하는 정책도 뒤따라야 한다. 대학평준화를 좀 더 빠르게 그리고 체계적으로 이루기 위해서는 한국의 약 85%가 사립대학인 현실을 변화시켜야 한다. 즉 국공립대학이 많아야 좀 더 수월하게 대학평준화 시행을 추진할 수 있다. 따라서 사학비리가 있는 사립대학이나 부실한 사립대학을 국가가 환수하여 국공립으로 전환하는 노력이 요구된다.

대학평준화의 교육정책의 성공 여부는 많은 국민들이 그 취지와 목적의 중요성을 이해하고 찬성하는가에 달려 있다. 그러기 위해서는 국민들에게 알릴 수 있어야 하는데, 방송 매체들과 언론사들은 그 내용을 전달하려는 마음이 별로 없다. 그러면서 교육문제가 불거질 때마다 한국의 학벌주의 문제와 사교육비 문제를 마치 '쇼' 하듯이, 그리고 '수박 겉핥기' 하듯이 얼버무리고 엉뚱한 처방으로 지나가기 바쁘다. 문제의 본질을 보지 못해서 발생하는 한심한 시행착오일 뿐이다.

나오며

학교는 공정하고 객관적이라고들 한다. 즉, 누구나 학교에 가서 열심히 공부한 만큼 성적이 나타나게 되고, 그 결과에 따른 사회경제적 지위가 획득되기 때문에 공평하다고 생각한다. 쉽게 말해, 똑같은 선생님 밑에서 똑같은 시간에 똑같은 책으로 똑같은 설명을 듣는데, 성적이 높게 나타나는 학생은 수업시간에 열심히 공부한 결과인 반면에 성적이 낮게 나타나는 학생은 수업시간에 열심히 공부하지 않은 결과이고, 이 모든 것은 그 학생의 잘잘못이라고 믿는다. 더구나, "이 사회에는 의사, 판사, 검사, 변호사 등으로 대표되는 높은 사회경제적 지위의 직업이 있는 반면에 힘든 노동일에 종사해야 하는 낮은 사회경제적 지위의 직업들도 있다. 하지만 모든 사람이 좋은 직업을 가질 수는 없고 누군가는 남들이 하기 싫어하는 일을 해야 한다. 그 결정을 학교에서의 성적을 기준으로 진로 결정과 최종 결정을 해주니 참으로 공정하다."라고 믿는 사람도 많다. 과연 그럴까?

1960년대에 발표된 '콜만 리포트'라는 것이 있다. 이것은 '콜만 Coleman'이라는 학자가 발표한 보고서를 뜻한다. 콜만은 학생의 학업 성취도, 즉 성적에 영향을 미치는 여러 가지 변수들 중에서 가장 결정적으로 영향을 미치는 요인은 무엇인가를 규명하기 위한 연구를 약 4,000개 학교에서 625,000명(초등학교 6학년과 중학교 3학년)을 대상으로 수행하였다. 이때까지만 해도 많은 사람들은 학생의 지능지수(IQ)나 교사의 역량, 교과서나 학교시설 등이 학생의 성적에 가장 크게 영향을 미치는 요인이라고 생각하였고, 연구결과도 비슷하게 나올 것으로 믿었다. 하지만 연구결과는 학생의 '가정환경'으로 나타났고, 가정환경 중에서도 '부모의 학력'으로 나타났다.

즉, 학생의 가정환경이 어떻고 부모의 학력이 어떠냐에 따라 이미 학교에 오기 전부터 많은 것이 차이가 난 상태에서 경쟁하기 때문에 학생은 학교에서 공정한 게임을 하는 것이 아니라는 것을 실증적으로 밝혀주었다.

물론, 이러한 연구결과가 모든 상황에 적용되는 것은 아니다. 아주 드물게는 소위 '개천에서 용 나는' 경우가 있기 때문이다. 하지만 일반적으로는 학생의 가정환경에 따라 학교의 성적이 많은 영향을 받는 것이 사실이다. 그것은 부모의 가정교육도 영향을 미치겠지만, 사교육에 투자할 수 있는 여건이 다른 결과이다. 그런데도 왜 많은 학교는 공정하고 객관적이라고 사람들은 잘못 알고 있을까? 그것은 이 사회가 교육 불평등의 사실을 많은 대중들이 알기를 꺼리기 때문이다. 학생의 성적과 가정환경이 직접적으로 연관성이 있다는 교육 불평등의 사실을 많은 사람들이 알게 되면 사회체제에 대한 불만을 가질 것이 불 보듯 뻔하므로 일부러 드러내어 알리지는 않는다. 그렇다면 누가 답답해서 그걸 알리겠는가? 그럴 만한 위치에 있는 사람들은 대부분 높은 사회경제적 지위에 있고, 그들의 자녀들은 대부분 학교에서 높은 성적을 받고 다시 높은 사회경제적 지위의 혜택을 누릴 텐데 말이다.

중학교 때 인문계열의 고등학교로 진학하기에 충분한 실력을 갖추었는데도 가정환경 때문에 스스로 전문계열(실업계열)로 선택할 수밖에 없는 학생들의 심정과 우리의 현실을 생각하면 답답하고 서

글픈 마음뿐이다. 이러한 교육 불평등의 문제는 결국 개인의 힘으로 는 해결할 수 없고, 정치적, 정책적으로 해결할 수밖에 없다. 그러므 로 교육감 선거든 대통령 선거든, 학연ㆍ혈연, 지연, 종교 등에 얽매 여서 투표할 것이 아니라, 교육 불평등 문제를 해결하려 하고 그럴 능력을 실제로 겸비한 사람을 뽑는 것이 가장 현실적인 대안임을 다 시 한 번 강조한다.

● 경제의 외형적 성장과 부조화한(or 퇴행하는) 각종 제도적 한계
(미비)와 모순이 구체적 삶을 왜곡시키고 있다. 제도 생산 시스템
(정치/주최)의 지리멸렬과 정치(정당)시스템의 비선진성이 특히
문제다. 진보정당 탄압(소멸)에 의한 정치구조(정당이념성 등)의
다양성 말살되었고, 비정규직 교수의 삶은 일상이 되었다. 정당시
스템, 즉 선거제도를 선진화(중/대 선거구, 권역, 직종, 성 비례대
표제)하고 언론구조를 선진화(종편 재편)하고, 권력기관(국정원
등)의 중립성에 대한 제도를 강화해야 한다. 또한 양극화(특히 비
정규직)의 제도적 해소책 마련이 시급하다. (김창준 / 부산)

● 얼마 전 친구들이 고깃집에서 아르바이트를 했는데 몇 달 동안 임
금을 받지 못한 일이 있어서 이 분야를 선택했습니다. 노동에 대
한 대가를 보상받지 못하는 문제가 가장 주요한 문제라고 생각합
니다. 제 주변 친구들이 어느 고깃집에서 아르바이트를 했는데 몇
달 동안 급여를 받지 못한 채 노동착취를 당하고 약간의 폭행도 당

해 고깃집 사장과 합의를 보는 일이 있었습니다. 아르바이트를 시작하기 전 계약서를 써야 하고 관련 법 또한 강화되어 이런 일을 행할 엄두를 내지 못하게 해야 한다고 생각합니다. 새로운 아이디어로 아르바이트를 하기 전 아르바이트 등록증을 만들어 아르바이트하고 싶은 곳에 가서 바코드에 찍고 인증을 하면 계약서가 자동으로 만들어지며 노동청에 전송되는 시스템, 일명 '아르바이트 등록제'같은 것을 시행하는 것도 좋을 것 같습니다. 양심적인 가게들이 늘어나서 제 친구들과 같은 일이 더 이상 생기지 않길 바랍니다. (이관재 / 창원)

- IMF 이후 비정규직이 늘어나면서 지금은 50%를 넘어서고 있다. 비정규직은 정규직과 동일 노동이나 유사노동을 해도 임금을 비롯한 여러 측면에서 차별을 받고 있다. 특히 계약직은 언제든지 해고할 수 있고 노사정 합의에 따라서 쉬운 해고와 임금피크제를 빌미로 저임금과 부당노동을 감내해야 한다. 고용안정이 되지 않으면 삶이 불안정해지기 때문에 비정규직을 줄이고 정규직을 늘리는 것이 필요하다. 정부와 교육부의 부당한 정책으로 전임교원 강의비율을 높이거나 전임교원 비율을 높이기 위해 비정규직을 해고하거나 낮은 임금의 '강의교수'를 양산함으로써 해고와 임금차별 및 불안정한 생활이 계속되고 있다. 이런 문제들을 해결하기 위해서는 정부와 교육부가 대학평가나 강의비율을 빌미로 대학에 지원금을 늘리거나 줄이는 방식으로 대학을 노예화하는 정책을 폐기해야 한다. 소위 '대학선진화 정책' 폐기와 대학 자율성 강화, 총선직선제 등 사회의 민주화 및 대학민주화가 필요하다. 또한,

후퇴하고 있는 사회의 민주화, 시민의식을 강화하는 강연이나 세미나를 개최하고 시민들을 연대할 수 있는 조직이 필요하다.

(박종식 / 부산)

● 비정규노동이 일상화되어 생계유지가 곤란하다. 정규노동은 귀족노동이라 공격받는 헬조선에서는 소모품처럼 단물 다 빼면 버린다. 소모품 취급하더라도 쓸 때는 제대로 돈 내고 써라! 최저임금 만 원 이상은 줘야 먹고 살 수 있다. 최저임금을 생활임금으로 만들어야 한다. 또한, 지역별 최저임금을 자치단체별로 정하자.

(익명 / 울산)

● 우리나라의 절반 이상이 비정규직인데 기업들은 비정규직에 대해 과도한 일을 시키고 그에 맞는 보상도 제대로 해주지 않는다. 비정규직에 대한 기업의 태도가 특히 문제라고 생각한다. 정규직이 일을 하다가 다치면 산재라도 해주고 다 낫고 나서 복직을 할 수 있게 해주지만, 비정규직이 일을 하다가 다치면 산재처리는 해주지만 업체에서 해고당하는 경우가 다수이다. 비정규직에게 정규직만큼은 아니지만, 정규직에 걸맞은 대우를 해주고 기업의 이익을 위해서 너무 과하게 일을 시키지 않아야 한다고 생각한다. 주기적으로 비정규직인 사람들을 정규직으로 해 줌으로써 비정규직인 사람이 일을 열심히 하여 기업에도 이익이 오고 비정규직인 사람도 정규직으로 되면 서로서로 이익을 취할 수 있을 것이다.

(이상민 / 울산)

● 일자리 부족, 지나친 학벌주의, 인턴제, 비정규직 등이 문제라고 생각한다. 인턴제라는 명목으로 정규직은 뽑지 않고 일자리 수요

는 채우면서 짧은 기간 후에 내친다. 내쳐진 사람은 또 비정규직으로 대부분 가고 악순환이 반복된다. 정규직 자리 수를 늘리고, 기업마다 지방 인재를 뽑도록 유도해야 한다. 인턴에서 정규직이 될 수 있는 기회를 증가시키고, 혈세를 낭비하는 부서 정리했으면 한다. (보리두알)

● 제가 곧 취직할 나이이고 최근 감명 깊게 본 베테랑이라는 영화도 비정규직 문제를 주제로 삼고 있기 때문에 이 분야를 선택했습니다. 청년실업, 비정규직 문제, 부당노동행위 등이 핵심쟁점이라고 생각합니다. 제가 편의점 알바하면서 월급을 제때 받지 못한 적도 있습니다. 나라에서 더욱더 강력한 규제를 만들면 좋을 것 같습니다. 또한 나라에서 공기업을 많이 만들면 좋을 것 같습니다.

(장지훈 / 김해)

● 부당노동행위로 인해 한국의 경제가 악화되고 있다. 부당노동행위로 노동자가 굶주리며 노숙자로 바뀔 가능성도 있다. 한 화물차 운반 직업을 가진 노동자가 회사에서 돈이 안 나온다는 이유로 무상노동을 하다가 결국 돈도 못 받고 잘려 노숙자가 되는 사례도 있다. 우선 한국 자체가 부정부패로부터 벗어나야 할 것 같다.

(BCH / 부산)

● 부당노동행위, 임금에 대해 제대로 처리되지 않는 점이 문제다. 주변 지인 중 전단지 알바를 한 후 정상적인 임금을 받지 못했던 일이 있다. 이런 문제를 해결하려면 뒤탈이 없게 조치를 취할 수 있는 법률을 제정해야 한다고 생각한다. (익명 / 부산)

● 삶의 근간인 일과 직업 활동을 통한 생계의 건전한 안위가 근본적

으로 중요하다고 생각한다. 개인의 삶의 질과 자연(환경) 및 이웃과의 관계 또한 이와 연동되어 간다고 본다. 노동법 개악과 대학평가제도, 서열화 교육, 비정규직 차별 및 착취 등이 크게 문제가되고 있다. 이를 해결하기 위해서는 노동법 개혁, 기업규제, 정당운동 적극적 연대 및 정책추진이 필요하다고 본다. (익명 / 부산)

● 내가 당사자이기도 하고, 비정규직이 계속 늘어나면서 상당히 사회적 문제가 늘어나고 있다. 노동법 개악, 대학구조조정, 강사법등이 핵심적인 쟁점이라고 생각한다. 정규직 교수와 비정규직 교수는 다른 직업군보다 차별의 정도가 훨씬 더 크다. 임금이나 노동환경 전반에 극심한 차이가 있다. 실제 비정규직 교수의 처우개선을 위한, 한국비정규교수노조가 제안한 '연구강의교수제'를 실시하고 차후 비정규직을 차차 줄여가야 한다고 본다. 이를 위해국가의 교육재정 확보가 가장 절실하다. (배혜정 / 부산)

● 당사자 본인이 처한 현실에 대한 문제로, 임금차별과 불안정한 고용(안정적인 생활비 확보를 위한 장기적 대책수립이 불가능)의 문제가 있다. 당장은 대학 비정규교수로서 자신의 정체성을 인정하고 노동조합 활동이라도 열심히 해 볼 수밖에 없다. 단순한 임금상승을 넘어 '국가 고급인력 낭비'라는 아젠다를 인식시킬 필요가있다. (fefe / 부산)

● 질문 1의 모든 항목이 서로 맞물려 있고, 한국사회의 문제라고 생각합니다. 이들 문제가 발생하는 원인이자 핵심이 노동문제라고생각합니다. 노동이 존중받지 못하고, 노동의 가치를 인정받지 못하며 노동의 대가를 제대로 받지 못하고 있습니다. 이로 인해 노

동자의 지위도 격하되어 있습니다. 현재는 임금피크제와 일반해고제가 가장 쟁점이 되고 있고, 크게는 노동조합 탄압이 문제라고 생각합니다. 임금피크제와 일반해고제 반대 시위를 통해 목소리를 높여야 한다고 생각합니다. (한수정 / 부산)

- 노동에 대한 것은 문제가 되지만 전혀 (정부의)해결에 대한 의지가 보이지 않는다. 청년실업과 노동환경 열악이 가장 문제다. 노동자 인권교육을 사업장의 의무교육화 하고, 기본 노동권리에 대한 정부의 재제를 강화해야 한다고 생각한다. (익명 / 부산)

- 20대 청년으로서 먹고살기가 힘들다. 청년실업과 비정규직문제가 가장 핵심이 되는 문제라고 생각한다. 인턴으로 노동착취 후에도 보장되지 않는 일자리 등이 이런 문제를 드러내 보여준다. 최저임금 인상해서, 최저임금 만원이 되는 시대에 살고 싶다.

(앨리스 / 부산)

노동의 위기 시대, 무엇을 할 것인가?

●

남종석

1. 노동의 위기, 삶의 위기

우리 모두는 노동자이자 시민이다. 노동자란 독자적인 생계 수단이 없어 자신의 몸뚱이의 일부 사용권을 사용자에게 판매하는 이다. 생계 수단이 있는 자영업자도 크게 보면 자기 노동에 기초해서 생계를 유지하기 때문에 노동자의 범주에 포함된다. 노동자들이 판매하는 것은 그가 일할 수 있는 능력이고 사용자는 그 일할 수 있는 능력을 시장에서 구매해서 생산과정에서 일을 시킨다. 노동자가 사용자에게 노동력의 사용권을 제한적으로 양도하는 대가로 받는 것이 임금이다. 임금을 통해 벌어들인 소득으로 필요한 재화를 구매하여 사용함으로써 노동자 가구는 생계를 유지하고 아이들을 키우며, 영화나 프로야구 관람하고 주말여행을 한다. 노동자 개인이든 노동자 가구이든 노동자들은 자신들의 노동력을 팔아야만 삶의 지속성, 인간적 존엄, 자기 긍정을 유지할 수 있다.

노동자들에게 삶의 위기란 노동자로서 자기 노동력을 판매할 수 없을 때에 나타난다. 그 외의 삶의 위기도 있다. 건강이 안 좋거나 부부가 이혼할 경우도 있다. 그러나 이런 상황만큼이나 실업자가 되는 것이야말로 중요한 삶의 위기다. 인간이 불행함을 느끼는 가장 큰 원인 가운데 하나가 실업자가 되는 것이다. 노동력을 판매할 수 없을 때 노동자들은 가족들이나 친지, 사회보장 등에 의존하여 생계를 일정하게 유지할 수도 있지만 그 한계는 뚜렷하다. 실업수당은 고작 6개월밖에 제공되지 않으며, 가족들에게 계속 의존할 수도 없기 때문이다. 자기 노동력을 판매하는 것, 이것은 모든 노동자들의 삶에 결정적인 영향을 주는 과제이다. 칼 폴라니는 『거대한 변환』에서 인간을 상품으로 만드는 것을 두고 '악마의 맷돌'이 돌아가는 것이라고 했고, 마르크스는 『자본』에서 오늘날의 노동자를 '임금노예'라고 말하면서 이 체제의 전환의 필요성을 제기했지만, 오늘날 노동자들은, 어쨌든 자신의 노동력을 팔아야 한다.

경제위기는 노동자들의 삶의 위기를 만들어 낸다. 경제위기 시대에 기업들은 투자를 줄이고 고용된 노동자를 줄인다. 더 나아가 새로운 고용은 비정규직 형태로 이루어지며, 넘쳐나는 잉여노동자들, 실업자들을 통해 고용된 노동자들 공격한다. 기업들은 높은 협상력으로 인해 노동자들의 양보를 얻어내고, 저임금 불안정 노동을 확대한다. 그 결과 기업의 소득은 증가하고 노동자 가구의 위기는 심화된다. 한국의 기업 저축은 OECD 국가 중 일본에 이어 2위이며, 가계는 적자에 허덕인다. 신자유주의란 경제위기 하에서 이루어진 자본의 반격을 의미한다. 신자유주의 정책이란 저임금화를 통해 노동비용을 낮추는 대신 고용을 확대함으로써 저임금 불안정 노동을 조직하는 것을 일컫는다. 비록 실업률은 낮지만 고용은 불안정하고 청년 세대에게는 알바노동이 확대되고, 노동을 하면서도 가계 소득이 줄어들어 가계 빚이 증가하는 시대가 바로 신자유주의 시대인 것이다.

2. 시민의제로서의 노동 : 비정규직과 청년 실업 사이에서

경제위기 시대는 불안정 노동의 시대이기도 하다. 고용의 축소와 질의 악화, 저임금화가 일상화된 시대이다. 시민들이 제시하는 노동의제 역시 불안정 노동에 맞춰져 있다. 1인당 GDP 28,000$로 세계 24위이지만 경제 위기는 시민들의 삶을 비켜가지 않았다. 비정규직, 중소기업의 저임금, 청년실업에 대한 관심이 매우 높아진 시대이다. 대기업은 정규직 고용을 축소하고 새로운 고용은 비정규직이나 파견 근로로 대체하고 있으며, 관공서와 같은 공기업 행정서비스 등에서도 불안정 고용자의 비율이 확대되고 있다. 중소기업은 비록 정규직으로 노동자를 고용한다 해도 노동생산성이 낮기 때문에 높은 임금을 제공할 수 없으며 청년들은 더 좋은 일자리를 찾기 위해 중소기업 취직을 회피하고 있다.

시민의제 참여한 여성, 남성 할 것 없이 40대, 50대의 경우 비정규직 노동을 가장 중요한 의제로 삼았으며, 20대의 경우 청년실업을 가장 중요한 문제라고 지적했다. 비정규직의 문제는 세 가지로 나타난다. 고용의 불안정과 적은 임금, 정규직·비정규직 차별이 그것이다. 비정규직 노동자가 가장 두려워하는 것은 무엇보다 고용의 불안정성이다. 언제 해고될지 모르는 그들의 상황이 삶의 위기를 반영한다. 대학 비정규직 교수, 제조업체 비정규직 등 지정규직은 형태별로 다양하지만 이들이 직면한 공통점은 언제든지 해고될 수 있다는 점이다. 계약직의 경우 계약해지는 해고가 아니기 때문에 사용자들은 이를 남용할 수 있다. '해고는 살인이다'는 말이 있듯이 불안정 고용 노동자들의 삶은 살얼음 위를 걷는 것과 같다. 이들은 경제 위기로 인해 원청업체의 구조조정이나 인력감축이 현실화되면 가장 먼저 해고의 위협을 당하는 것이다.

비정규직 노동자들이 제기하는 또 다른 문제점은 정규직 노동자와 비정규직 노동자 간의 차별이며, 노동을 소모품 취급하는 사용자들의 억압행위이다. 비정규직 노동자들은 노동조합으로 조직되기도 어렵고, 정규직과 같은 수준의 급여를 요구할 수도 없다. 그들이 하는 노동은 존중받지 못하며, 노동의 가치도 제대로 인정받지 못하고 있다. 정규직 교수와 같이 가르치는 비정규직 교수들은 6개월 단위로 계약이 갱신되며 임금도 낮다. 제조업 비정규직 노동자들은 정규직 노동자 임금의 평균 60%만 받고서 같은 일을 하고 있다. 불안정 고용이니 적극적으로 노동조합을 만들지 못하기 때문에 노동과정에서 사용자의 부당한 처우에 맞서지도 못하며, 임의적인 해고에 대응하기도 쉽지 않다. 반면 기업들은 헐값에 노동자를 사용하고선 구조조정 시 가장 먼저 비정규직 노동자들을 해고한다. 노동의 불안정성은 언제나 저임금화를 동반하는 것이다. 박종식씨의 다음과 같은 주장은 불안정 고용의 문제를 핵심적으로 지적한다.

"IMF 이후 비정규직이 늘어나면서 지금은 50%를 넘어서고 있다. 특히 계약직은 언제든지 해고할 수 있고 노사정 합의에 따라서 쉬운 해고와 임금피크제를 빌미로 저임금과 부당노동을 감내해야 한다. 고용안정이 되지 않으면 삶이 불안정해지므로 비정규직을 줄이고 정규직을 늘리는 것이 필요하다."

20대 청년들이 직면한 문제는 높아져만 가는 청년실업이다. 경기불황으로 인한 기업들의 신규고용 감축으로 대기업 취업은 하늘의 별따기이며, 지방에 다니는 대학생들은 대기업 취업은 꿈도 꾸지 못할 지경이다. 지방 기업들이 제공하는 일자리들은 청년들의 삶의 기대를 충족시킬 수 있을 만큼의 양질의 일자리가 아니라 저임금일자리가 대부분이다. 기성세대의 경우 정규직이든, 비정규직이든 일자리 속에서 고용의 불안정을 느낀다면 청년세대들은 노동시장 진입자체가 어려운 상황이다. 그나마 청년들에게 개방된 일자리들은 '알바'자리거나 단기 계약직에 불과하다.

청년들을 기만하고 착취하는 대표적인 사업이 청년인턴제이다. 인턴제의 근본취지는 청년들로 하여금 일자리를 선 체험하고 그 과정에서 자신이 진정으로 바라던 일인가 아닌가를 알아보는 기회를 갖도록 하는 것이다. 기업으로서는 인턴에 참여하는 청년들이 회사에 필요한 인물인가 그렇지 않은가를 판단함으로써 고용시장의 정보 비대칭성을 해결하는 방법으로 활용하려는 것이다. 사용자가 스펙 등으로만 판단하기 어려운 피고용자에 대한 정보를 인턴 기간에 파악함으로써 고용이 갖는 불확실성을 해소하는 것이다.

미국과 같이 노동시장이 매우 유연한 사회에서도 인턴은 잠시 머무르는 곳이 아니라 체험을 통한 일자리 적응 및 경험과 노하우의 축적 시간이며, 인턴에 뽑힌 청년들은 대부분 그 기업에 취직하는 것이 관례이다. 그러나 한국의 경우 인턴제가 그와 같은 취지에서 완전 벗어나 있다. 청년 인턴제는 잠시 고용했다가 인턴 기간이 끝나면 자연스럽게 계약이 해지되는 관계이다. 인턴 경험이 기업 고용으로 이어지는 관례가 드문 것이다. 청년들은 인턴과정을 통해서라도 스펙을 쌓아야 하기 때문에 다른 기업에서라도 정규직으로 취업하기 위해 인턴 과정에 참여한다. 그러나 인턴이 끝나면 다시 실업상태로 돌아오는 경우가 다반사이다. 이런 상황이라면 인턴제도는 청년들에게 좌절감만 안겨주는 수단일 뿐이다.

알바 노동과 같은 단기계약직 노동에 참여하는 청년들의 경우 부당한 대우와 임금체불마저 당하기 쉽다. 단기계약직 알바노동은 고용계약서를 쓰지 않는 경우가 많다. 청년들을 아르바이트로 고용하는 업주들 가운데는 이런 상황을 교묘히 이용하여 알바 청년들의 고된 노동의 결과물은 착취하는 자들이 있다. 고용계약서를 쓰지 않았다 하더라도 노동계약 특히 임금체불을 하면 고용주는 처벌받는다. 문제는 청년들은 이런 문제를 해결할 수 있는 법적 지원 경로를 찾지 못하거나 적극적으로 자기 노동을 보호하는데 있어서 정보부족을 경험한다는 점이다. 알바노동의 권리 찾기와 청년들의 노동을 착취하는 악덕 업주들에 대한 강한 처벌이 반드시 이루어져야할 문제이다.

3. 노동의 위기를 넘어

불안정고용, 저임금, 부당한 착취에 맞서기 위한 대안을 제시함에 있어서도 인터뷰이들은 기본 방향을 잘 제시한다. 비정규직 노동자들은 고용불안, 노동과정 내에서의 차별 대우, 사용자의 불법행위에 대한 적절한 법적 대응을 할 수 없는 불안정한 위치로 인해 고통받고 있다. 비정규직 노동자들의 처우를 개선할 수 있는 첫 출발점은 동일노동−동일임금이다. 우리가 살고 있는 자본주의 사회에서 비정규직이 사라질 수는 없다. 비정규직이 없는 세상, 그런 세상은 노동운동 하시는 분들이 자주 언급하는 노동해방 세상이다. 불안정 고용이 없다는 것 자체가 공동체가 그 구성원들의 고용을 보장한다는 점인데, 이는 자본주의 체제에서는 불가능한 요구이다.

그러나 이것이 현재와 같은 불안정 고용을 정당화하는 수단이 되어서는 안 된다. 비정규직이라도 동일노동 동일임금 원칙이 확립되어야 한다. 이것은 부득이하게 비정규직 노동을 사용하더라도 비정규직을 과잉착취 할 수 없도록 하는 최소한의 법적, 제도적 전제이다. 그러나 아쉽게도 한국의 노동법은 동일노동, 동일임금 원칙을 아직 법제화하지 않고 있다. 그러므로 같은 라인에서 같은 노동을 하는 노동자에 대해서 임금 격차를 심하게는 2배에 가까운 경우가 글로벌 대기업 내에서도 광범위 하게 지속되고 있다. 이와 같은 법적인 비정규직 차별 제도화는 사용자들로 하여금 비정규직 노동을 더 많이 활용할 수 있는 유인이 된다. 경기가 좋지 않으면 해고하기도 편하고 같은 일을 시키고 더 적은 급여를 줄 수 있기 때문이다. 뿐만 아니라 동일노동 동일임금이 적용되면 전일제 일자리보다 파트타임 일자리가 늘어날 수 있다. 동일노동 동일임금 정책도 중요하지만 최저임금을 대폭 올리고 최저임금마저 주지 않는 부당 노동 행위에 대해서는 엄격한 법적 책임을 묻는 관행을 정착시켜야 한다. 알바 노동에 대한 착취, 비정규직 생활임금 보장을 위해서 최저임금은 대폭 상승이 필요하다.

불안정 고용, 청년실업 문제를 해결하기 위해 설문지 조사 참여자들이 제시한 또 다른 대안 가운데 하나는 노동자들의 인권을 보호하기 위한 법적, 제도적 장치의 마련이다. 알바노동 과정에서 자행되는 불법행위에 대한 진술도 많았다. 그러나 단기 알바 노동이라 할지라도 계약서를 쓰지 않으면 벌금형이 부과되며 계약서 없이도 임금 체불시 노동청에 고소하면 임금을 받을 수 있다. 문제는 이와 같은 악질적인 사용자들에 대해서는 법적으로 단호한 조처가 있어야 한다는 점이다. 현재의 법 안에서도 불법행위를 근절시키는 구체적인 노력이 진행되어야 한다. 알바노동이든 비정규직이든 이런 저런 불법행위를 일삼는 사용주들에 대해서는 엄격한 법적용이 필요하다.

4. 노동문제 해결의 출발점, 노동조합과 노동자 정당

노동문제가 한국 사회에서 가장 중요한 의제라고 답한 이들 가운데 정치제도 선진화와 정당운동의 강화를 주장하는 답변자들도 있었다. 노동자들의 이익을 대변할 수 있는 정치주체의 부재가 비정규직 노동자들, 청년노동자들이 고통 받는 이유라는 것이다. 옳은 지적이다. 사용자와 꼭 대결하지 않더라도 노동자들이 정당한 권리를 받고 그들의 권리가 침해되었을 때 노동자들의 이익을 대변하고 함께 싸워 줄 강력한 진보정당이 존재한다면 노동자들의 권리를 보호하고 노동자들의 사회적 요구를 법적으로 실현하는데 훨씬 유용할 것이다. 서구처럼 노동자 정당이 제도권 내에서 독자적인 목소리를 낼 수 있다면 노동자는 단지 노동자 개인이 아니라 노동자 계급으로서 시민으로서 더 큰 사회적 영향력을 갖게 될 것이다.

그러나 노동자의 이익을 대변하고 노동자를 정치적 주체로 세우는 것보다 더 선험적인 과제는 노동자들, 청년들이 생산현장에서, 작업장에서 부당한 처우를 개선하고 당당한 발언자가 될 수 있어야 한다. 이를 위해서는 반드시 노동조합을 만들어야 한다. 노동자가 자기 권익을 대변할 수 있는 노동조합이 존재하지 않는다면 그들은 항상적으로 불안정한 지위에 있을 수밖에 없다. 노동법이 있고, 노동청이 있다 해도 개인으로서 노동자는 결코 사용자와 동등한 힘이나 협상력을 지닐 수 없다. 노동조합이 있다면 일상적인 노동과정에 마주치는 많은 문제들에 있어 노동자의 이익을 방어할 수 있다. 비정규직이라도 마찬가지다. 노동자 정당도 좋고 노동법도 좋지만 먼저 노동조합을 만들고, 스스로 조직하고 연대의 힘을 만들고, 요구할 것은 요구할 때 노동도 의미 있게 다가오고 출근하는 길도 가벼울 수 있다. 노동조합은 노동자로서 자기를 보호하는, 아니 보다 정확히 말해 '자신의 신체를 지키는 첫 출발'이기 때문이다.

정규직과 비정규직의 의미 및 임금체불 해결방안

●

박상명

1. 정규직과 비정규직의 의미

1) 최근 비정규직 관련 문제

최근 정부 및 국회에서 노동개혁 관련 법안을 발의하였는데, 이 노동개혁 관련 법안 중 기간제 및 단시간근로자 보호 등에 관한 법률과 파견근로자보호 등에 관한 법률이 비정규직과 밀접한 관련이 있는 법률들로, 위 법률들의 개정을 통하여 고용유연화 등을 통해 노동시장이 선진화될 것이라는 주장과 비정규직의 증가 등으로 인한 근로자의 기본권이 축소될 것이라는 주장이 맞서고 있다.

설문에서는 비정규직 근로자를 저임금 근로자와 동일시하거나 근로조건이 보호되지 않는다고 답한 경우가 많은데, 이는 곧 비정규직의 개념을 정확히 알지 못한 데서 비롯한 것으로 비정규직에 좀 더 정확히 알아볼 필요가 있다.

2) 정규직과 비정규직의 차이

비정규직 문제가 비단 현재의 문제는 아니고 예전부터 존재하고 있었으나 IMF 이전과 이후로 구분될 수 있다. IMF 이전의 비정규직은 단시간 근로자가 다수였고 그 숫자가 많지 않았지만, IMF 이후 대외적 경제 환경에 의해 많은 기업들이 정리해고를 하는 과정에서 정리해고 대상에 따른 노사관계의 분쟁, 명예퇴직수당, 해고수당 등의 비용이 증가하게 되었다.

그 후 일자리는 적고 구직자가 많은 상태가 지속되자 기업들은 근로자를 채용할 때 정규직에 비해 상대적으로 낮은 연봉을 제시할 수 있고, 일정 기간의 근로계약 기간이 종료되면 계약이 자동 종료되어 해고에 따른 비용이 줄어드는 비정규직을 선호하게 됨에 따라 비정규직 근로자는 고용불안에 처해질 수밖에 없게 되었고, 이러한 현상은 현재까지 점점 증가되는 추세에 있다.

정규직과 비정규직을 구분하는 기준은 근로시간과 근로계약 기간이 어떻게 정해져 있는가에 따라 정해지는데, 정규직의 경우 근로계약 체결 시 법정 근로시간인 일일 8시간, 주 40시간을 기본 근로로 하며, 근로계약 기간이 따로 정해져 있지 않고 회사의 취업규칙이나 사규 등에 따라 정년까지 근무할 수 있는 데 반해, 비정규직은 일일 8시간, 주 40시간 보다 적은 근로시간으로 정해져 있거나 근로계약 기간이 2년 이내로 정해져 있는 계약이다.

위와 같이 비정규직은 단시간 근로를 하거나 기간을 정한 근로계약을 체결한 근로자를 말하며 좀 더 광의의 비정규직 근로자는 보험

설계사, 골프장 캐디, 레미콘 차량운전사, 학습지 교사 등 특수고용 직 종사자를 포함하는 의미로 사용하기도 한다. 그러므로 직업이나 직종과 관계없이 일일 8시간, 주 40시간 이상을 일하고 기간을 정하 지 않고 일하는 근로자는 임금이 높고 낮고를 떠나 모두 정규직 근로 자에 해당된다.

3) 비정규직 문제 및 관련 법령

① 비정규직 근로자의 문제
비정규직 근로자는 정규직 근로자에 비해 낮은 임금과 미리 정해 진 근로계약 기간에 의해 계약 기간이 만료될 즈음에는 정규직이 될 것인지, 무기계약직이 될 것인지 또는 계약종료가 될 것인지에 대한 고용불안에 노출될 수밖에 없는 상황이 계속되자 기간제 및 단시간 근로자를 보호하는 내용을 담은 법안을 제정하게 되었다.

② 기간제 및 단시간근로자 보호 등에 관한 법률
2007년 기간제 근로자 및 단시간 근로자에 대한 불합리한 차별을 시정하고 근로조건 보호를 강화한다는 목적으로 시행된, 비정규직 관련 법률 중 하나인 기간제 근로자 및 단시간근로자 보호 등에 관한 법률은 기간제의 사용사유에 대한 제한 없이 모든 직종에 기간제 노 동자의 사용을 적용시켜 비정규직을 정상적인 고용형태로 만들었다 는 부분에서 아쉬움이 있으나, 그 주요 내용은 2년을 초과하지 아니 하는 범위 안에서 기간을 정한 근로자를 사용할 수 있고, 단시간 근로자에 대하여 연장근로를 하게 하는 경우 근로자의 동의를 얻어야 하며, 동종 또는 유사업무에 종사하는 정규직 근로자에 비하여 차별적 처우를 금하고 있다.

위에서 차별적 처우라 함은 임금, 상여금, 성과급, 그 밖에 복리후생 등 근로조건을 합리적인 이유 없이 불리하게 처우하는 것으로 규정되어 있다.

대법원 판례(2011두7045)에 따르면 차별적 처우가 있었는지를 판단하기 위한 비교 대상 근로자로 "당해 사업 또는 사업장에서 동종 또는 유사한 업무에 종사하는 기간의 정함이 없는 근로자"로 들고 있으며, 동종 또는 유사한 업무에 해당하는지는 취업규칙이나 근로계약 등에 명시된 업무 내용이 아니라 근로자가 실제 수행하여 온 업무를 기준으로 판단하되, 이들이 수행하는 업무가 서로 완전히 일치하지 않고 업무의 범위 또는 책임과 권한 등에서 다소 차이가 있다고 하더라도 주된 업무의 내용에 본질적인 차이가 없다면 동종 또는 유사한 업무에 종사한다고 보아야 한다고 하며, 불리한 처우란 사용자가 임금 그 밖의 근로조건 등에서 기간제 근로자와 비교 대상 근로자를 다르게 처우함으로써 기간제 근로자에게 발생하는 불이익 전반을 의미하고, 합리적인 이유가 없는 경우란 기간제 근로자를 달리 처우할 필요성이 인정되지 않거나 달리 처우할 필요성이 인정되는 경우에도 그 방법이나 정도 등이 적정하지 않은 경우 및 합리적인 이유가 있는지는 개별 사안에서 문제가 된 불리한 처우의 내용 및 사용자가 불리한 처우의 사유로 삼은 사정을 기준으로 기간제 근로자의 고용형태, 업무 내용과 범위, 권한, 책임, 임금 그 밖의 근로조건 등의 결정요소 등을 종합적으로 고려하여 판단해야 한다고 한다.

위와 같이 기간제 및 단시간 근로자 보호 등에 관한 법률은 비정규직 근로자에 대한 불리한 근로조건을 보호하고 있으므로, 유사한 업무에 종사하고 있는 비정규직 근로자가 정규직 근로자에 비해 임금 등 근로조건에 대해 차별을 받고 있다면, 그 차별에 대해 적극적으로 대항할 필요가 있다.

③ 차별시정 방법

정규직 근로자에 비해 차별을 받고 있는 비정규직 근로자는 차별적 처우가 있었던 날(계속되는 차별적 처우는 그 종료일)로부터 6개월 이내에 차별적 처우의 내용을 구체적으로 명시하여 노동위원회에 시정을 신청할 수 있으며, 노동위원회는 심문을 통해 차별적 처우에 해당한다고 판정한 때에는 사용자에게 시정명령을 내려야 하므로 비정규직 근로자는 이러한 시정신청을 통해 권리를 주장하고, 정규직에 비해 상대적으로 지급받지 못한 임금 등을 지급받을 수 있다.

④ 비정규직과 근로계약서

기간제 및 단시간근로자 보호 등에 관한 법률은 기간제 및 단시간 근로자의 근로조건 보호를 위해 임금 등 근로조건에 관한 사항을 반드시 서면으로 명시하도록 규정하고 있으며, 이를 지키지 않을 경우 즉시 과태료를 부과한다. 이는 곧 기간제 및 단시간근로자를 채용하는 경우 반드시 근로계약서를 작성하고 근로자에게 교부하도록 하여 근로자를 좀 더 두텁게 보호하자는 취지이기도 하다.

⑤ 비정규직과 해고

비정규직은 근로계약 기간이 정해져 있으므로 근로기준법상 해고의 법리가 당연히 적용된다. 그러므로 사용자는 더 이상 근로관계를 계속할 수 없는 사정이 존재하지 않는 경우 외에는 근로계약 기간을 지켜야 하므로 근로계약 기간이 남아있는데도 불구하고 출근을 거부하거나 해고를 하는 경우 노동위원회에 부당해고 구제신청을 통하여 원직복직과 임금상당액의 청구를 할 수 있다.

2. 임금체불과 해결방안

1) 임금 및 임금체불

상시 5인 이상 사용하는 사업장의 경우 근로기준법이 전부 적용되며 근로기준법상 임금이란 사용자가 근로의 대가로 근로자에게 임금, 봉급, 그 밖에 어떠한 명칭으로든지 지급하는 일체의 금품이라고 규정하고 있으므로 정규직, 비정규직과 관계없이 근로자라면 모두 적용대상이 된다.

위와 같은 임금의 범위에는 시급, 주급, 월급과 연장근로수당, 야간근로수당, 휴일근로수당, 연차수당, 퇴직금 등 법정제수당 등을 포함하는 것으로, 하나라도 지급받지 못한 경우 임금체불 상태에 해당하게 된다.

2) 최저임금 및 최저임금 적용에 대한 예외

현재 우리나라의 최저임금은 시간급으로 정해지고 있는데, 2015년의 경우 시간급 5,580원이며 2016년은 시간급 6,030원으로 고시되었다. 이 최저임금은 근로자를 1명 이상 사용하는 사업장에 적용되므로 사실상 모든 근로자에게 적용된다고 볼 수 있다. 다만, 1년 이상 근로계약을 정하고 수습 기간을 근로계약서에 명시한 경우 최대 3개월의 수습기간 동안은 최저임금의 90%를 지급하도록 하고 있다.

3) 임금체불 해결방안

① 관할 노동청에 진정 또는 고소

임금이 체불되었거나 최저임금에 미달하는 임금 등을 지급받고 퇴사하였으나 퇴사한 날로부터 14일이 경과되어도 사용자가 임금 등을 지급하지 않을 경우, 근로자는 노동청 민원실을 방문하여 임금체불을 이유로 진정 또는 고소를 제기할 수 있으며, 이 경우 근로감독관은 근로자와 사용자를 조사하여 체불된 금품이 있는지, 체불된 금품이 있다면 그 금액은 얼마인지를 확인하고 체불금품을 지급하지 않는 경우 근로기준법 등 노동법 위반으로 검찰에 송치하고 검찰은 사용자를 기소하여 형사처벌 받게 할 수 있으나 미지급된 임금 등의 지급을 강요할 수는 없다.

② 민사소송

노동청의 진정 또는 고소에도 불구하고 미지급된 임금 등을 받지 못했다면 노동청에서 체불금품확인원을 발급받아 대한법률구조공단을 통해 무료로 민사소송의 지원을 받을 수 있으며, 법률구조공단에서는 근로자를 대리해 민사소송을 제기하고 판결문을 받아 사용자의 재산에 압류를 통해 근로자가 지급받지 못한 임금을 지급받을 수 있다.

③ 도산이나 재산이 없는 경우

임금 등이 체불되었지만 회사가 도산하거나 사용자가 연락되지 않거나 재산이 없어 압류 등을 통해서도 임금 등을 지급받지 못하는 경우, 일정한 요건이 충족되면 국가에서 근로자에게 일정 금액을 지급하는 제도가 있는데 이를 체당금 제도라고 한다.

체당금제도는 체당금과 소액체당금으로 구분되며, 체당금은 임금을 지급하지 않고 회사가 법정 도산하거나 사실상 도산 등 더 이상 사업을 하기 어려워 폐업을 하는 경우 3개월간의 임금 및 3년간의 퇴직금 중 지급받지 못한 임금 및 퇴직금을 국가가 대신 지급해 주는 제도이며, 소액체당금은 회사가 도산이나 폐업을 하지 않았더라도 사용자가 임금을 지급할 재산이 없는 경우 300만 원 내에서 임금 및 퇴직금을 국가가 대신 지급해 주는 제도이다.

3. 맺음말

법은 어느 한 쪽의 편을 들어서는 안 된다. 공정해야 한다는 것은 법에 있어 최소한의 정의다. 우리나라 노동법은 대부분 근로자를 보호하는 강행법규로 이루어져 있으며 위반할 경우 형사처벌 및 과태

료의 규정을 두고 있다.

근로자들의 보호를 통한 삶의 질을 더욱 향상시키기 위해서 법 집행기관에서는 노동법 위반에 대한 처벌을 엄격하게 다루어야 할 필요성이 있다. 반면, 근로자들도 자신들을 보호하고 있는 노동법을 잘 활용하여 근로관계에서 부당한 침해를 당하지 않도록 스스로를 보호해야 할 필요가 있다.

● 정확히는 다문화가정이 문제가 아니라 해외노동자들이 여가 시간에 무리 지어 여성들에게 치근덕거리는 것이 문제라고 생각합니다. 해외노동자들이 여자들에게 치근덕거리는 과정에서 여성이 겁을 먹는 점에서 문제가 됩니다. 이러한 사례는 많이 있는데, 우선 제 친누나가 고등학교 시절 야자가 끝나고 집에 가는데 해외노동자들이 무리 지어 누나를 따라오며 전화번호를 물어보았다고 합니다. 누나는 번호를 가르쳐주지 않으면 해를 당할까 봐 없는 번호를 적어주고 집으로 뛰어왔다고 합니다. 그 과정에서 누나는 정말 무서웠다고 합니다. 또 과외선생님이 친구들과 집 근처 해수욕장에 가서 쉬고 있었는데 해외노동자들이 누나 예뻐 누나 예뻐 하며 번호를 물어보았다 합니다. 과외 선생님은 친구들과 같이 있어서 거부를 하였다고 합니다. 그 과정에서 선생님은 쉬려고 왔는데 해외노동자들이 치근덕거려 불쾌했다고 합니다. 그리고 과외선생님의 딸과 같이 마트에 가는데 해외노동자들이 선생님 딸이

예쁘다고 사진 찍자고 했다고 합니다. 과외선생님은 딸이 사진 찍히는 것을 싫어하여 찍지 말라고 했는데 한국말을 못하는 척하고 사진을 계속 찍었다고 합니다. 저 두 이야기를 하며 해외 노동자들이 너무 많아 걱정된다며 저에게 불만을 토로했습니다. 울산 동구에 가보면 해외노동자들이 정말 많습니다. 그들이 기숙사에서 종교 때문에 패싸움을 했다거나 번호를 물어보았다거나 하는 소문이 빈번하게 일어납니다. 그런 일을 줄이려면 해외 노동자를 차츰 줄여나가는 것도 방법이라고 생각합니다. (권채욱 / 울산)

● 요즘 다문화 사회가 되는 것은 바람직하지만, 아직까지 그들에 대한 차별 및 범죄에 대한 처벌이 미약하다고 생각한다. 이주노동자들의 범죄가 크게 문제다. 최근에는 아니지만, 예전에 김해에서 이주노동자들끼리 칼부림 사건이 일어났던 적이 있었다. 이런 문제들을 해결하려면 일단 이주노동자들의 복지가 매우 열악하므로,(복지가 강해야 나라가 잘 살 듯이) 이주노동자들의 복지가 강화되어야 한다. 이주민 쉼터, 자기계발시간 부여, 근로법 개정 등이 뒷받침 되어야 한다. (안정욱 / 김해)

● 최근 문제가 불거진 불법체류노동자의 아이들의 인권에 관련한 문제가 중요하다고 생각한다. 현재 우리나라에서 어떤 의무도 하지 않지만, 권리는 가지고 복지의 혜택을 누리는 것이 주요쟁점이 되는 거 같다. 법적으로 불법체류를 하지 않도록 구제해줄 수 있도록 제도를 고치고 도와줄 수 있도록 하고 대신 어느 정도 사회에 기여를 할 수 있도록 할 수 있어야 한다고 생각한다. 불법체류를 하는 노동자들의 아이들에게 혜택을 주는 것은 좋지만, 그 아

이로 인해 그 아이가 성인이 될 때까지 그 어떤 의무도 수행하지 않고 혜택만을 받아가려고 하는 것은 불합리하다고 생각한다. 제도적 개선으로 그들이 의무를 수행하며 혜택을 받도록 하는 바른 길을 찾을 수 있었으면 한다. (박종익 / 창원)

● 보이지 않는 차별이 존재하고, 적대시하고, 또 이민수용률은 낮고, 이런 것들이 문제라고 생각한다. 시리아 내전 사태로 인한 많은 이민신청자가 발생하였지만, 대한민국의 수용률이 현저히 낮았다. 이민자 자격 기준을 완화, 이민자를 존중하는 자세를 갖고, 이민신청자를 대상으로 글로벌&적응 테스트를 실시해야 한다고 생각한다. (익명 / 부산)

● 양산지역 공단에 외국인 노동자들이 많아 자주 본다. 이들에 대한 차별과 비인간적 대우(욕설, 멸시, 하대…)가 큰 문제라고 생각한다. 산부인과에서 동남아 출신 부부(연인)가 비싼 병원비에 눈물 흘리는 모습 목격한 적이 있다. 국수적이고 순혈주의적 역사인식의 전환이 필요하고, 이를 위한 역사교육과 제도 마련(의료보험 등)이 필요하다고 본다. (서용태 / 양산)

● 최근 정부에서 적극적으로 추진하는 다문화 정책에서 무분별하고 제대로 된 준비 없이 외국인들을 받아들이고 있다는 지적이 많다. 우리나라의 문화적, 사회적 여건 등을 고려하지 않고 외국의 다문화 정책을 따르려는 요소가 많다. 특히 일부 문화권 외국인에게서 보이는 강력범죄와 테러위험, 다른 나라에 비해 쉬운 이민절차 등이 문제다. 유럽권 국가들이 중동 및 아프리카 지역의 이민자들을 대거 수용하여 다문화를 실현했다. 그러나 자신들의 문화를 유지

하면서 유럽문화에 동화되지 않고 오직 자신들의 문화, 이념, 특히 종교적 교리에 의해 유럽 각국에서 테러, 폭동 행위를 저질렀다.(유럽의 다문화 실패) 이렇듯 다문화는 글로벌 시대에서 피할 수 없고 꼭 필요한 것이지만 앞서 다문화를 실현한 국가에서 발생한 부작용들의 원인과 해결책을 충분히 분석하고 대처방안을 세운 뒤 다문화 정책을 펼치는 것이 옳다. 그러나 현 정부는 너무나도 성급하다는 지적이 있다. 다문화 정책을 위한 국민들과 이주 외국인들의 적극적인 교육 필요하다. 우리나라는 단일민족, 단일 문화권으로서 미국이나 유럽과 같은 나라들과는 완전히 문화적, 사회적으로 다르다. 이미 큰 부작용을 낳고 있는 유럽의 다문화 정책을 뒤늦게 따르려는 정부의 성급한 판단은 머지않아 우리나라에도 큰 문제점이 일어날 것이다. 정부는 우리나라의 사정에 맞고 신중한 다문화정책을 세워야 할 것이다. (박재영 / 부산)

● 문화 간의 차이를 극복하기가 어렵다. 결혼이주여성, 이주노동자에 대한 문제가 핵심 쟁점이라고 생각한다. 수년 전 국제결혼정보를 통해 필리핀 (마닐라) 현지 여성과 미팅 경험이 있다. 결국은 문화와 언어 차이 등의 어려움을 극복하는 데 실패했다. 일차적 언어 차이 극복을 위한 방안으로 예를 들어 베트남 현지에 한국어 시험을 실시(13년부터)할 수도 있겠고, 문화와 언어의 벽(차이) 해소책으로 세계 각국 역사와 언어 학습하고 시험제도를 만들고, 세계문화 교류를 활성화해야 한다고 생각한다. (권을하 / 부산)

● 열린 다문화 교육이 소극적으로 진행되어 실제 다문화 환경에 내던져졌을 때 스스로 배척하게 되는 성향이 나온다. 실제적 다문화

교육의 부재와 다문화 아동의 사회성 함양의 부분에 여러 어려움이 있다고 생각한다. 이런 어려움을 해소하기 위해서는 가정에서의 다문화 교육이 자연스럽게 이루어질 수 있도록 할 수 있어야 한다. 열린 자세와 행동의 표리부동을 가장 최소화해야 한다.

(심영미 / 김해)

● 친척분 중에 국제결혼을 한 분이 계셔서, 다문화에 대한 문제가 직접적으로 다가오기 때문에 이 분야를 선택했다. 결혼이주여성에 대한 편견과 시선, 무시가 가장 핵심 쟁점이라고 생각한다. 처음 친척분의 아내분을 봤을 때 일단 경계심과 거부감이 먼저 들었다. 아직 한국말도 서툴고 나보다 나이도 많은데 나를 보고 언니라고 부르는 것을 보면서, 많이 당황했고 먼저 다가갈 수가 없었다. 이런 문제를 해결하려면 현재, 다문화의 문제를 해결한다고 다문화가정들의 부인이나 가족들을 공부시키거나 가르치는 수업을 많이 하는데, 나는 그것보다는 그 사람들을 나와 비슷하게 외국인에 대한 경계가 있는 사람들과 직접 만나게 하고, 부딪혀보고 같이 어울릴 수 있게 해야 한다고 생각한다.(무작정 그분들을 가르치는 것은 옳지 않다고 생각함) (박보영)

● 작년 '다문화사회의 이해'라는 과목을 들은 적이 있습니다. 그때 처음으로 결혼이주여성과 불법체류자에 대한 현 실태를 들은 적이 있는데, 당시 제가 몰랐던 환경에 살고 있는 다문화 사람들에 관한 여러 문제가 생각나 이 분야를 선택하였습니다. 다문화가정에 대한 자국민들의 부정적 인식과 이들이 국민으로서 받아야 할 복지나 혜택을 제대로 받고 있지 못한 점, 그리고 이러한 문제들

이 그들뿐만 아니라 그들의 자손까지 이어지고 있다는 것이 문제입니다. 작년에 어떤 인도에서 온 이주노동자에게 길을 가르쳐 준 적이 있는데 그때 그 친구가 연락처를 가르쳐주며 저와 친구하고 싶다고 한 적이 있습니다. 그러나 저는 나중에 위험한 일이 생길 수도 있겠다는 생각에 그 자리를 급히 피한 적이 있었습니다. 최근 이자스민이라는 여성 국회의원이 다문화가정에 대한 여러 법안들의 개정을 요구하고 있고 여론은 그 의원을 비판하는 목소리를 높이고 있습니다. 이러한 재정을 해결하기 위한 방법은 공청회를 통해 저를 포함한 국민들과 다문화가정을 대표하는 대표자나 의원 사이 타협점을 찾는 것밖에는 없는 것 같습니다. 저의 경우 이전에는 다문화가정에 대해 부정적으로 생각했던 인식이 그들과 관련된 책이나 단편영화 등을 보고 긍정적인 모습으로 바뀌었습니다. 그렇듯이 방송국이나 신문사에서는 다문화 가정에 대한 범죄와 같은 부정적인 모습만 부각시켜 보도하지 않고 그들이 받는 차별에 대한 모습들을 부여주어 국민들의 다문화가정에 대한 이해도를 높이고 공감을 갖게 하여 부정적인 인식이 조금이라도 개선되었으면 좋겠습니다. (박수정 / 김해)

● 많은 외국인이 코리안 드림을 꿈꾸며 현재 한국에 들어와 살고 있으며, 그로 인한 차별과 현지인과의 갈등을 겪고 있다. 문화적 차이를 인정하지 못해 발생하는 사건, 사고 범죄들을 해결해 나가야 한다. 그중에서도 특히 결혼이주여성에 대한 문제가 핵심 쟁점이라고 생각한다. 이들을 위한 다문화체험을 만들고, 이주노동자와 결연된 모임을 정기적으로 가져 소통하도록 해야 한다고 본다. 다

양성을 인정하고 수용하는 의식전환이 있어야 하며, 늘 열린 생각으로 새로운 것, 알지 못했던 것의 편견을 없애야 한다.

(천정은 / 김해)

● 갑자기 증가한 이주노동자들로 인해 불법체류자 발생과 범죄 등 많은 문제가 생기고 있다. 이주노동자들의 증가로 어느 순간부터 김해 시내에서 우리나라 사람보다 외국인노동자들이 더 많은 것은 당연시되어 버렸다. 그 사람들이 많아지고부터 강간, 강도, 등 작은 범죄부터 큰 범죄까지 많은 일들이 일어났다. 그 결과 김해 시내는 이전과 달리 조금 늦은 밤이 되면 사람들이 많이 없다. 이주노동자에 대한 법을 좀 더 구체화하고 교육을 수료하게 하는 등 그들의 관리가 필요하고, 거주인과 이주노동자들 간에 잘 어울릴 수 있도록 행사를 진행한다든가 센터를 만들어야 한다. 이주노동자와 결혼이주여성의 아이들과 함께 우리나라를 알아갈 수 있도록 전통의상, 음식 등을 체험할 수 있는 행사를 진행하는 것도 좋겠다. (조 / 김해)

다문화 사회로 가는 상생의 지혜

●

김인선

1990년대 한국으로 외국인 노동자 유입이 증가하고 2000년대 들어 국제결혼이 급증하면서 한국 사회는 명실공이 다문화사회로 접어들었다. 한국 정부는 2006년 '다문화, 다민족 사회로의 이행'을 선언하면서 외국인 취업자나 국제결혼을 통해 한국에 정착한 가족을 '다문화가족'이라 명명하고 본격적인 다문화정책을 펼쳤다. 그런데 주목할 점은 한국에서 '다문화'가족은 서구에서 온 외국인과 결혼한 국제결혼 가정을 제외한, 아시아 출신 이주자와 결혼한 국제결혼 가정만을 지칭하는 의미로 사용된다는 사실이다. 이것은 한국인 가정이나 서구 국제결혼 가정과는 차별되는 '다문화' 가정이라는 집단적 구별을 만들면서, 과거 서구 사회에서 백인 집단과 흑인 집단을 경계짓던 인종차별과 유사한 면모를 보인다.

이러한 한국식 '다문화' 개념은 어떻게 만들어진 것일까? 학자들은 이것이 한국의 '인종주의'와 깊은 연관을 갖고 있다고 본다. 국어사전은 '인종'을 사람이 사는 지역이나 신체적 특징에 따른 구분이라고 정의한다. 하지만 인종주의는 '신체적 특징'을 반드시 필요로 하지 않는 담론적, 문화적 범주화의 과정이기도 하다. 서구에서 통상 인종주의는 백인의 유색인에 대한 차별로 표출되지만, 한국에서 인종주의는 유색인종 한국인이 다른 유색인종 아시아인을 차별하는 독특한 양상으로 전개된다. 한국식 인종주의는 특정 소수집단에 대한 인종차별과 유사한 형태로 표출됨으로써 이들 소수집단을 구별짓고 낙인찍는다. 한국 사회의 인종주의는 피부색이라는 신체적 특징에 따른 차별에서 나아가 민족, 계급, 문화와 같은 다양한 요소의 차별과 결합하여 복잡한 양상을 띤다.

한국의 인종주의는 한국 사회의 역사적 상흔[1]과 한국의 글로벌 경제 성장에서 오는 유사 제국주의적 양상이 묘하게 결합된 정서적 구조 안에서 태동되었다. 서구는 인종주의로 인한 오랜 역사적 상흔을 경험한 탓에 단순히 인종을 이유로 한 적개심 표출을 가장 야만적인 형태의 폭력으로 규정한다. 서구 사회가 인종차별이 빚은 대규모 전쟁, 대량학살, 혁명을 거치면서 인종에 의거한 차별이야말로 가장 금기시되는 명백한 범죄라고 믿게 된 것이다.[2] 하지만 한국 사회에서는 인종적 편견과 인종적 사고가 다양한 폭력의 형태로 발현되어 공공연히 정당화되는 안타까운 실정이다.

'민주시민교육원 나락한알'이 실시한 2015년 시민의제활동 설문조사 결과는 한국 사회가 다문화에 대해 갖고 있는 인식의 편린을 잘 드러낸다. '다문화'를 한국사회에서 가장 문제가 되는 분야로 꼽은 총 12건의 응답을 살펴보면 크게 세 가지 형태로 분류 가능하다. 첫째, 이주 노동자들의 급증으로 인한 사회불안 조성이나 이들의 범죄 증가에 대한 우려의 목소리다. 둘째, 정부의 방향성 없는 다문화 정책에 대한 비판과 이에 대한 실효성 있는 대안 제시의 촉구이다. 셋째, 이주민의 인권보호는 물론 이들에 대한 편견과 차별을 줄이는 교육 및 제도적 장치 마련에 대한 제안이다.

아래에서는 이 세가지 유형의 제언들을 살펴봄으로써 한국사회에서 다양한 문화들의 상호인정과 공존을 위하여 어떤 노력들이 요구되는지 간략히 검토하겠다. 사실 초국적transnational 현대 사회에서 이주로 인한 문화적 갈등으로부터 자유로운 나라는 더 이상 거의 존재하지 않는다. 스스로를 오랫동안 "단일민족으로 규정하고 공동체성과 민족적 자긍심을 강조"하여 왔던 한국사회는 외국인 거주자 179만 시대가 보여주듯이, 급속도로 다인종, 다문화 사회로 변모하고 있다.[3] 이런 상황에서 김해나 창원처럼 거주지 인근에 외국인 공동체가 형성될 때, 기존 지역사회 공동체 구성원들이 이들 외국인에 대해 느끼는 불안감이나 우려가 커질 수 있는 상황이다. 그런데 연구 결과에 따르면 주목할 점은 외국인 범죄는 이들에 대한 기존 지역사회 공동체 구성원들의 편견과 차별이 심할 경우 더욱 극심해지는 성향을 보인다는 것이다. 여기에는 기존 공동체 구성원들이 암암리에 자행하는 심리적, 문화적인 폭력 또한 주요인을 제공한다. 즉 외국인

---

1. 한국의 순혈주의에 근거한 민족주의 담론은 혈통의 순수성에 반하는 혼혈인에 대한 노골적인 차별로 표출되었다. 특히 미군과의 사이에서 태어난 아이들에 대한 한국사회의 철저한 사회적 배제와 폭력은 이들을 보이지 않는 존재로 만들고자 했던 한국의 현대사를 통해 드러난다.
2. 김현미, "인종주의 확산과 '국가없음'", 『2014년 한국사회 인종차별 실태 보고대회』 (2014.8.12.)
3. 출입국 · 외국인정책본부에 따르면 2014년 12월 말 국내 체류 외국인은 1,797,618명으로 우리나라 인구의 3.5%에 해당된다. "출입국 · 외국인정책본부 보도자료" 참조. http://www.immigration.go.kr (2015년 11월 22일 검색)

범죄가 기존 지역사회 공동체와 외국인 공동체 사이의 갈등에 대한 반사회적 결과라는 것이다.[4] 이 지점에서 베커Becker의 낙인이론은 이 문제에 대한 시사점을 제시하는데, 그의 주장에 따르면 우리 사회의 많은 구성원들이 외국인을 잠재적 범죄자로 낙인찍고 그러한 시각에서 바라본다면, 외국인들 역시 범죄적 자기 이미지로 자신의 정체성을 재정의할 수 있다는 것이다. 결국 외국인에 대해서 미리 잠재적 범죄자라는 낙인을 부지불식간에라도 부여하게 된다면 외국인 범죄 문제를 심화시키는 역효과를 낳을 수 있다는 것이다.[5] 해외의 여러 사례들은 이러한 외국인 범죄를 줄이기 위해서 오히려 이들에게 보다 많은 경제적 기회를 제공하고 이들과 이들의 자녀들이 사회로부터 낙오되지 않도록 도와주는 정책이 사실상 외국인 범죄 감소에 효과적임을 보여준다.[6]

기실 한국인이 이주자들을 바라보는 시선은 사뭇 역설적이다. 1903년 하와이 이민이 최초로 시작된 이래 한국인은 오랫동안 사람을 해외로 내보내는 대표적인 송출국이었다. 전 세계적으로 이스라엘, 아일랜드, 이탈리아에 이어 한국은 네 번째로 자국민을 해외로 많이 송출한 나라인데, 해외 이주 한인 800만 시대를 앞두고 있는 현재 한국의 이주민 수치는 한반도 전체 인구의 10%에 달한다. 이것은 세계 평균 3%라는 이주 인구 수치를 훨씬 웃도는 결과이다.[7] 이처럼

4. 김정규, "이민사회와 범죄", 「사회이론」 39집 (2011).
5. Howard S. Becker, *Outsiders: Studies in the Sociology of Deviance* (New York: Free Press, 1973).
6. 신동준, "외국인 체류자 범죄 문제와 사회통합 방안", 「2010 한국사회학회 특별 심포지움」 (2010); 정지원, 차훈진, "외국인범죄의 대응방안 고찰", 「한국범죄심리연구」 22호 (2014).
7. 재외동포재단, 「호주일요신문」 (2013.11.21.), 박은진 기자.

한국인의 활발한 해외 이주가 진행되면서, 우리 사회는 해외 거주 한국인에 대한 현지인의 편견과 차별에 대해서 마음 아파하고 분노함에도 불구하고 국내로 이주하는 외국인에 대해서는 차별을 당연시하는 상당히 양가적인 태도를 취하고 있다.

실제 한국 사회는 오랫동안 단일민족 신화를 신봉한 사회였다. 영토적 귀속성, 순혈주의, 단일 언어라는 세 가지 원칙에 따라 구성된 한국인의 정의는 통합된 국민 정체성의 기반을 마련해주었다. 하지만 한국인 내부의 '차이 없음'이라는 말은 곰곰 따져보면 지금껏 한국에서 사회적 갈등이 없었다는 의미는 결코 아니다. 한국 사회에서 일부 정치인들은 젠더, 지역, 계급, 세대 등 차이에 따른 감정적 '적대'를 조장함으로써 자신들의 이권을 강화했다. 한국 사회의 이러한 사회문화적 토양에서 급증하는 외국인은 상상적 동질성에 기반한 '한국인'에게 인종주의적 적대를 불러일으킬 손쉬운 표적이 되고 있다. 또한 일부 이익 집단들은 글로벌 대한민국이라는 구호 아래 '자민족 중심주의'의 환상을 심어놓음으로써 내부의 갈등을 희석시키고 이주자라는 외부로부터 온 희생양에 대한 폭력을 조장하면서 나아가 이러한 폭력을 정당화한다. 애국심이나 국가 지키기로 포장된 반외국인, 반다문화와 같은 인종주의 담론은 이주자들이 한국 사회에서 취약한 위치 탓에 제대로 대응하지 못한다는 점을 악용해 수위를 높이고 있는 실정이다.

한국 사회의 이러한 반인종주의 정서를 극단적으로 보여준 것은 2009년 7월 10일 '보노짓 후세인' 사건이다. 경기도 부천의 시내버스 안에서 인도 출신 교수 보노짓 후세인 씨가 한 중년 남성으로부터 "아랍 놈, 너희 나라로 가, 더러워" 등의 언어폭력을 당했고, 향후 경찰 조사 과정에서도 적절한 법적 보호를 받지 못했다. 이 사건은 존재하나 드러나지 않던 한국사회의 인종주의에 대한 실상을 여과 없이 보여주었다. 당시 가해자는 보노짓 후세인과 함께 버스에 타고 있던 한국인 여성에 대해 "조선년이 새까만 자식이랑 사귀니까 기분이 좋으냐?"라며 인종차별적, 성차별적 공격을 가했다. 이 사건에 대한 대응으로 성·인종차별대책위가 결성되었고 가해자 고소 고발 및 인권위 진정, 관련 토론회 등을 개최하면서 인종차별 문제가 대중적으로 알려졌다.[8]

외국인 남성, 특히 이주노동자 출신 파키스탄, 방글라데시 남성과 결혼한 한국 여성에 대한 태도 역시 인종차별의 유사한 양상을 나타낸다. 9.11 테러 이후 이슬람에 대한 왜곡된 이미지와 편견은 파키스탄이나 방글라데시 남성을 테러리스트로 규정하고, 이들과 결혼한 한국인 여성을 비자 확보 목적을 위해 이용당하고 있음을 모르는 '불쌍한 여성'이며 나아가 '민족을 배신한 천한 여성'으로 낙인찍었다.

이러한 공격은 '백인' 외국인이나 백인과 함께 있는 한국인에게는 거의 일어나지 않는다는 점에서, 또한 '노동자' 계급에게 더 공격적인 양상을 띤다는 점에서, 단순한 외국인 혐오로 보기는 어렵다. 이는 인종주의가 한국에서 젠더, 문화, 계급 차별과 복합적으로 결합된 양상을 보여주는 것이다. 2011년 9월 부산의 한 목욕탕에서 우즈베키스탄 출신으로 귀화한 결혼이주여성 구수진이 '에이즈 감염 우려'라는 악의적인 이유로 출입을 거부당한 사건은 이런 양상의 단적인 사례이다.

게다가 최근 일부 한국인이 보이는 반 다문화 및 외국인 추방 운동 현상은 심히 우려스럽다. '다문화정책반대', '다문화바라보기 실천연대', '외국인노동자대책시민연대', '단일민족코리아'와 같은 온라인 사이트들은 반 다문화 및 외국인 추방 운동을 벌이는 대표적 사례들인데, 이들은 '반다문화', '반외국인' 운동을 통해 극단적 인종주의를 조장하고 있다.[9] 신자유주의 경제정책으로 '생존'의 불안이 심화되는 상황에서 특정 언론이 보도한 한국인이 이주민과 경쟁하는 모습은 일부 한국인에게 분노와 함께 '신분' 역전에 대한 두려움을 안겨 주기도 했다. 게다가 단일민족에 기반을 둔 순혈주의가 만들어 낸 인종, 성, 계급, 지역에 따른 차별들은 한국 사회에서 다양한 형태의 인종폭력을 공공연히 용인했다. 여기에다 한국인이 일상생활에서 이주민과 자연스럽게 접촉하지 못하는 상황은 이주민을 '소유물'이나 '값싼 노동력'으로 인식하게 만들었다. 게다가 일부 한국인들의 경제 제일주의 및 한국 사회의 글로벌한 위상에 대한 자부심이 결합되면서 경제 개발국 아시아인들에 대한 위계화가 당연시되는 문화가 조성되었다. 이 모든 상황의 기저에는 인종차별주의적 발언에 대한 제재나 처벌이 없고 문화 다양성에 대한 존중 및 관련 교육이 체계적으로 진행되지 않는 한국 사회의 부끄러운 현주소가 자리하고 있다. 이러한 분위기에서 이주민 또한 인격을 가진 존엄한 존재라는 인식이 제대로 형성되기가 어려웠다.

---

8. 허오영숙, "결혼이주여성과 인종차별", 『2014년 한국사회 인종차별 실태 보고대회』 (2014.8.12.)
9. 한건수, "한국사회의 다문화주의 혐오증과 실패론", 『다문화와 인간』 1호 (2010); 강진구, "한국 사회의 반다문화 담론 고찰: 인터넷 공간을 중심으로", 『인문과학연구』 32집 (2012).

덧붙여 한국 정부가 '사회통합'이란 명분을 내세워 추진하고 있는 일련의 다문화정책 또한 상당한 문제점을 드러냈다. 결혼이주자 및 다문화가족에 대한 관리를 목적을 한 제도 만들기에 급급한 나머지, 정부는 정작 중요한 한국인의 인종 교육이나 의식화에는 관심을 소홀히 했다. 곰곰이 따져보면, 설문에 응한 12건의 답변들은 한국사회에서 '다문화'란 말이 철학적 비전이나 실체 없이 남용되어온 현실을 고스란히 반영한다. 한국의 '다문화' 정책이 다양한 문화의 차이에 대한 상호 인정 및 승인의 의미보다는 이주자를 신속히 동화시켜서 한국 사회로 빨리 편입시키고자 하는 목적(이주자의 '한국화')에 얽매이다 보니 이주자의 인권에 대한 고려가 부재한 실정이다.

한국 정부의 다문화정책은 실제로 이주자 집단 전체를 '취약계층'과 동일시하면서 영구적인 주변부 계급으로 정형화하는 문화적 폭력의 형태를 띠고 있다. 다문화가정은 통상 지원의 대상이자 소외계층으로서 빈곤의 이미지로 형상화된다. 이것은 계급적 인종주의의 또 다른 형태에 다름 아니다. 정부가 보여준 이주자에 대한 '퍼주기식' 지원 남발은 다문화가정을 세금을 갉아먹는 존재 또는 복지의 대상으로 한정하는 이미지를 조장했다. 매스컴 또한 이주자를 시혜를 베풀고 '구제'해야 하는 대상으로 형상화 하면서 한국인의 우월의식을 고착화하는 역효과를 낳았다. 이런 상황에서 다문화정책은 이주민과 한국인 사이의 사회적, 심리적, 문화적 교류의 장을 형성하기는커녕 이주민에 대한 반감을 넘어 이들을 혐오의 대상으로 바라보는 현상까지 초래했다.

이런 상황에서 한국 사회는 결혼 이민자는 물론이고 결혼 이민자의 자녀까지 우리가 아닌 존재, 즉 타자로 간주하고 있다. 이것은 차별과 편견 및 고정관념으로 전이되어 나타난다. 정부가 결혼이민자의 자녀를 혼혈인, 코시안, 온누리안이라는 제3의 범주로 호명하는 것은 이러한 현상을 부추기는 심각한 문제이다. 한국에서 결혼이민자들과 그 자녀는 국민 또는 민족 집단으로 완전히 포함되지 못하고 그렇다고 완전히 배제된 것도 아닌 어정쩡한 상태에 놓이게 된다. '다문화' 사회의 도래에도 불구하고 한국 사회는 여전히 동일한 혈통, 같은 피부색, 똑같은 사고방식, 동일한 문화라는 동질성만 강조한 결과, 우리와 다른 소수자에 대한 배타적 태도를 고수하고 있다. 그리고 이러한 태도는 일상 용어와 관행 속에 은밀하게 녹아 있다.

오늘날 한국 사회는 이주자의 등장으로 큰 변화를 겪고 있다. 기존에 당연시되던 '한국인'이란 개념이 새롭게 정의되고 있다. 한국이 급격히 다문화 사회로 변모하면서 배우자 쌍방의 국적, 민족, 종족, 인종이 다른 종족외혼 또는 인종 간 결혼이 활발히 진행되고 있다. 게다가 취업, 결혼, 학업, 투자 등을 목적으로 한국에 체류하는 이민자 수가 늘어나면서, 국민국가에 기반을 둔 시민권과 국적 개념이 도전받는 상황에 이르렀다. 또한 국제결혼으로 태어난 자녀들이 증가하면서 향후 순혈 한국인이라고 보기 힘든 사람들이 한국사회의 주역이 될 것이라는 사실은 이제 '국민'과 '민족' 개념의 재정립을 요구하고 있다. 이제 새로운 시대가 이에 걸맞는 인식의 전환을 우리에게 요청하고 있다. 한국 사회는 결혼이민자와 그들의 자녀를 '우리 집단', 즉 '한국인'과 '한민족'의 일원으로 받아들이는 '한국인'에 대한 재정립이 시급히 필요하다. 즉 '순혈주의'에 기초를 둔 '폐쇄적 민족주의'가 아니라 '혈통적, 시민적 요소'에 기반을 둔 '개방적 민주주의'를 포용하고 실행에 옮겨야 할 시점이다.[10] 그리고 민족이라는 개념이 고정 불변한 것이 아닌 만큼, '한국인 배우자'를 우리 사회의 일원으로 받아들이려는 노력 역시 마땅히 병행되어야 한다. 이러한 노력이 성과를 거둘 경우, 한국인의 개념은 혈통 공동체에서 혈통 및 혼인 공동체로 확대될 것이다. 한국인과 이민자의 상생에 기초한 민족과 국민에 대한 새로운 접근은 전지구화 시대에 발맞춰 '다문화' 사회로 향하는 초석이 될 것이다. 한국이 앞으로 어떤 다문화 사회를 만들어 갈 것인가는 바로 지금 우리의 몫이다.

---

10. 설동훈, "국제결혼이민과 국민·민족 정체성 : 결혼이민자와 그 자녀의 자아 정체성을 중심으로", 『경제와 사회』 103호 (2014년 가을).

● 문화예술 분야의 학생들이 일자리가 없어 적성에 맞지 않은 학과
나 진로를 선택하게 되고 대학인플레가 발생함으로써 고학력자들
이 넘쳐나게 되어 청년실업까지 이어진다고 생각된다. 또한, 그
분야에서 성공한 사람들 역시 안정적인 수입이 보장되지 않으므
로 대학교수를 위한 박사과정 등에서의 비리도 문제가 된다고 생
각된다. 이 분야에서는 특히 연예인이나 운동선수, 예술가들의 논
문 표절과 대한민국의 문화적 체험이 영화 위주의 체험으로 제한
적이라는 점이 주요한 문제라고 생각된다.(ex. 공연, 연극, 전시
회 등은 비교적 가깝게 느껴지지 않는다.) 평소에 여가생활에 대
해 물어보면 영화나 음악 감상 정도이지, 다른 문화생활(연극, 전
시회, 공연)을 접하기가 쉽지는 않다. 러시아 볼쇼이 발레단처럼
우리나라도 하나의 프렌차이즈가 될 수 있는 분야에 투자해 (탈
춤, 판소리 등) 세계적으로 알리고 체계적인 시스템으로 관리한다
면 도움이 될 것 같다. (익명 / 부산)

● 개화기 이후 서양문물의 보급의 급증화로 인해 우리 문화가 많이 쇠퇴된 것 같다. 한복을 특별한 날에만 입고, 국악은 듣지도 하지도 않는 사회가 되었다. 초등학교 때부터 지금까지 국악을 배우고 있어서 이것을 사람들에게 알리고 싶어서 이야기를 하면 국악기를 구별하지도 못하고 연주하지는 못하는 것을 보고 큰 충격을 받았다. 초등학교 음악 시간에 국악을 하고, 역사 시간에는 제대로 된 역사를 배우게 해주었으면 좋겠다. (한광재 / 경북)

● 문화-예술은 우리 사회의 구태와 단절합니다. 그래서 보수 정권일수록 문화-예술을 억압하거나 회유합니다. 국가/지방정부의 문화-예술 지원 축소 및 폐지가 이 분야의 가장 주요 쟁점이라고 생각합니다. 예를 들어, 문학 분야에서, 2015년 우수문예지지원사업기금이 (작년) 10억에서 3억으로 줄어들었습니다. 2016년에는 아예 편성이 안 될 수도 있습니다. 심각한 문제입니다. 지방 정부(부산)의 경우에도 꼼꼼하게 살펴볼 필요가 있습니다. 해결을 위해서는 국가/지방정부의 문화-예술 분야 지원 체계 검토 및 시민운동이 필요하고, 지원책과 무관한 문화-예술 자생 움직임(동력)이 필요합니다. 또한, 시민의제사전을 통해 시민들이 직접 '의제'를 제안 제안하는 것도 좋겠습니다. 그리고 국가/지방정부의 문화-예술 분야 지원 체계 '연동 정책들'의 검토 및 입법화도 필요합니다. (박형준 / 부산)

● 우리 지역(김해시)이 다른 도시에 비해 문화생활을 잘 즐길 수 있도록 되어 있음을 다른 도시를 통해 알게 되었다. 지역이 가지고 있는 문화-예술 공간의 차이가 크다는 것을 알았다. 우리 김해는

김해 문화의 전당이 있어 자유롭게 문화-예술 활동을 할 수 있다. 그러나 내가 이번 여름방학에 다녀온 전북 김제는 그야말로 '평야'만을 즐길 수 있는 도시였다. 여행으로서의 김제는 매우 좋으나 거기서의 삶으로서 생활을 생각해보니 문화예술이 지역별 차이가 크다는 걸 깨달았다. 이런 문제의 해결을 위해서는 우선적으로 주민들의 투표를 통해 여론조사를 해서 안건으로 의견을 제시해 보는 것이 좋겠다. 또한, 가까운 지역의 문화-예술이 발달된 도움을 받아 문화-예술을 즐길 수 있도록 하는 것도 좋을 것 같다.

(익명 / 김해)

● 문화-예술 분야에 관심을 가지고 있고 마침 어제 뉴스에 문제점이 나왔기 때문에 이 분야를 선택했다. 문화체육관광부에서 시행하는 문화 활성을 위한 공연티켓 1+1 지원책이 주요 쟁점이 될 수 있다고 생각한다. 수수료해결이나 뮤지컬, 공연 위주의 지원 및 홍보 부족은 사업을 개최했던 문화관광부에서 해결해야 되서 구체적 제안은 없지만, ①공연을 올리기 전에 넓은 공원에서 보여주되 결말은 보여주지 않아 궁금하게 만든다거나 ②공연의 스토리를 웹툰이나 영상의 공모로 하여 1,2,3동에게는 공연을 공짜로 볼 수 있게 하고 50명은 할인 지원하는 등의 아이디어는 생각해 볼 수 있겠다. (김지율 / 부산)

● 문화-예술 생활을 거의 하지 않는다. 무지한 상태인데도 그 심각성을 잘 모르는 듯하다. 문화생활을 해도 상업영화나 미술 전시회를 즐기는 정도로 그 선택의 폭이 매우 좁다. 또한, 지방에는 다양한 문화-예술을 경험할 기회 적다. 관심이 있거나 가고 싶은 공

연, 전시회 등이 서울에서만 열려 가지 못한 경험이 있다. 다양한 공연, 전시회, 음악회 등이 국민이 보다 쉽게 다가갈 수 있게 제공이 됐으면 좋겠다. 또 어느 정도의 문화생활을 해야 하는 것이 당연하다는 인식이 들게끔 캠페인 같은 것을 만들면 좋겠다.

(예에에 / 부산)

● 경제, 사회문제에서 개인적인 문제가 아닌 유기적인 문제로의 인식과 방안이 필요하다고 생각한다. 고등학교 자녀를 둔 학부모로서, 지역에서 활동하는 예술활동가로서 부딪히는 문제들이 결코 개인의 문제로 해결할 수 없다는 것을 느꼈다. 사회구성원으로서 (책임과 의무) 함께 고민해야 한다고 생각한다. 형식적이지 않은 논의의 장을 다양한 형태로 제공하고 참여할 수 있도록 하는 수밖에 없는 듯하다. 문화, 예술, 교육 등 끼리끼리 그들만의 리그가 아닌 함께 더불어 다양한 소수들이 참여할 수 있는 '거점'이 필요하다. (송지유 / 부산)

생산 · 매개 · 향유를 위한 시민의 문화 예술

●

김동규

1. 비평과 해법

　문화예술 분야에 응답한 첫 번째 응답자는 문화예술 분야의 일자리 문제가 해결되지 않음을 언급하면서, 고학력 인플레의 문제를 언급하고 있고, 이것이 파생시키는 다양한 비리와 문제점을 지적하고 있다. 그리고 문화예술 분야가 여전히 '영화' 위주라는 점에 문제를 제기하면서, 공연이나, 연극, 전시 등의 분야에 대한 접근성이 어렵다는 점을 지적하고 있다. 이를 위해 문화적 특성을 살린 콘텐츠에 대한 국가적 투자를 제안하고 있다.

　이러한 제안은 이미 부산시민의제사전 2014년에 해법으로 제안된 바 있다. 그럼에도 불구하고 여전히 다시 제안되고 있다는 것은 당시 제안했던 '일상 속의 문화 부재'가 여전히 지속되고 있음을 의미한다. 다방면의 노력이 있었고, 있었던 것으로 기억하지만, 이러한 노력이 여전히 시민들의 삶으로 충분히 흡수되지 않았다고 평가해야 할 것이다. 문화향유의 비대칭성이 영화에 편중되어 있다는 응답자의 대답은 여전히 영화 분야의 접근성이 다른 분야의 접근성에 비해 상당한 비율을 차지하고 있다는 것인데, 이는 『부산 시민의제사전 2014』 작성 당시 서술되었던 9:1의 비율이 크게 달라지지 않았음을 보여준다. 따라서 문화콘텐트의 다양성 확보, 이에 대한 접근성 확장, 수용자들의 능동성 함양, 문화정책의 공공성 확보 등은 여전히 남아 있는 과제라 할 수 있다.

예술가 복지나 예술가를 위한 기본소득 제안 등은 여전히 주장되고 있지만, 제대로 시행되거나 관철되지 않는 상황이다. 문화-예술 협동조합이 생겨나고는 있지만, 이 역시 자생성을 확보하기 어렵거나, 자생성을 거대 자본 또는 행정관청의 공모사업에 의탁하는 경우가 허다하다. 이런 상황은 문화-예술의 자율성을 확보하기 어렵다. 심지어 문화-예술을 통한 삶의 풍성함은 문화-예술을 상업화하거나 단순 산업화하는 것으로 충분히 획득될 수 없다는 것도 아울러 기억하기 바란다. 그렇다면 어찌해야 할 것인가?

지난 『부산 시민의제사전 2014』과는 달리 새로운 제안을 한 응답자가 있었다. 이는 일상 속에서 서양문화를 경험할 수 있는 기회에 비해 전통문화를 경험할 기회가 적다는 지적이다. 서양악기에 비해 국악기를 잘 구별하지도 못하고, 연주에서도 서양악기에 비해 일상성을 덜 확보한 문화를 지적하고 있는데, 이를 위해 응답자가 제안하듯 전통문화에 대한 교육을 수행하는 것뿐만 아니라, 전통문화의 향유기회 확대, 이를 위한 전통문화 향유를 위한 접근성을 확대하고 전통문화를 일상화시킬 필요 역시 있겠다. 그리고 이를 위한 관심의 확충뿐 아니라, 다양한 지원정책이 필요하다고 생각한다. 한 가지 더 제안하자면, 전통문화를 통해 세대와 세대 간의 만남을 도모할 수 있는 계기를 마련한다면, 금상첨화일 것이다.

어떤 지원자는 문화예술 분야가 여전히 '정치논리'나 '이념논리'에 따라 권장되고, 향유되는 데 대한 불만을 제기하였다. 예술에 대한 각종 검열이 표현의 자유라는 권리문제와 지속적으로 대립하고 있는 것도 문제이다. 심지어 행정이 문화−예술 지원을 축소하고 특정 이념에 맞추도록 지원사업의 방향을 틀어버리는 경우도 있다. 따라서 이런 일이 일어나지 않도록 국가나 지방 정부의 문화−예술 분야의 지원을 체계적으로 검토할 필요가 있다. 물론 이와 독립적으로 문화−예술가 또는 단체의 자생성 역시 확보되어야 할 것이다.

또 다른 설문자는 자신의 지역이 가지고 있는 문화적 토양이 풍성하다는 것을 깨달으면서, 정작 지역 내 그리고 지역 간 문화적 위상차가 크다는 지적을 하고 있다. 다른 제안자는 문화향유의 비대칭성을 언급하면서, 대부분의 문화향유가 서울에 집중되어 있다는 언급도 하고 있다. 그래서 지방은 문화향유의 선택 폭이 매우 좁고, 이로 인해 다양한 문화를 향유할 수 있는 기회가 없다고 한다. 이는 문화향유의 접근성과 다양성을 높이자는 언급이라 할 수 있다.

부산의 경우는 동−서의 문화적 위상차가 크고, 남−북의 문화적 위상차 역시 크다. 이를 좁히기 위해 다양한 정책을 실시하고는 있지만, 대부분 하드웨어를 확충하는 데 그치고(이런 사업은 문화예술이 아니라 결국 건축−토목−부동산 인프라를 확충하는 결과를 산출하는 데 그친다.), 문화적 콘텐츠를 상업화하는 데 국한시키거나, 인원

동원에 기반을 두어 그 내용을 측정하려는 시도에 그쳐버린다. 이 응답자의 제안은 이러한 지역 내, 지역 간 편차를 줄이기 위해 지역 안에서, 지역 간 문화교류를 활발히 하자는 언급을 하는 듯하다. 행정단위로 쪼개진 문화정책에 새로운 물꼬를 틀 수 있는 제안이라 무척 흥미롭다. 그렇다면 누가 어떻게 이러한 물꼬를 틀 수 있을까? 그런데 이미 미술계에서는 "지리산프로젝트"라는 전시기획이 있다. 현재 2년 차를 맞고 있는데, 이 기획은 30년을 계획하고 진행되고 있는 기획이다. 이는 행정의 관성을 초월하는 것이며, 관의 지원을 이미 초월해서 진행되고 있는 지역밀착형 기획이다. 아직 성공적이라 판단하기에는 이르지만, 자본과 행정에 볼모가 된 문화-예술 분야의 한계를 뛰어넘기 위해 이러한 기획을 비판적으로 참고해보는 것도 괜찮을 듯싶다. 문화는 행정의 경계를 늘 넘어 있었다.

예전에 한 번 거론되었던 제안이 다시 등장한 설문이 있다. 문화예술 활성화를 위한 1+1 지원이 뉴스화되었다면서 수수료해결이나 뮤지컬, 공연위주의 지원이 이루어지고 있지만, 정작 홍보가 부족한 점을 언급하고 있다. 이 역시 지난『부산 시민의제사전 2014』에서 몇 가지 제안을 한 바 있다. 뿐만 아니라『북항백서』에서 북항 도큐멘타를 제안하면서도 이와 유사한 제안이 이루어진 바 있다. 그렇다면 결국 여러 차례 이러한 제안이 이루어졌음에도 그 제안이 구체적으로 관철되지 않았다는 것은 여전히 시민의 제안과 행정이 서로 겉돌고 있다는 것을 반증하는 것은 아닌지. 응답자는 공연을 올리기 전에 많은 사람들이 즐길 수 있도록 넓은 장소에서 시연하면서 홍보 효과를 같이 노려야 한다고 제안하고 있고, 공연의 스토리를 웹툰이나 영상으로 만드는 공모를 한 후 수상자에게 공연을 무료로 볼 수 있는 혜택을 줌과 동시에 이 웹툰과 영상을 홍보에 사용하자고 제안하고 있다. 아주 구체적인 제안이고 흥미 있는 제안이다. 이에 더하여 지난 『부산 시민의제사전 2014』에서 언급한 것과 『북항백서』에서 제안한 내용을 제시하자면, 공연의 경우 리허설을 무료로 볼 수 있도록 한다거나, 적은 돈을 내면서 서서 볼 수 있는 자리를 따로 마련하는 등 소득에 상관없이 다양한 사람들이 공연을 접할 수 있도록 한다는 제안이 있었다. 그리고 지역의 거점을 활용하여 접근성을 높이는 찾아가는 공연의 확산도 필요하다는 제안이 있었다. 심지어 지역 시민 중 기획을 전문으로 하는 전문가를 양성하여 시민이 문화를 기획하고 공연할 수 있도록 하는 것도 좋겠다는 이야기가 나왔다. 이것은 이미 한국사람에 의해 미국에서 부르다burda 공연이라는 기획으로 나온 바 있다. 공연을 예고하고 유료로 예매한 후, 특정한 공연단체와 접촉하여 공연을 섭외하면, 지역에서 공연을 즐김과 동시에 공연활동을 하는 사람들은 미리 공연에 필요한 수익을 확보할 수 있는 안정성을 갖는 것이다. 자신이 사는 지역에서 시민이 스스로 기획하고 스스로 향유하는 공연문화를 확산하는 것도 문화–예술을 일상화하는 데 도움이 될 것이다. 이를 위해 문화 연구–기획을 위한 민간기구를 만들고 이에 대한 적절한 행정지원이 이루어져야 할 것이다. 북항백서는 이러한 역할을 하는 '북항문화재단'설립을 제안한 바 있다.

스스로 예술가라고 밝힌 어떤 설문자는 예술가의 경제적 삶의 문제가 개인의 문제가 아닌 사회체계 내부의 유기적 관계 문제라고 제안하고 있다. 심지어 자녀를 둔 부모이자 여성예술가로서 부딪히는 문제 역시 무시할 수 없다고 한다. 동시에 지역에 폐쇄적으로 운영되는 예술가 모임을 넘어 좀 더 공개성을 가진 예술담론 공간을 요구하고 있다. 이 논의를 위해서 공통적인 지역의 문화-예술 문제뿐만 아니라 소수자나 특수성을 가진 지역의 문화-예술 의제에 대한 발굴 역시 필요하다고 생각한다.

2. 인식전환을 위한 제안

문화-예술은 최근 경제 중심의 일상이 가지는 중력을 크게 벗어나지 못하고 있다. 이는 결국 생존과 생계의 문제, 또는 먹고사니즘의 문제를 벗어나지 못한 일상의 앙상함을 보여주는 것 아닐까? 문화-예술 없이 인간은 생존할 수 있지만, 문화-예술 없는 삶을 과연 인간적 삶이라고 말할 수 있을까? 고대에도 인간적인 삶을 위해서 늘 문화-예술을 포기하지 않았다는 사실을 기억한다면, 문화-예술은 삶을 풍요롭게 하는 효소의 역할을 톡톡히 한다고 볼 수 있다. 이러한 효소가 제대로 작동하게 하기 위해서라도 몇 가지 질문을 제기하고자 한다.

① 문화-예술은 단순한 기술의 영역에 국한되는가? 아니라면 문화-예술은 어떤 특성을 가지는 분야인가?

② 문화-예술의 가치는 그 상업성이 보장해줄 수 있는가? 만일 문화-예술이 과연 시장의 영역에 국한되어 논의될 수 없다면 어떤 점에서 그러한가?

③ 문화-예술의 가치를 향유하는 사람과 문화-예술의 가치를 생

산하고 기획하는 사람은 서로 독립적인 것인가? 향유자와 공급자(생산자 기획자 매개자)가 서로 교환될 수는 없는가?

④ 문화−예술은 반드시 특정한 장소에서 특정한 시설을 갖추어야 향유할 수 있는 것인가? 아니라면 어떻게 향유할 수 있는 것인가?

⑤ 돈이 없으면 문화−예술을 향유할 수 없는가? 향유할 수 있다면 어떻게 해야 하는가?

⑥ 문화−예술 생산자의 사회적 지위는 어느 정도라고 생각하는가? 과연 그러한 지위를 차지하는 것이 정당한 것인가?

⑦ 문화−예술적 가치를 양적으로 평가하는 것(정량평가)이 옳은 것인가?(예컨대 콘텐츠 가격, 동원인원수, 공연장 규모, 수익성) 문화−예술적 가치를 제대로 평가하기 위해 필요한 것들은 무엇일까?

⑧ 당신이 생각하는 가장 소외된 문화콘텐츠는 무엇인가? 그 콘텐츠는 왜 소외되었으며, 왜 소외되어서는 안 되는 것일까?

⑨ 지역이나 국가의 상황이 현 상황 그대로인 경우, 내가 만약 다시 태어난다면 문화−예술 분양에 종사하고 싶은가? 그렇다면 왜 그렇고 아니라면 왜 그런가?

⑩ 지금 당장 해소하고 싶은 문화−예술 분야의 욕구불만에는 어떤 것이 있는가?

문화−예술 정책 분야에서는 『부산 시민의제사전 2014』에서 제안되었던 수준 내에서 논의가 이루어졌다. 한 가지 특이한 것은 문화−예술 분야의 응답이 예년 수준보다 현격히 낮아졌다는 사실이다. 좀 더 면밀히 분석해보아야 하겠지만, 여전히 부산은 다양한 문화−예술인들이 활동하고 있지만, 정작 이들이 시민들과 만날 수 있는 통로는 부족한 듯하다. 찾아가는 문화–예술 활동 역시 다양하지만, 찾아가더라도 문화–예술을 향유할 수 있는 상황은 쉽지 않은 듯하다. 공급의 확대는 일어나지만, 이것이 향유의 확장으로 곧장 이어지지 않는 불균형 문제도 고민할 필요가 있다.

상당히 오랜 기간 동안 논의되어왔던 북항 재개발, 그중 문화예술지구의 운명을 보면 지역의 문화예술이 갖는 위상을 충분히 알 수 있는 듯하다. 수많은 공적 논의를 거쳤고, 객관적인 자료를 동원해서 불가능성을 표방했던 오페라하우스 건립이 해수부와 부산시, 부산항만공사(BPA)에 의해 일방적으로 결정되고 기사화되었던 것이다. 문화–예술의 일상화 촉진, 지역에 친근한 문화콘텐츠의 개발, 그러면서도 대규모 사업을 통한 대규모 재앙(실제로 사업성과 수익성이 없다는 데이터가 있다.)이 우려되는 오페라하우스의 건립보다는 지역 문화–예술 종사자들에게도 도움이 되면서도 수익성이 되는 다양한 문화인프라를 제안했음에도 불구하고 가장 수익성이 의심되는 대규모 하드웨어 공사를 강행하기로 결정했다는 점, 여전히 수익성이 문제가 될 경우 '문화–예술지구'는 토지 매입자에 의해서 그 용도변경이 가능하다는 점 등은 지역의 문화–예술의 토양이 얼마나 척박한지를 말해주는 시금석이라 할 수 있다. 심지어 오페라 하우스를 건립해서 오페라 공연을 할 경우, 정작 공연자들은 서울에서 내려오는 사람이고, 이들이 지방의 공연단체의 이름을 빌려 지역단체인 양 공연할 가능성이 높다는 조사도 있다. 결국, 시민들의 호주머니를 털어 중앙의 문화예술인의 배를 불릴 가능성도 농후하다는 예상이다.

여전히 문화—예술 분야 다양한 인적 물적 인프라가 지역의 문화—예술을 배불리기는커녕 지역 문화—예술의 토양을 척박하게 만든다는 사실, 인적 인프라의 풍성함이 물적 인프라의 풍성함과 겉돌고 있다는 사실은 여전히 문화—예술 분야의 의제 발굴과 실천이 여실하다는 것을 의미한다. 한 가지 더 덧붙이자면, 부산이 해양도시인만큼, 해양문화나 레포츠와 관련한 정책적 제안과 대안 역시 여전히 마련되어야 한다. 부산에는 어떤 해양문화와 레포츠가 있을까? 여러분은 얼마나 알고 있으며, 어떤 정책들이 마련되어 있을까? 한 번 찾아보고 검색해보는 것은 어떨까? 그리고 다음 의제로 만들어 다시 나락한알의 문을 두드려 주시면 어떨까?

● 생활 속에서 가장 많이 이 주제로 갈등을 겪었다. ilbe, 전통적 성
역할, 군대 등이 여기서의 주요 쟁점이라고 볼 수 있다. 나는 이
모든 것이 개인의 인식에서 오는 문제라고 생각한다. 욕만 해서는
해결되지 않고, 어떤 교육을 통해 해결해 나갈 수 있다고 생각한
다. (곽동혁 / 부산)

● 모든 일에서의 갈등이 사회문제의 시발점이라고 생각한다. 그 중
에서도 특히 젊은이들과 노인들의 갈등이 문제라고 생각한다. 나
이가 많으면 모든 것이 해결된다는 생각으로 노인들이 새치기를
하는 경우가 있다. 이 부분에서는 노인들의 인식변화가 필요하다.

(이상민 / 부산)

● 우리나라에서는 정치, 경제, 기업 간 이해와 개인 또는 집단의 이
득으로 인한 갈등이 독립 이후부터 계속되어 왔다. 물론 어느 나
라, 사회에서든 다 존재하는 문제지만 우리나라는 고속의 성장과
발전으로 인한 사회시스템과 제도에 허점이 많아 이런 문제들이

다른 곳에 비해 심화 되어 왔다고 생각한다. 요즘 현대인들은 양보하고 베푸는 것이 많이 부족해 보인다. 즉 자신들의 이권과 관련된 문제, 예를 들어 복지나 특정 집단에 대한 혜택같이 집단 이익에 대한 문제가 주로 쟁점이 되고 있다. 우리나라에서 흔히 보이는 대표적인 사례는 쓰레기 매립지 문제이다. 이런 비슷한 문제들은 우리나라 땅덩어리가 좁은 것도 있지만 양보하지 못하는 태도에서 비롯되었다. 쓰레기 매립지가 부족해지면 새로 만들어야 하는 것은 다 알지만, 그 장소가 자신이 사는 곳 근처라면 일단 반대하고 보는 것이다. 이를 해결하기 위해서는 교육을 통한 세대의 전환이 시간이 걸리지만 확실한 방법이라 생각한다. 이 방법은 이미 이루어지고 있다고 보는데 지금 현 우리 세대의 경우 양보와 협동 배려와 같은 경우 어릴 때부터 배우고 실천해왔기에 큰 거부감도 없고 다툼과 갈등도 싸움과 대립이 아닌 대화와 타협으로 곧잘 풀곤 한다. 이 교육은 우리 말고도 우리 윗세대의 어른들에게도 필요하다고 본다. 갈등을 조장하고 잘 해결하지 못하는 어른들도 물론 어렵겠지만, 대화와 타협을 통해 해결하는 법을 배운다면 잘 해결되지 않을까. (익명 / 부산)

● 선거 때마다 나타나는 매우 피곤한 양상을 특정 세력이 이를 조장하는지의 여부가 의문스럽다. 이런 갈등문제를 해결하기 위해서는 열린 마음으로 상호 이해하고 소통해야 하는데, 대화, 토론을 꾸준히(물론 새로운 것은 아니지만) 하여 갈등 없는 사회, 사람사는 세상이 얼른 왔으면 좋겠다. (유우창 / 부산)

● 우리나라에서 심각하게 일어나는 남녀 간의 갈등, 여당과 야당을

지지하는 입장에서의 갈등 등이 누구나 접하기 쉬운 인터넷 커뮤니티에 녹아있다. 청소년들도 무분별하게 커뮤니티에 들어가고, 아직 아무것도 겪어보지 않은 대다수의 학생들이 가지게 될 편견과 그들이 성장하여 사회로 나오게 될 경우 갈등의 심화가 예상된다. '일간 베스트' 소위 일베라고 칭하는 커뮤니티에는 여성을 혐오, 희롱하고 심각한 지역주의를 가지고 있다. 청소년을 대상으로 일베에 대한 인터뷰자료가 있는데 요즘 청소년들이 학교에서 이야기하는 주제가 대부분 일베에 관한 것이라고 했다. 또한, 연예인 수지를 음란물에 합성시킨 사진을 유포했던 적이 있는데 그 범인은 16살 청소년이라 밝혀졌으며, 일베 커뮤니티는 오히려 16살 청소년을 옹호하는 중에 있다. 현재 이러한 문제에 대한 제재는 법에 어긋나는 글을 적을 때 직접적인 신고에 의한 제재 외에 뚜렷하고 직접적인 제재는 없다. 이를 해결하기 위해서 ①현재 청소년 유해 글들이 넘쳐나는 각 커뮤니티들에 '방통위'는 손을 대지 않고 침묵을 지키고 있는데, 다른 유해사이트처럼 직접적인 차단이 필요하다. ②청소년들의 인터넷 범죄에 강력한 제재가 필요하다. ③글에 대한 자체적 규제를 주지 않는 커뮤니티에 대한 제재 ④여러 가지 문제들 중 하나는 소위 직접적으로 대응을 요구하는 단체가 없다. 개개인끼리는 각각의 커뮤니티에 대한 반발이 있으나, 하나의 단체나, 서명운동 등으로 압박을 가할 수 있다. (하용수 / 김해)

● 순탄치 않은 근현대사를 지나오면서 이념, 지역, 세대 간 넘지 못할 갈등이 사회 곳곳에 내재되어 있어 사회통합 및 개인의 행복,

지속가능한 발전이 불가능하다고 생각한다. 노사갈등, 지역이기주의 등 관용적 시선이 부족한 곳곳서 갈등요인이 잠재되어 있다. 해결의 기미가 보이는 아이디어는 없고, 첨예한 갈등 앞에서 답답하기만 하다. (장영선 / 김해)

- 정치적 갈등으로 분단의 현실을 정치권력에 이용해서 갈등을 야기한다. 또 이념적 갈등으로, 좌우, 진보와 보수의 대립이 위기감을 느끼게 한다.(안보논리) 그리고 경제적 갈등으로 빈부의 격차가 더욱 심해진다.(정규직, 비정규직) 이 세 가지 중에서도 특히 이념적 갈등이 가장 큰 문제라고 본다.(통일을 위한 노력도 '종북'이라 몰아붙이면 변명의 여지가 없다.) 이러한 갈등의 해결방법은 상호존중과 이해와 양보를 바탕으로 정치권의 통일을 위한 노력이 있어야 될 것이다. 민족통일만이 모든 갈등이 봉합될 수 있고, 민심을 하나로 모을 수 있다. 경제적 교류를 통해, 남북이 함께 잘 살 수 있는 길을 열어가길 바란다. (추송례 / 부산)

- 주변에서 일상적으로 많이 보고 일어나는 문제가 갈등문제인 것 같다. 특히 세대의 고정관념이 문제다. 얼마 전 지하철 노약자석에 임신 초기의 여성이 앉았는데 60대 어른이 툭툭 치며 눈치를 주며 임신했다는 사실을 알리자 복부를 가격하고 욕을 하고 내렸다는 뉴스를 접했다. 무엇보다 고정관념과 인식이 바뀌어야 된다고 생각한다. 세대 간의 소통이 부족한 거 아닐까… 인간에 대한 기본적인 '존중'이 바탕이 된다면 벽은 낮아질 수 있다고 생각한다. 상대방의 상황과 입장을 이해하려는 노력이 필요하다고 본다. 어른은 대우받으려고만 하지 말고 젊은 사람은 충분한 대화로 상

대방이 수긍할 수 있는 진지한 대화가 필요하다고 생각한다.

(윤정선 / 김해)

● 입만 빵끗하면 갈등구도로 몰고 간다. 좋건 가쁘건 자기 입장, 생각 등을 진솔하게 표현 못 하는 원인이라고 생각한다. 특히 지역 문제가 중요하다고 생각한다. 구체적인 체험이라기보다 새누리당과 다른 의견이나 목소리를 내면 저 인간은 어느 지역이라. 혹은 어느 당이라. 라는 표현으로 매도하고 그런 모습이 너무 고질화 되어 있다. 절망적이지만, 그럼에도 아주 장기간 탕평책과 발전방향을 공평하게 실시하는 것이 하나의 방안이 될 수 있겠다.

(한인화 / 부산)

● 많은 이들이 이념, 지역, 세대 갈등을 직면하고자 하는 노력에 애를 쓰기보다 상황의 이익(?)을 위해 갈등을 교묘하게 악용하고 있는 듯합니다. 하지만 더 큰 문제는 더 많은 사람들이 눈 가리고, 귀 막은 상태로 그들을 동조하고 있는 것입니다. 이렇게 의미 없는 노력과 변명들로 사회가 채워지면 이보다 더 위태로운 상황이 어디에 있겠습니까. 이러한 상황을 해결하려면 세대 간 갈등의 해소가 우선되어야 한다고 생각합니다. 제가 영화 〈국제시장〉을 관람한 후에야 비로소 뒷방 늙은이 세대(?)들에게 그저 감사할 준비가 된 것처럼 해소될 수 있다고 생각합니다. 일단 그러한 갈등의 해소를 위해서는 전혀 모르진 않았으나 정확히는 모르는 진실들과 만날 수 있는 다양한 채널이 필요한 것 같습니다. 예를 들어 ① 입시가 아닌 소통을 준비하는 공교육 교육과정 ②갈등을 직면할 수 있는 다양한 문화 예술 콘텐츠 개발 ③유기적 협력 도모를 위

한 다양한 정보의 교류와 미디어 개발 등이 필요할 것 같습니다. 또 새로운 제안으로는 "경로당 – 학부모 – 교육단체"의 유기적 결합을 위한 "1노인 – 1학생 – 1부모" 결연을 통한 세대 공감 & 소통 프로젝트 같은 것을 제안해 보고 싶습니다. 우선 나부터 직면해서 다양한 시간 때와 다양한 장소에서 바른 시민 교육이 열리면 좋겠습니다. (정선용 / 부산)

● 경상도와 전라도가 사이가 나쁜 것 같다. 서로 사이좋게 지냈으면 한다. (박준영 / 울산)

젠더의 배제와 차별을 넘어

●

박해숙

시민사회는 다양한 세력들 간 계급, 권력, 이념의 각축장이지만 비판적·합리적 토론을 통해 보편적 참여가 이루어져야 하는 공론장이기도 하다. 그런데 현재 한국의 공론장은 비판적·합리적 토론 측면에서 자유민주주의 기본원리의 부정 및 사실마저 왜곡하는 현상이 난무하며, 보편적 참여 측면에서 보수적 공론장에 의해 독점되는 특성을 보이고 있다(김정훈, 2009). 그 결과 시민사회는 사회통합이라는 측면에서 한계를 노정하고 있다. 잘 통합된 사회는 공정한 사회(이재열, 2015)를 말하는데, 공정한 사회란 정당성을 가지고 지속가능한 사회, 다양한 개인이나 지역들이 고유한 개성과 능력, 특성을 유지하면서 서로 어울리는 사회, 개인의 인격완성과 자아실현을 가능하게 하는 건강하고 자유로운 공동체를 의미한다고 할 수 있다. 한국 시민사회의 사회통합과 관련된 시민의 생각들은 다음과 같다.

시민 240명을 대상으로 한국사회 15개 분야 중 가장 문제가 있다고 생각하는 한 영역을 선택하게 한 결과, 총 11명의 시민이 '사회통합'을 선택하였다. 10대~60대의 남녀가 비교적 고르게 응답하였는데, 남성들은 젊은 층이, 여성들은 중년층이 다소 많았다. 이들은 세대, 성별, 이념, 지역, 경제적 갈등 등 다양한 분야에서 갈등이 일어나고 있음을 지적하고 있다.

젊은 세대는 '일간베스트저장소'라고 하는 '일베' 사이트(공간이기도 하고 사고체계이기도 함)를 중심으로 사회의 한 부분에 대한 매우 편향되고 왜곡된 시선을 가지고 배제와 차별을 주요 인식도구로 삼고 있는 집단에 대한 우려를 표했다. 일베에서 드러나는 여성 및 외국인 혐오, 특정 지역에 대한 비하, 국수적인 왜곡된 애국담론 등, 구체적으로 윤창중 성추행 사건 관련해 사건이 처음 폭로된 교포사이트인 미시 USA에 대한 보복성 해킹이나 세월호 관련 단식농성장 앞에서 폭식하는 행위, 5.18 희생자에 대한 부적절한 표현, 이화여대 앞에서 성희롱, 성차별, 여성비하 문구로 가득한 피케팅 등의 언론을 통해 여러 차례 알려진 바 있다. 시민들은 일베와 같은 집단의 문제도 지적하였지만, 한편으로는 특정 사이트의 문제라기보다는 그러한 혐오가 가능한 사회, 혐오를 양산해 내는 사회의 구조적 문제에 대해 주로 언급하고 있다. 순탄치 않았던 대한민국 근현대사가 사회통합을 저해하는 다양한 갈등을 생산 및 재생산하는 구조를 문제로 보는 것이다. 분단과 관련된 정치적 갈등, 고도성장의 과정에서 심화된 경제적 불평등, 고용 없는 성장 시대의 세대 갈등 등이 그것이다.

사회통합을 이루어내기 위한 방안으로는 교육을 통한 점진적인 사회통합 및 개인의 인식 개선, 토론 문화 만들기, 더 많은 소통구조 만들고 소통기회 갖기, 청소년 유해 사이트 등에 대한 강력한 제재조치 등을 제안하였다. 이 중 특히 기성세대, 노인세대의 인식 변화를 요구하는 사례가 많았다. 변화를 통한 새로운 사회 만들기가 필요한데, 이때 변화의 주체로 젊은 세대보다는 노인세대를 상정하고 있는 경우가 많았다. 즉 노인세대가 스스로 변하려고 하는 인식을 갖고 그렇게 노력하는 것이 세대갈등을 줄이는 길이라고 보고 있다. 이러한 인식은 세대 간이 대체로 같은 입장이다. 쓰레기 매립장 반대와 같은 님비 현상에 대한 지적도 있었는데, 사회적 필요성을 인정하면서도 자신의 주거지 근처에 이러한 시설이 들어서는 것에 대해서는 반대가 생길 수밖에 없음과 이로 인해 발생하는 사회적 비용을 해결하기 위한 시스템과 제도의 필요성을 역설하기도 하였다.

현재 한국 시민사회는 다양한 갈등 상황의 해결이 무엇보다 필요하며, 특히 세대갈등, 이념 갈등, 성 갈등을 주요한 의제로 보고 있다. 특히 최근 들어 과거로부터 누적된 성불평등으로 인한 여성의 과소대표성을 해소하기 위한 일련의 적극적 조치가 남성에 대한 역차별backlash을 낳는다는 주장을 넘어 여성혐오라는 극한 지점에까지 이르고 있는 성차별적 담론의 양산은 시급히 해결해야 할 과제라고 보고 있다. 성별에 대한 배제와 차별이 일어나고 있어 여성의 경험이 사회적으로 통합되어야 할 영역들을 살펴보면 아래와 같다.[1]

첫째, 여성노동 영역이다

1990년대 말 국제구제금융 시기를 거치면서 한국의 노동시장은

---

1. 이하의 글은 "여성학–행복한 시작"(부산여성사회교육원, 2014, 신정)에 실린 필자의 글(1장) 일부를 재구성한 것이다.

급속히 양적 유연화의 시기로 접어들었다. 정년이 보장되는 정규직 대신 시간제 근로를 포함해서 근로기간의 제한이 있으며 정규직에 비해 임금 등에서 열악한 비정규직 일자리가 확대(비정규직: 2001년 26.8% → 2015년 32.5%)되고 있으며, 여성 임금근로자의 절반 가까이는 비정규직이다(2015년 8월 현재, 40.1%. 통계청 자료). 이런 상황 속에서 정부는 계속해서 '반듯한 시간제 일자리'의 확대를 주장하고 있다. 정부가 말하는 반듯한 시간제 일자리란 정규직과 차별이 없고 정년이 보장되는 시간제를 말한다. 고용 없는 성장이 지속되는 상황에서 시간제 일자리를 통해 고용을 확대하고 나아가 현대 사회에서 성인노동자모델에서 기인한 돌봄 공백을 해소하기 위한 일·가정 양립을 위해서도 유용한 모델이라고 보고 있다.

여성 고용률이 50.9%(2015년 10월 기준. OECD 평균치 57.2%)인 상황에서 여성의 고용을 높일 수 있으며 일과 가정의 양립을 지원하는 정책이라는 두 마리의 토끼를 잡는 방안으로 반듯한 시간제 일자리가 논의되고 있어 결국 성인노동자모델의 시대로 접어들었지만 일과 가정을 양립해야 하는 의무는 여전히 여성에게 부과되는 현실의 모습을 볼 수 있다. 2015년 세계여성의 날을 맞이하여 영국 주간지 〈이코노미스트〉가 28개 OECD 회원국들의 '유리천장 지수'를 발표했는데, 2014년 기준 무역규모 세계 9위인 한국 사회는 OECD 국가들 중 거의 대부분의 영역에서 하위권을 기록했을 뿐 아니라, 총점에서 3년 연속 꼴찌였다. 평가 항목 중 남녀의 취업률 차이로 볼 수 있는 '노동 시장 참여율 격차'는 한국이 22%(OECD 평균 12.7%)로 터키(42.6%)를 제외하고 최하위였는데, 1위인 핀란드는 2.5%였다. 기업이사회에서 여성의 비율은 2.1%(OECD 평균 16.7%)이며, 남녀 임금격차도 36.6%로 평균(15.5%)의 배에 이르렀고, 1위인 노르웨이(7%)와 비교하면 다섯 배를 넘었다. 가족예산 지출 역시 최하위이다(2009년 기준 GDP 대비 1.01%, OECD 평균 2.61%). 현재의 상황대로라면 여성의 임금노동 참여가 증가하더라도 여성노동자에게 공정한 사회를 의미하는 사회통합은 그리 가까워 보이지 않는다.

둘째, 가족 영역이다

한국 사회에서도 가족의 변화는 매우 두드러진 현상이다. 다양한 가족의 등장과 함께 가족의 기능과 역할의 변화도 크다. 통계청 자료에 따르면 2013년 6월 기준으로 가사와 육아를 전담하고 있는 남성은 14만2천명에 이른다. 육아만 전담하고 있는 남성은 7천명이다. 그런데도 우리는 〈아빠의 이동〉(제러미 스미스, 2012)에서 보는 같이 "아빠의 육아에 관한 세 가지 신화" 같은 것을 굳건히 유지하고 있는 것 같다.

신화 1. 아버지는 생물학적으로 애 키우는 일에 부적합하다

남자와 여자는 생물학적 조건과 행태 면에서 다르다. 그러나 한쪽이 다른 쪽을 변화시킬 수 있다. 더구나 평균치라는 것은 절대치가아니다. 그리고 남녀 간의 차이보다 남녀 각각의 범주 안에서(특히남자들의 경우) 개체 간 차이가 더 크다. 2008년에 나온 한 연구는남자 100명과 여자 100명의 뇌를 치밀하게 비교했다. 연구자들은 두집단의 변이에서 성별이 원인으로 작용하는 비율은 1~5%에 불과하다는 사실을 확인했다. 많은 다른 요인이 개인의 두뇌를 형성하는 데 훨씬 더 큰 역할을 하며, 그런 요인 중 일부는 대단히 기술적인 것이 었다. 공감을 활성화하고 계발하는 것은 사회적 활동이다. 따라서 남녀나 아버지와 어머니의 차이를 좀 더 확실하게 설명하고 싶다면 생물학적 조건과 신경과학에 머물지 말고 그것을 넘어서는 지점을 잘 살펴봐야 한다.

신화 2. 아버지는 양육자로서는 젬병이다

"고정관념의 위협 효과를 제거하면 수행 성과 면에서 집단 간의 차이는 사라진다." 버클리 대학 심리학자 로돌포 멘도사덴튼의 지적이다. "나이 많은 사람이 컴퓨터를 배우거나 여성이 새로운 과학 실험을 익히거나 아버지가 아기 우유 먹이는 법을 배울 때 부정적인 고정관념은 성과를 떨어뜨릴 수 있다. 그렇게 해서 문제의 고정관념이 다시 사실로 확인되는 것이다." 우리는 여성을 희생자로 생각하는 데 너무 익숙해 있다. 하지만 자녀를 키우는 문제가 되면 여성의 영역에 진입해서 부정적인 고정관념에 직면해야 하는 것은 남성들이다. 그 과정에서 알게 모르게 남성들은 위축된다.

신화 3. 주부 아빠가 키우는 아이들은 잘못될 위험이 크다

아버지 참여의 이점에 대해 선구적인 연구를 많이 한 로스 파크는 이제 논점을 '부모의 성'에서 '부모 노릇 하는 방식'으로 옮겨야 한다고 주장한다. 아이들에게는 엄격한 성 역할이 아니라 활기찬 다양성이 필요하기 때문이다. 아동심리학자 로버트 프랭크는 "아빠가 주부인 가정의 아이가 아빠의 영향도 많이 받고 엄마의 영향도 많이 받는다."고 지적한다. "부모 모두 아이의 발달에 중요한 역할을 하나. 이는 엄마가 주부인 가정과 대조된다. 이 경우에는 아이는 엄마의 영향은 강하게 받지만, 아버지의 영향은 거의 받지 않는다."

위와 같은 신화가 굳건히 유지되는 것은 아무래도 가족 내에서 남녀의 역할 구분에 대한 굳건한 신념들이 존재하기 때문일 것이다. 산업화 이후 뚜렷해진 공사영역의 분리와 이에 따른 성별노동분업의 원리가 강력하게 작동하는 장소로서 가정이 위치하고 있다고 하겠다.

특히 산업사회가 발달 과정에서 고령, 실업, 질병으로 인한 사회적 위험을 구사회위험이라고 했던 데 비해 현대사회는 여러 가지 새로운 위험이 등장하였다. 그중 돌봄노동 문제는 신사회위험new social risks의 핵심이 되고 있다. 노동시장이 급속도로 유연화되면서 남성 노동자 일인의 노동으로 가족 전체를 부양하는 전통적인 핵가족모델은 현실 속에서는 더 이상 보편적인 가족제도가 아니다. 이인생계부양자모델(혹은 보편적 생계부양자모델)이 기존의 모델을 대체하기 시작하면서 그동안 가족 내에서 무급으로 돌봄노동을 수행하던 여성들의 임금노동 시장가 참여가 확대되고 그에 따라 돌봄의 공백이 사회적 문제가 된 것이다. 새로운 위기 상황에서 일-가족(혹은 일-생활)양립이라는 처방을 내놓았지만, 대표적인 일-가족양립 제도인 육아휴직의 경우 2014년 전체 육아휴직 사용자(76,833명) 중 남성의 비중은 4.5%(3,421명)에 불과(통계청과 여성가족부가 조사한 '2015 통계로 보는 여성의 삶')하여 여전히 일-가족양립 문제가 여성의 과제가 되고 있음을 보여준다.

셋째, 성매매를 포함한 여성에 대한 폭력 영역이다

2011년 2만2천여 건(하루 평균 60건)의 성범죄가 발생하였으며, 경찰청 통계에 따르면 2014년 가정폭력 신고 건수는 22만 6,247건(하루 평균 619건)이었다. 그리고 '성매매 관련 업소가 분식집보다 많다'(여성신문 1204호, 2012. 9. 21)고 말할 정도로 성산업의 규모가 엄청나다. 몇 가지의 통계만으로도 한국 사회가 여성에 대한 폭력의 전 분야에서 취약함을 알 수 있다. 여성의 성상품화와 폭력의 문제는 우리 사회의 수준을 보여주는 바로미터이며 그 중심에 여성에 대한 차별 의식이 있는 것이다. 2010년 서울대 여성연구소의 연구에 따르면 전체 성매매산업이 국내총생산에서 차지하는 액수의 규모는 약 0.65%로, 감소의 추세라고는 하나 매우 비대한 수준으로 성매매 불법이라는 국가 정책에도 불구하고 성매매산업은 여전히 성업 중이다. 이것은 검거된 인원의 구속률을 보아도 알 수 있는데, 2009년부터 2013년 8월까지 성매매 관련 단속으로 검거된 인원은 161,389명인데, 이 중 구속된 인원은 1,237명으로 평균 0.89%에 불과하다. 한편 2013년 여성가족부의 전국성폭력실태조사에 따르면 강간미수 피해의 경우 헤어진 애인에게서 당한 경우가 27.9%에 달한다. 2014년도 국정감사에서 제출된 경찰의 데이트폭력(치정폭력)현황에서 평균 7천여 건의 데이트폭력 가해 검거 건수가 발생하였다. '애인관계'라는 특성상 신고 되지 않은 데이트 폭력이 더 많다는 점을 감안하면 데이트 폭력에 노출된 여성의 피해는 더욱 심각할 것으로 보인다(한국여성단체연합, 2014).

넷째, 성별 고정관념의 영역이다

김엘림(2013)에 따르면 광복 후 2012년까지 법원, 헌법재판소, 국가인권위원회 등의 분쟁처리 기관이 성차별에 관해 판단·처리한 판례·결정례 중 수집된 304건에서 진정 또는 소송을 제기한 사람이 여성인 사건은 268건(88.2%), 남성인 경우는 36건(11.8%)이다. 분쟁사안에 대해 성차별을 인정한 판례·결정례는 184건(60.5%)인데, 그중 여성차별의 인정 건수는 172건(93.5%)이다. 남성차별의 인정 건수는 12건(6.5%)으로 남성들이 성차별의 피해를 주장하며 진정 또는 소송을 제기한 36건의 3분의 1이다. 남성차별을 인정한 판례·결정례는 성별에 따라 역할과 능력이 다르다는 고정관념, 즉 간호사, 승무원, 주부, 미용사, 간호사, 간호장교의 일은 여성의 일이라는 고정관념과 남성은 가족생계 책임자이고 여성보다 경제적 자립 능력이 있다는 고정관념을 이유로 남성에게 불이익을 준 사안이 7건으로 가장 많다. 성별 고정관념으로 인한 차별경험의 대부분은 여성들이 경험하는 것이기는 하지만 때로는 남성이 피해자가 되기도 한다. 특히 남성 집단이 우위에 있는 대부분의 사회에서 남성의 차별은 공론화되기 어렵다는 특성이 있다. 이 책에서는 노동, 가족, 연애관계, 섹슈얼리티, 대중매체 등 삶의 전 영역과 생애주기 전 과정에서 성별 고정관념이 미치는 영향을 다룰 것이다.

다섯째, 법과 제도의 영역이다

성평등을 위한 제도화는 각종 법과 제도의 개선을 통해 이루어지고 있다. 성평등이 제도화되는 과정에서 집단 간의 이익이 충돌하여 갈등이 발생하는 경우가 있다. 그 예로 적극적 조치Affirmative Action 를 들 수 있다. 성, 인종, 장애인 등 특정 집단에 대해 과거부터 누적되어 온 차별을 해소하기 위하여 특정 집단의 구성원에게 취업이나 입학 등의 영역에서 우대해주는 제도로 목적이 실현되면 제도가 종료되는 잠정적 조치이다. 현재 우리 사회에서는 '양성평등 채용목표제'가 실시 중인데, 이 제도가 남성에 대한 역차별을 가져온다는 주장이 반복적으로 제기되고는 한다. 공무원 채용에서 어느 한 성의 합격자가 합격예정인원의 30%에 미달하는 경우 합격선의 일정 범위에서 목표 미달 인원만큼 추가 합격시키는 제도이다. 여성이 혜택을 많이 받기 때문에 역차별이라는 주장인데 실제 2013년 국가직 7급 공채 필기시험 합격자 795명(여성 합격률 34.1%) 중 양성평등채용목표제에 의해 총 16명이 추가 합격했으며 그중 여성이 10명, 남성이 3명이었으나, 2015년 9급 공무원 공개채용시험에서 양성평등 채용목표제의 수혜자는 남성 16명, 여성 19명이었다. 지방자치단체의 공무원 공채시험에서도 2003년부터 2006년까지 수혜자 중 여성이 더 많았던 해는 2004년뿐이었으며, 2006년만 하더라도 남성이 130명, 여성이 105명이 추가 채용(안전행정부)되어 역차별 주장은 허구임을 알 수 있다. 한편 기획재정부의 '공공기관 인력현황 및 여성 비율' 자료에 따르면, 2015년 현재, 전체 316개 공공기관의 직원 26만1338명 중 여성은 6만7274명(25.7%)로, 공무원 시험에 적용하고 있는 양성평등 채용목표제 30%에도 미치지 못하는 등 제도 밖의 더 많은 차별이 존재한다.

위에서 언급한 영역들에서 여성의 경험은 대개 부차적이거나 특수한 것으로 취급되어 온 경향이 있다. 시민들의 다양한 삶의 모습은 주로 국가 수준에서의 다양한 통계나 지표에 반영되어 국가 정책의 기초가 되는데, 한 사회의 발전 정도를 측정하는 지표가 문제가 있을 경우 그 사회의 수준을 정확하게 평가하기 어려울 것이다. 주미영 (2009)은 기존의 민주주의 지수가 여성을 고려하지 않은 본성적gender-blindness인 한계를 분석하고 EUIEconomist Intelligence Unit의 민주주의 지수 및 남녀격차지수Gender Gap Index를 기초로 통합모델을 형성하여 새로운 성인지적 민주주의 지수를 찾아내고 있다. 지금까지 대부분의 국가에서는 민주주의 향상을 위한 기본프로그램들이 잘 수행된다면 남녀 모두 자동적으로 혜택을 받을 수 있을 것이라고 간주함으로써 그간의 국제적 지표들이 여성을 고려하지 않은 채 남성 중심의 지표들을 사용하여 왔으나 그 결과가 남녀에게 평등하게 적용된 것은 아니라고 말하고 있다. 실제로 이 연구에서는 민주주의 지수로는 높은 수준을 보이고 있으나 이것을 남녀격차지수를 반영하여 재조정한 결과 전체 순위의 변화가 생기는 것을 확인하고 있다. 한국 뿐 아니라 국제사회가 사회의 수준을 가늠할 때 성인지적 관점을 고려하지 않음으로써 여성의 배제와 차별이 지속됨을 알 수 있다.

성별 간 배제와 차별이 없는 통합된 사회의 실현은 쉽지 않을 것 같다. 현재와 같은 불평등과 불안이 심화되거나 지속된다면 그 불안감을 해소하기 위한 집단적 행동이 표출될 것이며 그 대상은 한 사회의 가장 약자인 외국인노동자, 여성, 성 소수자 등이 될 것이다. 그럼에도 혹은 그렇기에 사회통합을 위한 노력은 그 어느 때보다 중요한 과제가 되었다. 앞서 말한 설문조사 결과에서는 사회통합을 위한 정책 대안으로, 개인적 차원에서 교육을 통한 점진적 인식 변화와 함께 구조적 해결을 위한 정치적 선택 및 정책적 접근 등 다양한 경로를 제시하고 있다. 사회통합을 위한 노력은 제도적 · 구조적 차원에서 이루어져야 하겠으나 이러한 결과를 이끌어내기 위한 개인적 노력이 무엇보다 선행되어야 할 것이다. 변화를 위한 노력을 하지 않고서는 아무것도 바뀌지 않을 것이기 때문이다. 그 지점은 아마도 정치참여가 아닐까 한다. 윌리엄 데레저위츠가 엘리트 중심, 승자 중심의 사회를 만드는 데 기여하고 있는 현대 교육의 문제점을 지적하면서 정치 참여의 중요성을 역설한 그의 저서『공부의 배신』중 한 구절을 인용하면서 글을 마치고자 한다. "당신은 정치에 관심 없을지도 모른다. 하지만 정치는 당신에게 관심이 있다. 정치에 관심을 갖지 않는다고 해서 정치와 무관하게 살 수는 없다."

※ **참고문헌**

부산여성사회교육원(2014), 〈여성학-행복한 시작〉, 신정.

윌리엄 데레저위츠(2015), 김선희 옮김, 『공부의 배신-왜 하버드생은 바보가 되었나』, 다른

이재열(2015), 사회통합과 사회의 질, 보건복지포럼 215호, 한국보건사회연구원.

제러미 스미스(2012), 이광일 옮김, 『아빠의 이동-살림하는 아빠 돈 버는 엄마 변화하는 가족』, 들녘.

조희연 외(2009), 『한국 민주화와 사회경제적 불평등의 동학 : '사회경제적 독점'의 변형 연구』, 한울아카데미.

주미영(2009), 젠더중립적 민주주의 지수 측정을 위한 모델 연구, 21세기정치학회보 19권 2호(통권 37호), 21세기정치학회.

한국여성정책연구원(2014), 성인지통계, 한국여성정책연구원.

통계청 홈페이지(http://kosis.kr)

● 건강한 경제를 목표로 해야 한다. 아미산 전망대에 가서 놀란 것
은 아름다운 강을 볼 수 있는 곳이지만 강이 오염되어 새가 서너
마리에 불과하다는 것이다. 강 주변에는 공장지대로 쓰여 지고 있
다. 해가 뜨고 지는 곳이라는 장점을 살려서 건강한 곳으로 살리
려는 노력이 필요하다. 문제는 오염된 강을 그냥 방치하고 있다는
것이다. 강을 오염시킨 상태로 이윤 창출이 될 수 없다. 강과 주변
을 살리면 고부가가치의 관광지로 연결될 수 있다. 아미산 전망대
쪽은 자연을 살려서 시민의 공간이자 경제를 살릴 수 있는 장소로
바꾸려고 해야 한다. 우선 강 살리기 캠페인이 필요하다. 또한, 수
질을 개선시키는 사업을 벌려야 한다. 목표는 새가 찾아오는 곳으
로 만드는 것이다. 공장지대를 시외로 옮길 수 있다면 부산 경제
를 살릴 수 있을 것이다. 또한, 공장 지대를 포함해 주변에 숲에
온 것처럼 나무를 많이 심어야 한다. 그리고 나무, 강 등 자연을
보러 오는 관광지로 만들어보자. 강을 살릴 수 있다면 경제적 파

급효과는 크다. 이미 가진 재산을 잘 관리하는 것만으로 고부가가
치가 생긴다. 강이 깨끗해지면 새가 오고 강과 새를 보러 사람들
이 온다. 그렇게 되면 경제가 산다. (코코넛 / 부산)

● 현재 대학 학기를 시작하여 가장 본격적인 배움과 관심을 가지고
있는 분야입니다. 보통 사회생활을 하는 샐러리맨들이나 직업군
은 자세히 알지 못합니다. 저 역시도 자세히 들어가기 전까지 이
산화탄소에 의해 지구온난화가 심각하다는 것만 알았습니다. 하
지만 세밀히 들여다보니 가이아는(지구) 살아있는 것으로 보았을
때 지구 평균 온도가 6도가 오를 때마다 하나의 생태가 바뀌고 대
멸종이 발생했다는 내용도 있는데 현재 평균보다 3도가 올라간 현
재 가장 위험한 것이기에 이 분야를 선택했습니다. 현재 극지대나
히말라야 등 현재 빙하가 많이 녹고 있으며 지금과 같은 문제가 지
속적으로 이어져 발생한다면 더욱더 큰 문제가 발생한단 생각이
들었습니다. 현재 중국의 황사나 계절의 변화로 인해서 우리 눈으
로 확인되고 있으니 알면서도 문제를 고쳐나가지 못하고 있기 때
문에 이렇게 쓰게 되었습니다. 현재 바다의 산호들의 석화와 히말
라야의 눈이 녹아내리면서 눈사태가 발생하는 것, 급격히 강물이
불어(히말라야 인근 큰 강) 생태계의 변질이 되는 것 등이 계속해
서 보이고 있습니다. 그리고 우리나라 역시 계절 중 가을이 조금
씩 사라지고 여름의 온도가 높아지며 중국 황사 영향과 미세먼지
같은 것이 보여 집니다. 이러한 문제를 해결하기 위해서 세계기후
협약의 체결 강도 개선이나, 각 나라의 공업단지 배출량 제한, 실
생활에 있어서 이산화탄소 유해가스 등 배출량 줄이기 위한 캠페

인 광고나 다른 대중매체에서도 이러한 쟁점의 캠페인을 만들어서 심각성이나 예방을 알리는 것 등이 필요할 것 같습니다.

(전지훈 / 김해)

● 인간과 자연이 무참히 분리되는 세계가 도래했다고 본다. 자연파괴, 인성파괴, 인간소외, 서로에 대한 적대가 문제가 되고 있다. 자기교육과 사회교육 등 교육이 필요하다. (익명 / 부산)

● 다른 문제도 많지만 '원자력발전소'에 대한 미미한 관심 때문에 우리의 오늘을 넘어, 내일까지 위협하는 원자력 발전소를 폐지하는 게 급선무라고 생각한다. 원자력 발전소의 안전 실태 감시와 점진적 폐지를 위한 의견 수렴, 시민적 관심과 여론 환기가 필요하다. 독일의 경우 후쿠시마 사태 이후 원자력 폐지를 결정한 바 있다. 원자력 발전소의 위험성을 계몽해야 한다. 세계에서 발전소 30km 내에 대도시가 포함되는 경우는 전무하다. 여론 환기, 사회운동으로 주목을 끌고, 다른 나라의 사례에 대한 정보 취합과 시민 교육 강좌가 필요하다. (익명 / 부산)

● 현재 모두의 삶의 파괴와 자연의 재앙이 나타나는 현상을 심각하게 느끼지 못하고 있는 상황이다. 오직 경제 성장만이 최고의 선으로 인식되는 현대인의 의식의 변화를 일으켜야 한다. 무분별한 자연 생태계 파괴가 가장 문제이다. 에너지 문제도 원자력 중심에서 태양, 풍력으로 바뀌어야 하고 자동차 중심에서 보행자, 자전거 중심으로 바뀌어야 한다. 정책의 우선순위가 바뀌어 도로 건설, 원자력 건설 등은 재고해야 한다고 본다. (정재경 / 김해)

● 질문 1을 보고 '가장 나에게 직접적으로 당면한 문제가 어떤 게 있

을까'라는 질문을 스스로에게 다시 던져보니 '생태와 환경' 문제가 떠올랐다. 관광지나 어떤 행사가 열리는 곳이라든지 사람이 붐비는 곳 또는 문화의 거리가 시민의식 부재로 너무나도 더럽혀지고 있다. 그 외에도 하천이나 계곡 등 자연환경 오염이 문제가 되고 있다. 쓰레기 종량제 봉투가 한데 모여 있으면 그곳은 암묵적으로 공공쓰레기장이 되어버린다. 안 보이는 수풀 사이나 하수구로 아무 생각 없이 쓰레기를 버리는 사람들이 많다. 사람들 손이 잘 닿지 않는 곳까지는 규제가 힘들겠지만, 눈에 보이는 곳 정도만은 엄중하게 법적 규제가 필요하다고 본다. 다른 나라의 모범사례를 지표삼아 잘 해결했으면 좋겠다. 그저 가벼운 투로 말하는 게 아니라 진지하게 이 문제는 꼭 해결되어야 한다고 생각한다. 문제 해결로 인해 국가의 이미지도 변화시킬 수 있고 관광산업도 발전시킬 수 있을 것이다. (곽진현 / 부산)

● 지금 세계의 화두는 바로 환경이다. 과거에는 어떤 제품의 설계나 프로젝트를 짜려고 할 때 실용성, 경제성 등이 가장 중요한 핵심이었다면 현재는 환경성을 빼놓고는 그 결론, 제품, 프로젝트의 결과가 좋다고 해도 아무런 의미가 없다. 환경보존이 가장 핵심적인 쟁점이라고 생각한다. 이명박 전 대통령 시절 진행된 4대강 사업이 그 의도는 좋았을지언정 정권이 바뀐 지금까지는 수질 오염 등이 문제로 심각하게 화두가 되고 있다. 그리고 아직까지도 적절한 방안이 세워지지 않고 있다. 환경문제는 크게는 국가로 시작하여 시·구·군 등 점차 내려가는 국가기관에 의해 해결되어야 한다. 구청 정도의 단위에서 구내의 저수지, 강가, 산 등에 지속적으

로 쓰레기들을 수거하고 관리하는 부서(시스템)이 필요하다고 생각한다. 치워도 치워도 계속 버려지는 쓰레기라고 생각할 수도 있지만 '깨진 유리창의 법칙'의 역을 생각해보면 한번 완전히 깨끗이 만들 수 있다면 그곳에 쓰레기를 버린다는 인식도 희미해져 갈 것이다. 쓰레기가 자주, 다량으로 버려지는 곳에 CCTV를 설치하여 CCTV로 버린 사람들의 소재를 역 추적해 벌금을 물리고 그 사실을 구청 홈페이지에 올리고 그 사람의 간략한 인적사항을 올리는 것은 어떨까? 그 누구도 부끄러워 쓰레기를 버려 걸리고 싶지 않을 것이다. 우선은 나부터 실천해야겠다. (익명 / 부산)

● 현재 우리 건강을 해치는 주범이 환경오염이라고 생각한다. 핵발전 문제와 지구온난화, 무분별한 개발 등이 주요한 쟁점이다. 핵발전은 무조건적으로 중단해야 하며, 강력한 환경규제의 강화가 필요하다. 핵발전의 무서움과 해악을 널리 알릴 수 있는 시청각자료의 생산과 유통이 필요하다. (차호준 / 김해)

● 요새 과도한 세제나 비누, 샴푸 사용으로 환경이 오염되고 있는 것 같다.(공장폐수도) 환경오염문제를 해결하기 위해 조금 더 샴푸나 비누 등등을 적게 쓰면 좋겠다. (익명)

● 사람들이 점점 편한 것에 적응하고, 더 편하고 좋은 것을 찾으며 환경이 파괴된 경우를 많이 보았다. 환경파괴 중에서도 특히 지구온난화가 문제라고 생각한다. 나는 지구 온난화가 심각하다는 걸 잘 못 느끼고 있던 사람 중 하나였다. 하지만 최근에 인터넷에서 북극곰이 얼음 위에 떠다니는데, 몸이 비쩍 말라 있는 것을 사진으로 보았고, 그 사진을 본 후 지구온난화의 심각성을 생각해보게

되었다. 일단은 너무 더운 상황에서 에어컨을 안 틀 수 없으니 제작과정에서 에너지 효율을 높게 해서 최대한 지구온난화 문제를 줄이는 게 좋을 것 같다. (크리스탈 / 부산)

● 기본적으로 생태계가 좋아야 사람들이 살아갈 수 있다고 생각하는데 쓰레기를 버리고 무분별하게 나무와 동물 등을 죽이고 외래종을 들이는 등 사람들이 더욱 환경을 파괴하고 있다고 생각한다. 날씨도 점점 더워져 극지방에 빙산이 녹고 있는 것을 생각한다면 큰 문제가 될 수 있다. 많은 사람들이 보고 실천할 수 있는 캠페인을 만들어 적극적으로 홍보해야 한다고 생각한다. (익명 / 부산)

● 설계수명 끝난 핵발전소가 300만이 넘는 부산시민이 살고 있는 지역에 있어 시민의 생명과 안전을 위협하고 있으며, 4대강 사업 등으로 낙동강 오염이 가속화해 남강, 지리산 댐 건설 등 생태환경의 위기가 극심하다. 핵발전소, 송전탑, 4대강, 국립공원 훼손 문제(케이블카, 그린벨트 해제 등)들을 우선적으로 어서 빨리 해결해야 한다고 생각한다. 이런 문제들 때문에 스트레스와 불안감을 느끼고 있으며, 수돗물도 신뢰하기 힘들다. 그래서 이와 관련된 시민활동에 직간접으로 참여해보기도 했다. 정책적으로 탈핵과 재자연화를 위해 4대강 사업 백지화 및 복원이 이루어졌으면 좋겠다. 우선 여태까지 환경과 관련해 나온 방안이라도 차근차근 적용하면 좋겠다. (조원옥 / 부산)

● 한국사회를 넘어 전 지구적 문제이다. 특히 지구온난화가 그렇다. 지구온난화가 진행되면서 많은 동식물들이 사라지고 있어 자라나는 아이들에게 다양한 생태체험을 할 수 없게 되었다. 국가적 차

원의 해결방안과 함께 각 가정에서의 사소한 생활습관을 바꾼다면 차츰 나아질 것이라 생각한다. (최홍숙 / 경남)

● 동해의 이상저온현상이 문제가 되고 있다. 해수의 온도가 지난해보다 많이 떨어져서 이상 수온으로 인해 제철고기가 잡히지 않았다. 동해로 가족끼리 여행을 갔었는데, 거기에서 오징어 물회를 먹으려고 했는데 없다고 하여 여쭤보니 오징어가 예전만큼 잡히지 않는다고 하셔서 먹질 못했다. 내 생각에는 근본원인은 지구온난화인 것 같다. 해결하기 위해 매연, 환경에 문제 되는 물질을 사용하지 않는 게 최선의 방법이고, 문제가 되더라도 조금씩 줄이면 될 것 같다. 동해에 가면 오징어 축제가 있는 것으로 알고 있다. 만약 오징어가 정말 잘 안 잡힌다면 축제를 바꿔보는 것도 괜찮은 것 같다.(그때 최고로 잘 잡히는 어류) (주은영 / 창원)

● 최근 주남저수지 낚시공원화 사업을 추진한다는 기사를 본적이 있다. 주남저수지의 낚시공원화는 철새 생태계 파괴를 불러올 것이 충분한 것이며, 이러한 주남저수지는 철새들의 보금자리로 있는 것인데, 저수지의 본래의 모습을 완전히 바꾸어 버리는 소위 유료형 낚시터로 탈바꿈하려는 것이 아닌지 생각되어 문제로 삼았다. 현재 산남저수지에서는 일반인들에게 낚시를 허용하고는 있지만 무분별한 접근으로 인해 수질이 악화되고 있어 체계적인 관리가 필요한 시점이다. 고등학교 때 4H 활동으로 주남저수지에 봉사활동과 여러 행사를 간 적이 있는데 이렇게 무리하게 개발하려고 하지 않아도 산책로와 철새들은 더 가까이에서 볼 수 있고 다양한 체험을 할 수 있도록 충분히 잘 되어있다고 생각한다. 먼저

이러한 무분별한 접근을 막기 위해서는 낚시할 수 있는 곳을 한정시키고 나머지는 금지시켜 옛날 물이 맑았던 시절의 수질로 개선시켜야 하며, 차후에는 낚시인들의 접근을 완전히 막아야 할 것이다. 철새들의 보금자리를 파괴하지 않고, 주변에 여러 부스를 만들어 철새에 대해 더 많이 알고 체험할 수 있도록 하는 것에 많은 지원을 해야 한다. (김민경 / 창원)

● 빠른 경제성장으로 배려되지 않은 자연 생태계 파괴가 드러나는 현실입니다. 자연 생태계 복구와 올바른 판단의 개발인식이 필요합니다. (나귀부인 / 김해)

● 인간의 욕심으로 인한 생태와 환경의 파괴로 결국 인간 스스로의 삶도 파괴되고 있다. 핵발전과 삶의 터전의 위험 및 지역 간 갈등 심화, 밀양 송전탑 문제, 기장 주민의 삶의 질 저하 등이 핵심문제라고 생각한다. 때문에 송전탑 반대 및 핵 저지 걷기 대회에 참여한 적이 있고, 탈핵학교에도 참여했었다. 해결방안으로는 개인의 이익보다 전 인류의 행복 인식으로 핵발전 아닌 천연 에너지 시대로의 전환에 대한 인식과 공감 및 실천, 태양전지의 개발 등이 필요할 것 같다. 또한 핵발전 관련 사업이나 직원들을 새로운 자연 에너지 산업에로의 전환에 그대로 이동시키고, 핵 발전에 투자되는 자본을 태양전지나 햇빛발전소에 투자해야 한다고 생각한다.

(줄리엣 / 부산)

'생태와 환경'를 위한 제언

●

김해창

1. 시민들이 '생태와 환경'을 가장 주요한 의제로 삼은 이유에 대하여

'생태와 환경' 분야를 문제로 삼은 이유와 이 분야에서 특히 주요 쟁점이 되는 문제 또는 이와 관련한 개인적 체험이나 사례를 물은 항목에 대한 시민들의 견해를 요약하면 다음과 같다.

'건강한 경제가 중요하다. 강오염이 되면 경제적으로 바람직하지 못하다. 결국, 관광도 안 된다. 경제와 환경의 조화가 필요하다.' '지구온난화 문제는 전 세계적인 문제다. 빙하가 녹는 것, 중국 황사 문제 대처해야 한다.' '인간과 자연이 분리된 의식의 문제가 있다. 인성파괴, 인간소외 문제에 대한 관심이 필요하다.' '원전에 우리의 미래는 없다. 단계적 폐지를 위한 의견수렴이 필요하다. 독일은 원전 폐지에 나섰다.' '경제우선주의사고가 문제다. 생태계파괴문제가 심각하다.' '도시하천 계곡 오염이 심각하다. 생태계파괴로 이어지고 있다.' '환경보전이 중요하다. 4대강 수질 오염문제 심각하다. 공공장소

쓰레기 문제도 심각하다.' '핵이나 지구온난화가 가장 심각하다. 무분별한 개발이 문제다. 이와 함께 차별금지와 인권에 대해서도 관심을 가져야 한다.' '세제사용의 무분별한 사용으로 환경오염, 공장폐수로 수질오염이 크다. 생활에서 세제사용을 절제해야 한다.' '편리성 문제로 환경파괴가 온다. 지구온난화문제가 심각하다.' '생태계 파괴, 쓰레기 문제, 생물 종 파괴가 심각하다. 극지방 빙산이 녹거나 지구온난화문제 심각하다.' '핵발전소 안전 위협, 4대강 낙동강오염, 남강 지리산댐 건설 등으로 생태계 위기를 맞고 있다. 국립공원 훼손문제도 심각하다.' '한국사회뿐만 아니라 전 지구적 문제가 지구온난화문제다.' '동해의 이상저온 현상이나 해수변화로 어종변화가 심각하다.' '주남저수지 철새 보금자리의 유료 낚시터 계획은 문제다. 수질오염이 심각하다.' '빠른 경제성장으로 자연 생태계가 파괴되고 있다. 생태계 복구 노력이 필요하다.' '인간의 욕심이 자연을 파괴하고, 궁극적으로 인간을 파괴한다. 핵발전, 송전탑 문제, 주민의 삶의 질 문제를 생각해야 한다.' 등이다.

이를 요약 정리해보면 자신의 경험에 의해 생활 주변의 수질, 쓰레기 오염에서부터 원전의 불안함 및 이와 관련된 송전탑 등 사회적 문제, 그리고 현재 전 지구적으로 제기되고 있는 지구온난화와 관련된 여러 가지 현상을 '생태와 환경' 문제의 중요 이슈로 생각하고 있다. 이러한 생태와 환경의 파괴를 초래하는 근본 원인으로 경제지상주의의 마인드와 이에 바탕을 둔 무분별한 개발이 문제가 되고 있다. 이러한 생태와 환경문제가 심각해지면 궁극적으로는 생태계의 파괴로 나타나고 이는 '인간의 파괴'로 이어질 것으로 보고 있다.

이 가운데서 많은 분들이 지역의 원전의 안전 우려가 크고, 낙동 강 하구, 주남저수지, 지리산 등 자연에 대한 무분별한 개발에 대한 문제점 제기와 생태계 보전 욕구를 강하게 나타내고 있다. 이와 함께 '세제사용 자제' '쓰레기 배출 줄이기' 등 생활에서의 환경실천의 문제를 중시하고 있다. 또한, 지구온난화와 관련해서는 지구적인 현상을 뉴스나 방송프로그램 등을 통해 인식하고 있으며 '탈원전'이나 '지구온난화' 등과 관련해서는 시민단체 차원에서 지속적인 교육 실시를 바라고 있다. 결국, 경제와 환경 그리고 사회발전이 조화로운 '지속가능한 발전'을 바탕에 두고 있다고 볼 수 있다.

2. '생태와 환경' 분야에서 쟁점 해결을 위한 시민들의 구체적 제안과 실천방안에 대해서

18명의 시민들이 제안한 '생태와 환경' 분야의 쟁점 해결을 위한 구체적 제안과 실천방안을 요약하면 대체로 다음과 같다.

'강 살리기 캠페인 전개, 수질개선, 낙동강하구 철새 보존', '공장의 외곽이전, 공장 숲 조성, 자연 보러 오는 관광지 만들기', '기후변화에 대한 자기교육, 사회교육 실시', '공업단지 배출량 제한, 온실가스 줄이기 캠페인, 공익광고 통한 계몽 및 사회운동, 시민교육 강화', '도로건설 및 원자력 건설 등 개발 위주 정책에서 탈피', '대체에너지 개발, 자동차에서 보행자 위주 시스템 개선', '쓰레기 투기 법적 규제 강화, 쓰레기투기 감시시스템 확충', '생활밀착형 환경이슈 여론 홍보 전략 필요', '샴푸 등 세제 사용 자제', '에어컨 등 전기제품 효율성 제고', '4대강 사업 백지화 및 복원', '지구온난화 방지 실천캠페인 홍보', '주남저수지 낚시제한, 수질개선, 철새보호', '송전탑 반대, 핵발전소 저지 걷기대회, 탈핵학교 강좌실시, 대체에너지 투자 국가정책개선' 등 다양하다. 이러한 구제적 제안과 실천방안은 낮은 단계에서 '개인의 환경실천', '사회교육 및 공익홍보의 강화'로 나타나고 크게는 '탈자동차, 탈원전 정책으로의 전환', '개발 위주 정책에서 생태보전 정책으로 전환' '지구온난화, 생태환경의식 및 문화의 전환' 등으로 나타나고 있다. 시민들의 의식에서 실질적인 대안은 거의 다 나오고 있다. 그러나 시민 입장에서 개인의 체험적, 인식적 한계로 부산지역의 전반적인 환경문제를 그려내는 데는 다소 한계를 보이고 있다. 특히 낙동강과 상수원과의 관계나 도심하천 생태복원과 같은 문제에 대한 견해는 거의 나오지 않은 것 같다.

이런 데서 부산지역, 또는 부울경 지역에서 '생태와 환경' 분야에 가장 중요한 것은 현실적으로 고리1호기 폐쇄로 대표되는 '탈원전 운동'이 될 것이며, 이와 함께 최근 이슈가 되고 있는 낙동강하구 수문개방을 비롯한 낙동강하구 생태계 복원 및 동천 도심하천 복원 문제, 그리고 부산시민의 상수원인 낙동강하구의 수질문제와 대체상수원 문제에 대한 지속적인 시민들의 관심과 심도 있는 대안 연구가 필요하다고 본다.

3. '생태와 환경' 의제와 다른 의제와의 관련성에 대하여

한국사회에서 가장 문제가 되는 분야로 전체 응답자 239명 가운데 18명이 15개 항목중 가장 우선 순위가 높은 것으로 '생태와 환경'을 들었는데, 이는 15개 항목 가운데서 교육, 경제, 정보 및 미디어, 차별금지와 인권에 이어 5위로 우선 순위가 높은 편이다. 그런데 '생태와 환경'은 사실 나머지 14개 분야와 밀접한 관계를 가지고 있다는 점을 잊어선 안 될 것이다. '생태와 환경'이 문제가 되는 가장 기본적인 이유는 장기적인 면에서 '개인의 안정과 행복'을 유지할 수 없거나 향후 없을 것이라는 불안감에서 나온다. 이는 바로 '건강—복지'의 질을 떨어뜨리게 되는 것이다. 그리고 이러한 '생태와 환경'은 바로 경제행위의 부산물이기도 하며, 경제를 통해 개선 가능성도 어느 정도 있다. 그리고 이러한 문제를 푸는 데 가장 중요한 것이 바로 '교육'이며 '정보 및 미디어'이다. '노동'은 경제활동의 중요한 한 축으로 이 또한 '생태와 환경'에 마이너스 요인이 될 수도 있고, 개선을 통해 플러스 요인이 될 수도 있다. '다문화'나 '문화—예술' '차별금지와 인권'도 결국은 '생태와 환경'에서 다양성을 인정하는 기본 요소가 되며 또한 '생태와 환경'을 개선하는 데 중요한 마인드나 방법을 제공한다. '재해와 안전'은 '생태와 환경'의 부정적인 면의 현상일 수 있고 이를 막는 것이 '생태와 환경'을 지키는 가장 큰 이유의 하나이기도 할 것이다. '지방분권과 자치'는 '생태와 환경'을 인식하는 장이며, 규모 차원에서 이러한 문제를 해결할 수 있는 최소한의, 가장 기초적인 공간과 주체성을 나타내는 것이라 볼 수 있다.

　'생태와 환경'을 크게 보면 '지속가능한 발전Sustainable Development'과 그보다 좀 더 정도가 높은 '지속가능성Sustainablility'의 개념으로 보면 사실 15개 분야가 모두 연결된다. 지속가능성은 크게 '경제적 지속가능성' '환경적(생태적) 지속가능성' '사회적 지속가능성'을 합친 말이다. '경제적 지속가능성'에 '경제' '노동'이, '환경적(생태적) 지속가능성'에 '개인의 안정과 행복' '건강—복지' '생태와 환경' '재해와 안전'이, '사회적 지속가능성'에 '공동체의 규범과 전통' '교육' '다문화' '문화—예술' '사회통합' '정보 및 미디어' '지방분권과 자치' '차별금지와 인권'과 연결된다고 하겠다. 따라서 현재 '생태와 환경'을 좀 크게 보면 여기서 바로 대안을 찾을 수 있을 것이다.

우리나라는 아직도 '지속가능한 발전'을 이야기하면서도 '발전'에 방점이 찍혀있고, 더욱이 '경제적' '환경적(생태적)' '사회적' 측면 가운데 '경제적' '환경적'인 것만 강조하고, 가장 중요한 한 축인 '사회적' 측면을 도외시 하고 있는 것이 오늘날 심각한 '생태와 환경'의 오염을 낳는 큰 요인이 되고 있다고 볼 수 있다. 사회적 측면으로는 '공동체의식 함양' '교육, 문화, 예술, 미디어를 통한 환경문제 인식 및 확산' '지방분권, 환경지자체의 실현' 등이 매우 중요하다고 본다.

4. 부산지역 '생태와 환경' 분야에서 우선 고려해야 할 의제 실천방안 제안

1) 고리1호기 폐쇄 결정 이후 부산지역의 탈원전에너지전환 문제

부산 · 울산 · 경남, 특히 고리1호기폐쇄부산범시민운동본부 등을 중심으로 한 부산시민들의 힘으로 고리1호기가 2017년 6월 이후 폐로절차에 들어가게 됐다. 그렇다고 해서 부울경 지역 핵발전소의 안전문제가 해소되는 것은 아니다. 고리 1호기 외에 고리 2~4호기가 벌써 30년 전후된 노후원전인 데다 이들 원전4기와 신고리 1,2호기 그리고 2014년 10월 말 운영허가를 받은 신고리 3호기가 시험가동되고, 신고리 4호기도 가동 직전인 상태에서 고리 일대는 이제 세계 최대의 핵 단지로 원전사고 발생 우려가 가장 높은 곳이 됐다. 고리지역의 핵단지화를 막기 위해선 다음과 같은 과제를 해결해야 할 것이다.

첫째, 고리 1호기 폐로 로드맵 확보 및 폐로 과정에 민간 참여가 절실하다. 미국은 원자력규제위원회(NRC)가 해체계획서를 접수하면 바로 언론 등에 공개해 주민의 의견을 공개적으로 묻는 공청회를 개최하고, 비용지출계획을 제시하고 있다. 프랑스 경우 원전 입지 지역에 지역주민정보공개위(CLI) 설치가 의무화돼 민관 참여로 원전기밀 정보까지 열람권이 부여돼 있는 등 원전해체가이드라인 및 환경복원 규정까지 법제화가 돼 있다. 우리도 고리 1호기 폐로와 관련해 광역지자체 차원의 고리원전지역정보위원회를 입법화해 향후 폐로 로드맵과 폐로 가이드라인과 민관 라운드테이블을 만드는 것이 중요하다고 본다. 이와 함께 폐로와 관련해 피해를 입게 될 기장지역을 위해 지역 국회의원들이 나서 기존의 원전입지 교부금 외에 폐로지역지원금 등의 입법화가 절실하다.

둘째, 고리 2~4호기의 순차적 폐로 확약을 받아내고 신고리 5, 6호기 신설계획의 공론화를 통해 고리지역의 핵단지화를 막아내야 한다. 우선 설계수명 연한이 40년인 고리 2호기는 2023년, 고리3호기는 2024년, 고리4호기 2025년이 만료기간인데 이를 지키도록 해야 한다. 또한, 지난 2014년 2월에 계획승인이 난 신고리 5, 6호기가 올해 안에 건설에 착수할 가능성이 높은데 신고리 5, 6호기는 시설용

량이 58만7천kW인 고리 1호기의 2.4배에 해당하는 140만kW 규모에다 설계수명연한도 60년이다. 21세기에 접어들어 원전이 사양사업이 되고 있고, 재생에너지의 급속한 보급으로 에너지이노베이션이 일어나고 있는 상황에 폐로와 사용후핵연료처리문제가 제대로 해결되지 않는 '불완전 기술'인 원전에 우리들의 미래를 저당 잡히는 결정을 우리 시민들이 아무 말 없이 받아들여야 할 것인가? 지금이야말로 신고리 5, 6호기의 필요성에 대한 공론화가 필요할 때이다. 신고리원전 5, 6호기 건설계획대신 부울경 지역에 창조적 대안에너지타운 조성 등을 중앙정부에 요구해야 할 것이다.

셋째, 방사성 비상계획구역 확대 및 실질적 방호방재 시스템을 구축해야 한다. 최근 부산시가 방사선 비상계획구역 중 긴급보호조치구역을 원전 반경 20km까지로만 잡은 것은 원전사고에 안전의식이 매우 낮은 것으로 앞으로 최소 원전 반경 30km까지로 방사선 비상계획구역으로 확대토록 적극 추진해야 한다. 또한 고리 1호기 폐로와 함께 부울경 지역의 실질적인 방사능 방재대책을 수립해야 한다. 부산광역시의 경우 고리원전 반경 10㎞ 이내에 3만 명, 30㎞ 이내에 248만 명의 주민이 거주하고 있다. 2013년 12월 말 현재 부산시가 확보하고 있는 보호장비와 방호 약품인 요오드화칼륨(KI)은 부산시민 70%가 살고 있는 반경 30Km 이내 지역의 경우 보호장비는 1.6%와 방호약품 13.8%만 확보하고 있는 실정이다. 또한, 후쿠시마원전사고 이후 일본 학자들은 방재대책 수립 시 원전 반경 60km 권내 지역에서 방재훈련의 정기적 실시를 제안하고 있다. 일본의 경우 후쿠시마사고 이후 30km 권내 광역지자체에 방재대책비용으로 안전대책

교부금을 지급하고 있는데 부산시도 정부와 한수원 측으로부터 방재 대책 비용을 충분히 받아내도록 노력해야 한다.

넷째, 원자력안전위원회를 원자력규제위원회로 개혁해야 한다. 원자력안전을 점검하고 규제해야 할 원자력안전위원회가 오히려 원전안전에 면죄부를 주는 '원전안전홍보위'로 전락했다는 비판을 받고 있는 현실이 문제다. 일본 후쿠시마원전사고 이후 2011년 10월 급조된 우리나라 원안위는 위원장을 대통령이 임명하고, 위원장 추천의 위원 4명에다. 국회에서 여야 2명씩 추천을 받다 보니 첨예한 대립이 되는 사안에서는 여야 7:2 구조가 고착화됐다. 그런데 후쿠시마원전사고 이후 일본은 원자력안전위원회 구조에 대한 반성을 통해 원안위가 2012년 9월 원자력규제위원회로 바뀌었다. 일본 원자력규제위원회는 사무국 대신 환경성 외청으로 원자력규제청이 신설돼 독립관청이 됐다. 원자력규제청 직원은 원자력 진흥 업무로 이동하지 않도록 했고, 낙하산인사 규제가 명문화됐다. 그리고 원자력규제위원회는 위원장 및 위원 5명으로 구성되지만, 원전진흥 경력자를 원천적으로 배제했고 이들 위원 모두 국회 양원의 동의를 얻어 총리가 임명한다. 또한, 의사결정에 관한 회의는 인터넷 생중계가 원칙이다. 일본은 후쿠시마원전사고라는 초대형 참사를 겪고 나서야 원자력규제위원회의 중요성을 뒤늦게 깨달았다.

다섯째, 핵으로부터 안전한 부산 만들기를 위해선 정부, 부산시, 시민 차원에서 개혁과 거버넌스가 필요하다. 무엇보다 정부가 탈핵에너지전환으로 방향을 잡고, 핵마피아를 규제하며 사용후핵연료 처리 노력을 시민과 함께 거버넌스를 통해 해결해야 한다. 노후원전 폐쇄, 신규 원전 계획 및 건설 중단, 재생가능에너지 보급 확대로 가는 것이 세계적 흐름이다. 그런데 우리 정부는 거꾸로 가고 있는 게 문제다. 부산시의 경우도 고리1호기 폐로를 계기로 '탈원전에너지전환도시'로 정책을 전환해야 할 것이다. 우선 시장 직속의 탈원전에너지전환본부를 신설하거나 기존의 원자력안전대책위원회를 시장이 직접 위원장을 맡을 필요가 있다. 또한, 부산지역의 특성에 맞는 태양광발전, 바이오매스발전, 해양풍력발전, 수소연료전지발전소, 플라즈마가스화발전, 신축건물 에너지총량제 도입 등에 대한 연구를 통해 대책 수립을 해야 한다.

끝으로 시민들의 의지와 실천이 중요하다. 생활 속에서 대안에너지의 중요성을 인식하고, 탈핵정책을 선거 쟁점화하고 표로 심판하는 시민주권을 발휘하는 일이다. 신고리 4, 5호기의 경우 가칭 '고리핵단지반대부울경시민행동'과 같은 것을 만들어 내년 총선 때 부울경 여야 후보에게 탈원전에너지전환 관련 설문조사를 해 언론에 알리는 등 탈원전을 이슈화하고, 시민단체 차원에서 '탈핵에너지전환강좌 및 토론회'를 만들어 시민사회의 공감을 얻어내는 일이 매우 중요하다고 본다.

2) 부산시민의 상수원인 낙동강하구의 수질문제와 대체상수원 문제

부산은 1975년부터 낙동강 표류수를 직접 상수원수로 사용하게 됐는데 70년대 중반에 낙동강 상류인 태백 등지에 탄광이 개발되고 중류에 구미 대구 등지에 공단이 들어서면서 오염이 시작됐다. 특히 91년 구미공단 페놀사고로 낙동강오염문제가 극에 달했다. 부산시민들은 상류에 공장설립입지를 제한하는 제도적 장치로 상수원보호조치를 위한 특별법 제정을 요구하고 그것이 불가능하다면 대안으로 광역상수도를 확보해달라고 정부에 조치를 취해달라고 줄기차게 요구했다. 그 결과 2000년도에 4대강 상수원물관리특별법이 제정됐다. 한강부터 낙동강 영산강 등 4대강 하류 상수원을 폐쇄하고 상류 기존 댐을 광역상수도로 사용토록 지정한 것이다. 상류 댐 주변 및 그 상류에 상수원보호조치 즉 상수원보호구역 지정, 특별대책지역 지정, 그리고 상류에 수변구역을 지정하게 됐고, 오염원인자부담원칙과 달리 수혜자부담원칙으로 물이용부담금이란 제도가 생겼다. 맑은 물을 먹게 되는 하류 지역 주민에게 물이용부담금을 부과, 징수하여 상수원보호조치로 재산상의 피해를 받는 상류 지역주민에게 보상하는 차원에서 주민지원사업에 쓰자는 것이었다. 이에 따라 한강 하류의 인천광역시, 금강 하류의 군산시, 영산강 하류의 목포시를 포함한 지역 주민들은 안전한 상수원을 항구적으로 확보할 수 있는 혜택을 입게 됐다. 그러나 정작 부산시는 2002년 낙동강물관리특별법이 제정되고 나서도 아직까지 제대로 된 상수원을 확보하지 못하고 연간 500억 원이나 되는 물이용부담금을 물면서도 여전히 오염된 낙동강 하류의 표류수를 식수원으로 하고 있는 유일한 대도시가 돼버렸다.

광역상수도 문제는 정부 차원에서 국무총리가 나서 시도지사, 환경부, 국토부와 결판을 지어야 하는데 지자체 협의에 맡기고 있는 것이 문제이다. 그래서 부산지역에선 박청길 부경대 명예교수 등이 나서 낙동강물이용부담금 징수금지 가처분신청을 냈으나 받아들여지지 않았다. 2000년대 들어서 공장폐수로 오염된 강 하류 물을 상수원으로 사용하는 대도시는 부산밖에 없다는 사실을 부산시민이 잊어선 안 된다고 본다. 부산시민으로서는 청정 상수원 확보 및 안전한 수돗물 공급체계 구축이 실생활에선 가장 중요한 '환경과 생태' 이슈로 생각해야 하는데 상대적으로 관심이 약하다고 볼 수 있다. 부산이 전국에서 가장 나쁜 물을 먹고 있는데 이런 문제를 해결할 수 있는 정치인이나 행정가도 없고 사실상 방치하고 있다고 해야 할 것이다. 이를 위해 다음과 같은 정책 제안이 필요하다고 본다.

첫째, 광역상수도 확보가 부산의 미래를 위해 가장 중요한 의제로 물 이용 부담금에 근거한 광역상수도 확보를 중앙정부에 적극 요청해야 한다. 이는 내년 총선이나 후내년 대선에서 탈원전과 마찬가지로 지역 및 중앙 정치권에 강력한 메시지를 보여야 한다.

둘째, 안전한 낙동강 원수를 확보하기 위해서는 우선 특정 수질 유해물질을 함유한 처리된 폐수 전량을 유역 밖으로 이송하여 낙동강 유입 자체를 원천적으로 차단할 필요가 있다. 이와 관련한 예산 확보를 중앙정부에 요구해야 할 것이다.

셋째, 부산가톨릭대학 환경공학과 김좌관 교수의 제안인데 수도법과 지자체법상 부산, 경남이 공동으로 수자원관리공사의 설립을 추진하는 방안을 심도있게 검토할 필요가 있다. 특히 남강댐이나 합천댐 등 상류 댐 물을 사용하는 광역상수도 확보가 시급한데 이와 관련해선 경남도와 지역주민과의 상생이 중요하다고 본다.

3) 낙동강하구 생태계 복원 및 도심하천 동천 복원 문제

2014년 9월 하순 부산시가 낙동강 하굿둑 개방 계획을 발표한 이후 하굿둑 개방문제에 탄력이 붙고 있다. 이와 함께 농·어민과 유역의 자치단체들의 이해관계에 얽힌 갈등도 드러나고 있다. 서병수 부산시장은 지난 9월 23일 기자회견을 열어 '2025년까지 낙동강 하굿둑 수문을 완전히 개방하라고' 정부에 촉구했다. 낙동강 하굿둑과 4대강사업 때 설치한 보 때문에 낙동강 하류 지역의 호소화가 가속돼 물고기가 폐사하고 녹조류의 번식이 심각해 부산시민의 식수원이 위협을 받고 있으므로 낙동강 하굿둑 수문을 24시간 개방해야 한다는 것이다. 서 시장은 내년 12월까지 시비 180억 원을 들여 낙동강 하굿둑으로부터 상류 8km 지점에 있는 공업용수 정수장 시설을 30km 지점의 덕산정수장으로 옮겨 2017년 1월부터 낙동강 하굿둑을 부분 개방하자고 했고, 2025년까지 낙동강 물을 끌어들여 화명·명장정수장으로 보내는 경남 양산시 물금취수장과 덕산정수장으로 보내는 경남 김해시 상동면 매리취수장을 낙동강 중류의 경남 창녕함안보 근처까지 옮겨 낙동강 하굿둑 수문을 24시간 완전 개방하자고 제안했다.

이에 대해 어민들은 바닷물이 하류에서 상류로 수시로 올라오면 강바닥에 오랫동안 쌓였던 나쁜 퇴적물이 정화되고 녹조류가 사라져 어류 생태계가 복원될 것이라고 기대하며 부산시의 제안을 반겼다. 반면 농민들은 24시간 바닷물이 역류하면 농업용수로 사용할 수가 없고 만조 때 농경지가 침수하거나 강 아래와 맞닿아있는 논과 밭으로 바닷물이 스며들어 농작물이 제대로 자랄 수 없다며 반대 입장을 고수했다. 이에 대해 부산시 관계자는 상수도사업본부의 식수를 농업용수로 제공하고 차단벽을 설치하면 농경지 피해는 예방할 수가 있다는 의견을 보이기도 했다.

이처럼 부산시장이 나서 낙동강 하굿둑을 개방을 선언한 이유는 민선 6기 부산시장 공약이기도 했고, 무엇보다 수돗물 안전에 위협을 받고 생태환경이 위기에 봉착했다는 판단에서라고 볼 수 있다. 문제는 낙동강 하굿둑을 현재 국토교통부 산하 한국수자원공사가 관리하고 있어 지방자치단체의 독자적인 개방 추진이 불가능하다는 것이다. 또한, 취수원 이전과 정수시설 개선 등 2조 원이 넘는 부대비용을 누가 부담할 것인지도 과제이다. 국토부는 2004년과 2015년 8월 두 차례 환경부를 통해 낙동강 하굿둑 개방과 관련한 용역을 두 차례 끝냈는데, 용역기관은 농경지 피해 등의 대책 수립을 전제로 조건부 개방 의견을 냈다.

낙동강 하굿둑 수문 개방과 관련해선 낙동강 생태복원과 생태관광자원화가 동시에 필요하다고 본다. 이를 위해선 먼저 하굿둑의 기능과 역할을 재평가하고 기수 생태복원을 위한 방안에 대한 과학적 검증추진이 필요한데 염수 역류 피해 상황을 시뮬레이션해 최소한의 수문 개방안부터 단계적으로 검토해서 시행할 필요가 있다는 것이다. 그리고 낙동강 하구에 생태박물관 건립, 자연하천 환경조성, 재첩·어장의 복원, 둔치의 생태공원 복원, 전통 나루와 뱃길이 어우러지는 하구 생태문화 복원 등 생태복원과 함께 세계적인 관광 자원화를 추진할 필요가 있을 것이다.

낙동강 하굿둑 개방문제와 함께 부산시의 도심하천인 동천·부전천의 복원 문제가 중요한 이슈가 되고 있다. 서병수 부산시장은 2014년 11월 10일 부산의 대표적 오염하천으로 불리는 동천수계에 2020년까지 분류식 하수관거 설치를 마무리해 오염원을 제거하는 등 생태하천으로 복원하겠다고 밝혔다. 서 시장은 닫힌 동천을 걷어내고, 오염원 자체를 격리해 원래의 생태계로 복원하기 위해 동천수계에 분류식 하수관거 설치, 동천바닥의 퇴적물 모두 제거, 부전천 복개, 생태하천 유지를 위한 하천유지수 공급 등 4가지 구상을 제시했다. 우선 1,211억 원을 투입해 2020년 말까지 동천수계에 분류식 하수관거 설치를 마무리하고, 2014년 11월부터 2015년 상반기까지 강바닥 준설 등 하천의 퇴적물을 모두 제거해 수질 오염의 원인을 차단키로 한다는 것이다. 이 밖에도 동천의 지천인 부전천, 즉 서면역 2호선 7번 출구에서 광무교까지 구간을 열어 2018년까지 복원하겠다는 것이다. 이에 대해선 시민단체도 환경 하면서도 이 사업이 '부산판 청계천 복원사업'으로 졸속 추진되지 않도록 그간의 부산시의 실패한 하천사업에 대한 성찰을 바탕으로 시민과 전문가의 의견을 묻는 거버넌스가 전제돼야 한다고 강조하고 있다. 이를 위해 다음과 같은 몇 가지를 충분히 고려해야 한다는 것이다.

첫째, 도심하천의 수질관리를 위해 필요한 것 중 하나가 하수도 정비이며 그 가운데 분류식 차집관거의 확충이 매우 중요하다. 특히 분류식 하수관거를 당초 2025년 완공 계획에서, 2022년, 2020년으로 5년 정도 앞당겨 시행할 계획임을 밝히고 있는데 하천 하수도정비사업과 관련된 재정을 충분히 확보할 수 있느냐 하는 점이 열쇠라하겠다.

둘째, 무엇보다도 부산지역 도시하천의 환경을 총괄적이면서 적정하게 관리하기 위한 '하천환경관리 기본계획'이 철저히 거버넌스 방식으로 마련돼야 한다는 것이다. 하천의 이치수利·治水 기능 위주의 종래 획일 된 하천정비가 아닌 생태하천 복원과 관련해 부산시 전반적인 환경관리 정책 방향의 전환과 일관성이 요구된다. '부산 도심 하천 100년 계획'을 수립해 우선 하천유지 유량을 제대로 파악해 확보방안을 강구하고 하천환경 보전 및 개선을 위한 지역주민, 시민단체, 하천행정 담당부서, 기업가, 연구자 등이 '지역하천 공동체'를 조성해 지속적인 대안 찾기에 나서야 할 것이다.

5. 지속가능성을 위한 새로운 인식 및 다양한 실행 방법론

1) 탈원전, 탈자동차 및 공공사업의 문제점 인식

첫째, 탈원전의 중요성과 더불어 탈자동차 운동도 매우 필요하다. 자동차는 사망사고와 함께 지구환경을 위협하는 심각한 배기가스 문제를 안고 있다. 자동차의 제조에서 폐기까지의 과정에 관계되는 각종 유해물질만 이산화탄소, 아산화질소, 벤젠, 톨루엔 등 약 130가지 항목이나 된다. 탈자동차를 위해서는 우선 자동차 절대수 줄이기가 중요하다. 싱가포르의 경우 자동차 총량을 규제하고 있고 자동차 구입비용이 세계에서 가장 높다. 다음으로 속도제한이 필요하다. 독일 프라이부르크의 경우 도심 주요도로를 제외하고는 제한속도가 모두 시속 30km 이하이며, 뮌스터 시는 시속 15km 이하이다. 도심 안에서는 저속운전을 하지 않을 수 없도록 지그재그 도로 및 험프hump를 적절히 설치하는 것이다. 자동차의 주행장소를 제한하는 것도 매우 중요하다. 이면도로와 골목길은 원칙적으로 차량금지구역으로 만드는 방안도 필요하다. 전기자동차나 태양전지자동차의 보급을 말할 나위도 없고, 운전자의 자격을 엄하게 할 필요가 있다. 그리고 자동차도로 중심에서 근거리 교통수단으로 파리의 밸리브와 같이 공용자전거체제를 구축해야 한다.

둘째, 공공사업의 환경 파괴적 구조에 대한 이해와 공공사업의 개혁이 필요하다. 대공황 시절 미국 케인스의 경기부양대책으로 전 세계로 확산된 공공사업은 대부분의 국가에서 관료의 부패나 부정의 온상이 되고 있고, 또한 공공사업으로 인한 심각한 환경파괴가 초래되고 있다. 가령 이명박 정부의 4대강사업의 경우처럼 국민들이 대대적인 반대운동을 벌여도 백지화가 어렵고, 공공사업과 관련한 먹이사슬이 엄연히 존재하는 구조적 문제가 있다. 국책사업을 비롯한 공공사업의 구조개혁을 위해서는 우선 정치인 관료 재벌기업의 '부패사슬'을 끊기 위한 사회적 감시망이 강화돼야 한다. 또한, 국회 차원에서 내에 '국책사업재검토위원회'를 설치해 국책사업을 재평가할 필요가 있다. 그리고 '공공사업기본법' 같은 것을 제정해 21세기에 맞는 사회간접자본 정비의 기본원칙을 만들 필요가 있다. 지역에서 실시하는 공공사업은 재벌 중심에서 벗어나 지역 중소건설업체의 컨소시엄으로 지역기업 참여 발주비율을 높여야 한다. 국토부 등 개발부처와 밀착되어 있는 '개발기술자집단'의 자기증식을 막기 위해 이들이 행하는 용역보고서에 책임을 지우는 제도도 필요하다.

2) 지구온난화 방지를 위한 인센티브와 기업의 사회적 책임 강화

첫째, 환경세 도입을 검토할 필요가 있다. 환경세는 공장 등에서 배출되는 오염물질의 양에 맞춰 배출 부과금을 부여하는 것으로 환경오염을 억제하는 방법의 하나이다. 대표적인 것이 유럽 각국에서 실시되고 있는 탄소세다. 탄소세는 지구온난화의 원인이 되는 CO_2 의 배출량에 대해 부과금을 부여하는 것이다.

둘째, 탄소포인트를 실질적으로 인센티브가 되게 해야 한다. 탄소포인트제는 환경부가 2009년에 도입한 전 국민 온실가스 감축 실천프로그램으로 가정, 상가에서 전기, 상수도, 도시가스 등의 사용량 절감에 따른 온실가스 감축률에 따라 포인트를 발급하고 이에 상응하는 인센티브를 제공하는 제도이다. 그러나 너무 인센티브가 낮아 동기유발이 낮다. 이를 시민이 체감할 수 있도록 개선해야 한다.

셋째, 부산지역이 '배출권 거래'제도의 주도권을 쥘 필요가 있다. 세계 이산화탄소시장의 거래 규모는 2009년 1,263억 달러로 3년 만에 12배로 성장했다. 온실가스 감축사업인 청정개발체제(CDM)사업에 따라 개도국이 자체적으로 또는 선진국과 함께 온실가스를 줄이면 그 실적만큼 CER이란 탄소배출권을 받는다. 한국탄소금융이 2009년 민간기업 투자로 설립됐고, 2014년 탄소배출권거래소 부산 유치 성공으로 2015년 1월에 부산국제금융센터에서 한국탄소배출권시장이 개장했다.

넷째, 기업의 사회적 책임(CSR)과 기업책임투자(SRI)에 대한 인식을 높이는 것이다. 미국 철강왕 카네기는 3억5천만 달러의 사재를 털어 대학, 도서관, 음악 홀 등을 남기고 1911년에는 카네기재단을 설립했다. 당시 철강업의 산업공해로 인해 주변 환경 악화에 대한 기업적 대응이기도 했다. 또한, 투자가가 기업의 재무상태는 물론 기업의 환경대책이나 사회활동을 평가해 투자의 의사결정에 반영시키는 기업책임투자에 대한 시민들의 관심이 요구된다. 2007년 미국의 SRI 시장의 총액은 2조7110 달러로 이는 미국 주식의 시가총액의 11%에 상당한다고 한다. 좋고 안전한 제품을 만들고 인권과 환경을 보호하며 투명한 경영을 하는 그런 기업에 투자를 해야 한다.

3) 사회적 경제, 도동상생, 공정무역, 생태관광, 사회적 금융 등 대안 만들기

첫째, 기존의 이익 추구만 생각하는 기업에서 사회적 기업, 마을 기업, 협동조합 등 다양한 사회적 경제를 지역에 정착시키는 것이 중요하다. 이들 기업은 지역 환경 및 복지, 일자리문제 해결에 기여할 수 있다. 이와 함께 2012년 12월 협동조합기본법 시행으로 종래에는 농협, 수협 등 8개 형태의 협동조합 개별법으로만 가능했던 협동조합이 5명 이상이면 신고만으로도 설립이 가능하게 됐다. 금융, 신용을 제외한 모든 산업부문에서 협동조합 설립이 가능해졌다.

둘째, 지역 생산된 농수산물을 지역 내에 소비하는 '지산지소地産地消'나 로컬푸드운동을 적극 전개하는 것이 중요하다. 전북 완주군은 국내 최초로 2012년 로컬푸드직매장을 개설했다. 이와 함께 도시농업과 도농상생사업을 개발하는 것도 중요하다. 도시농업은 2004년 (사)전국귀농운동본부가 산하에 도시농업위원회를 두고 도시농부학교와 텃밭지도사 등 도시농업 보급을 위한 교육과 함께 시민텃밭운동·도시농업 조례 만들기를 지원하는 등 본격적으로 추진해왔다. 또한, 농촌에 있는 것과 도시에 없는 것, 혹은 농촌에 없는 것과 도시에 있는 것을 조합해서 새로운 도농상생사업을 전개해보는 것도 중요하다. 예를 들면 농촌의 수확한 농산물, 특산물과 도시의 벼룩시장을 결합하면 '전원형 벼룩시장'을 발간할 수 있을 것이다.

셋째, 지역의 '생태와 환경' 보전을 위한 기본적인 자금 마련을 위해선 기존의 일반은행과 다른 사회적 금융 도입과 지역화폐운동을 전개할 필요가 있다. 사회적 은행은 금융시스템이 좀 더 윤리적이고, 생태적으로 건강한 사회를 만드는 데 기여해야 한다는 철학을 가진 사람들이 모여서 설립·운영하고 있는 금융협동체로 이자가 매우 낮은 은행이다. 이런 은행의 전형이 독일의 GLS은행인데 대출금이 어떤 목적과 용도로 사용될 것인지 면밀히 검토한 뒤에 싼 이자로 돈을 빌려주거나 경우에 따라서는 무상증여를 해준다. 우리나라의 경우 대표적인 사회적 금융은 2003년에 설립된 (재)함께 일하는 사회연대은행이 있다. 그리고 돈이 없어도 돌아갈 수 있는 지역공동체화폐운동을 전개하는 것도 매우 중요하다. 우리나라에서 지역화폐운동은 1998년 '미래를 내다보는 사람들의 모임'이 최초로 '미래화폐'란 이름으로 지역화폐를 운영한 이래 전국에 '한밭레츠', '광주 나누리' 등 30여 개의 지역화폐 운동단체가 있으며 부산에는 2007년에 사하구의 지역공동체인 사하품앗이가 '송이'라는 이름으로 지역화폐운동을 펼치고 있다. 이처럼 '생태와 환경' 분야에서 기존의 자본주의체제에 순응하기보다는 그 병폐를 극복하기 위해 다양한 대안을 찾으려고 지역에 실천하는 시민운동이 매우 중요하다고 할 수 있다. 시민단체 한 곳 이상 가입하고 후원하기, 소액주주 되어 기업의 경제민주화에 주인으로 참여하기 그리고 유권자로서 각종 선거에 신성한 한 표를 제대로 행사하는 '깨어있는 시민'이야말로 '생태와 환경'을 지키고 지속가능한 사회로 만들어가는 주역임이 틀림없을 것이다.

● 소방관은 항상 남을 위해 희생하고 봉사하는 존경을 받아 마땅한 직업이지만 경제적 지원이나 쉽게 보는 시민들의 의식이나 열악한 환경에서 일하는 것이나 정신적 피해보상이 제대로 이루어지지 않고 있는 것 같다. 국가로부터 시민으로부터 보호받지 못하고 있다. 고양이를 구하다 사망했는데 인명을 구조하다 죽은 것이 아니라는 이유로 순직으로 인정받지 못하다 최근 3년이 지나서야 인정받은 사례도 있다. 소방관들에게 힘이 될 수 있게 업무에 필요한 모든 것들은 소방방재청에서 전면적으로 지원해 주며 긴급 상황에 맞춘 훈련을 해야 하며, 장난전화나 별일 아닌 신고를 하는 사람들에게 강력한 처벌을 줘야 한다고 생각한다. 소방대원들이 힘을 합쳐 법 개정을 요구했으면 좋겠고, 소방관들에겐 정신적 피해가 더 크므로 가족과 보낼 수 있는 시간을 특별히 만들어서 살 수 있게 하고 교대근무를 더 많이 해야 한다고 생각한다. 이를 위해서 우선 소방대원을 많이 뽑아야 한다. 다른 문화나 경제적으로

우리나라가 많이 발전하였지만 안전 관련 부분에선 따라가지 못한 것 같다. 이런 부분이 잘 되어 있는 선진국을 모방해서라도 고쳐야 한다. (장헌영 / 김해)

- 세월호 참사, 경주 마우나 리조트 사건, 메르스 사태 등 최근 여러 사고들이 연달아 일어났다. 컨트롤타워(지휘체계)의 부재와 대처 능력, 대처 후 방만 등 모든 것이 엉망이었다. 집에서 간단하게 아내가 맛있는 국을 끓여 가족들과 같이 먹다가 아이 잘못으로 국이 (뜨거움) 엎어졌던 적이 있었다. 그 상황에서도 119에 신고하고 찬물에 식히는 대처를 했었다. 상처예방 등 여러 가지 상황에 대처 능력이 있는데, 이번 정부에서 하는 일을 보니 마음이 아프다. 이러한 상황 대처 능력을 키우기 위해서는 사전에 신속한 정보수집, 신속, 정확 간결한 지휘체계, 비전문가 아닌 전문가 우대 등이 필요할 것 같다. 너무 윗선에서 하지 말고, 각 부처, 분야에 실무진 위주로 책임을 부여해서 미리미리 예방하는 안전망 구축했으면 한다. (남진 / 부산)

- 국가가 지켜야 할 기본적인 영역임에도 지켜지는 것이 보이지 않는다. 세월호가 단적인 예다. 현 정권에선 해결의 기미가 보이지 않는다. 안타깝다. (박재우 / 부산)

- 아직 한국 사회는 커다란 재앙이나 재해를 겪은 적이 많이 없다. 대지진, 쓰나미, 테러와 같은 재앙이 닥친다면 정말 큰 피해를 얻게 될 것이다. 국민들의 안전 불감증과 원전 문제가 주요한 문제라고 생각한다. 삼풍백화점 붕괴와 같은 부실공사에 의한 참사 같은 것이 대표적인 사례가 될 것 같다. 안전기구에 대한 재정 마련

과 안전 불감증 해소가 필요하다. 원전 문제는 새로운 대체 에너지를 개발하고, 안전 전문기구를 만들어 확대해야 한다고 생각한다. 또한 안전교육을 의무화해야 한다. (문재원 / 부산)

● 대한민국은 최근 세월호 참사, 메르스 사태, 미군 탄저균 반입 등 국민안전문제에 대한 많은 논란을 일으켰다. 이로 인해 현재 대다수의 국민들은 안전 불감증에 시달리고 있다고 말해도 과언이 아니다. 여러 가지 문제들 중 범국민적이었던 메르스 사태가 가장 핵심적인 문제라고 생각한다. 메르스로 인해 사망자가 속출했고 국민들의 불안감은 바이러스보다 빨리 퍼졌고 정부의 무능과 대국민 소통의 문제를 적나라하게 보여주었다. 위험이라는 것은 정말 예기치 못한 상황에서 찾아온다. 그래서 아주 미세한 위험성에도 촉각을 곤두세워야 한다. 메르스를 예로 들자면 이미 몇 년 전부터 중동국가를 비롯한 몇몇 다수국가에 환자가 발생했다. 이것을 알고도 방관한 정부는 문제가 있다. 범국민적 문제로 이어질 위험성이 있다면 정부에서 전문적인 신속 대응반을 구축하고 국민소통을 위한 전문적인 미디어를 만들어 발 빠른 해결을 해야 한다. 작은 위험성이 있는 부분이라도 보여주기 식이 아닌 불시에 모의상황을 발생시켜 그 기관과 국민 둘 다 상황대처능력을 기르고 기관마다 신속한 보고를 위해 핫라인을 구축해야 한다. 만약 문제가 발생한다면 위에서 언급했듯이 핫라인 보고 후 전문적인 재해미디어를 통해 국가-국민 소통을 원활히 해야 한다고 생각한다. (고동군 / 김해)

● 최근 메르스 사태에 대해서 정부의 대처가 미흡하고 국민의 불안

감이 커져서 정부를 불신하는 사태까지 이르러서 문제가 된다고 생각합니다. 메르스 사태에 대해서 국민의 안전에 대한 정부의 미흡한 대처가 특히 문제가 됩니다. 어떤 환자가 열이 나고 아파서 병원에 갔지만, 병원 측에선 "여기는 메르스에 대한 조치를 해줄 수 있는 병원이 아니다."라고 말하거나 정부가 메르스에 대해 채택된 병원에서 조차도 "우린 몰랐다."라고 말하는 사례가 있었습니다. 먼저 메르스 확산을 방지하기 위해 공항에서 철저히 검사를 하는 게 우선이겠지만 이 과정이 미흡하여 확산이 일어났다면 먼저 국민에게 이 사실을 알리고 메르스가 무엇인지 얼마나 위험한지 예방은 어떻게 하는 것인지 등등을 확실하게 알려주고 철저하게 메르스에 걸린 사람과 접촉을 한 사람까지 다 치료를 받을 수 있게 정부가 미리 각 지역마다 최대한 병원을 많이 택하여 메르스 전문병원을 지정하여 격리를 시켜야 했습니다. 솔직히 병원에 메르스 걸린 사람이 온다고 하면 매우 위험하긴 합니다. 실제로 메르스는 그렇게 위험한 병은 아니지만, 만약 기존에 아프던 사람이 메르스까지 합병으로 오면은 위험하고 심각할 경우에 사망까지 이른다고 합니다. 그렇기 때문에 메르스 검사는 병원이 아니라 각 도시나 구·군에 비어있는 건물을 최대한 빌려서 거기에 따로 인사를 파견하여 검사하고 하는 것이 좋을 것 같습니다. (조경원)

- 과거 사회는 기술의 발전, 국가의 발전을 위주로 위험을 무릅 쓰고 해왔다. 현세대도 여전히 발전에 힘쓰지만 발전시킨 만큼의 더 큰 위험이 생겼고, 이제는 그 위험(재해)을 안전하게 관리, 유지하는 것에 힘을 써야 한다. 하지만 우리나라는 선진국에 비해 안전

의식이 매우 적다. 안전 의식 자체가 선진국을 만드는 가장 큰 원동력이라 할 수 있다. 교통문화와 사업장 근로자들의 작업태도, 구미가스누출사고 등의 국민들의 안전의식과 국가의 안전교육 전문자격을 가진 안전관리자의 채용이 핵심적인 쟁점이라고 생각한다. 이와 관련한 사례로는 자동차와 사람들이 신호등과는 무관하게 움직이는 것과 조선소에서 근로자들이 작업 중에 안전모, 안전벨트를 풀고 있는데 팀장이나 반장이 보고도 관리를 안 한다거나, 근로자에게 제대로 된 안전교육을 시키지 않아 실수가 생겼다는 것이 있다. 우선 국가에서 안전에 대한 중요성을 인식시키는 홍보, 광고 등을 지속적으로 해주어야 하고 위험사례들을 보여주어야 한다. 우리나라는 예전부터 안전의식이 적어 이것을 한 번에 바꾸기는 힘들기 때문에 사업장에서도 전문 안전 관리자를 채용하고 안전의 필요성에 대한 교육을 시켜야 한다. 전문 자격증이 없는 사업장에 법적으로 안전관리자가 필요하단 이유로 근로자 중에 안전 관리자를 뽑고 난 후에 자격증을 따라고 요구하는 곳이 중소기업에서 번번이 나타난다. 특히 사업장에서 안전 포인트를 만들어 근로자들에게 어떤 안전수칙을 지키고 실천할 때 점수를 주고, 그 점수로 휴가 및 금전적 보상으로 안전을 머리로만 아는 것이 아니라 실천하는 안전으로 만드는 것이 중요하다고 생각한다. 또한 이러한 것을 촉진하기 위해 사람들이 자주 접하는 매체, 드라마 같은 곳에서 방송사가 힘을 주려고 하는 마음가짐을 가져야 한다고 생각한다. (김덕래)

● 재해 및 산업재해로 많은 근로자들이 건강을 위협받고 있다. 위험

유해 인자 노출로 인한 직업병 문제가 특히 주요한 쟁점이라고 생각한다. 삼성 '반올림'사건이 유명한 사례인데 반도체를 세척하는 공정에서 세척제로 쓰이는 벤젠에 노출된 다수의 근로자가 백혈병을 얻게 되었다. 보통 근로자들은 해당물질이 유해 물질인지 아닌지조차 모를 경우가 많은데 작업 전 이를 교육, 관리하고 사고 시 대처방법 또한 숙지시켜야 한다. 그리고 공학적으로 보호구를 지급하거나 공정을 안전하게 바꾸게 하거나 환기시설을 설치하는 등 근로자에게 유해물질이 노출되지 않도록 설계해야 한다고 생각한다. 보통 질병은 급성적인 작용을 하기도 하지만 이때는 매우 많은 양에 폭로되어야 하기 때문에 일어나기 쉽지 않다. 보통 직업병에 걸리는 것은 만성적인 작용 때문인데 이 말인즉슨 물질의 노출이 서서히 장기화되었을 때 발병되는 것이다. 그러므로 이러한 생각을 했을 때 근로자들의 작업주기를 짧게 하거나 복합적인 공정으로 전환시켜 노출 시간을 줄이는 것도 좋은 방법이라 생각한다. 이렇게 공정을 변화, 작업방법을 변화시키는 것은 사업주가 아닌 국가에서 통제해야 한다고 생각한다.(산업안전보건법) 안전을 위해서는 돈이 들고 사업주는 이익을 위해 운영되는 기업을 관리하는데 사업주에게 이러한 안전문제를 맡긴다면 근로자들의 안전에는 한계가 있을 수밖에 없다. 그러므로 일정 규모 이상, 질병 위험 노출군 등을 조사하고 통계를 하여 국가적인 관리가 필요하고 이를 괄시한다면 국가적인 제재도 필요하다고 생각한다.

(문현성)

● 재해가 일어났을 때 초기대응 미흡과 사건 진행 중 발 빼기 식의

책임회피를 보고 이 분야를 선택했다. 이 분야의 주요쟁점으로는 정부와 재해관련자들의 초기대응이 미흡한 점과 재해와 관련된 사람들의 책임회피가 문제가 된다. 메르스 사태에서 정부와 최초 발견된 병원에서 초기대응이 없어 전염피해가 늘어났고 관련된 장들은 사태를 수습하기 위해 지시, 발표를 하지 않고 옷을 벗는 것만으로 책임을 지며 발을 빼버리는 어이없는 상황을 자주 볼 수 있다. 사태를 최대한 피해를 줄이며 해결한 후에 사태 발생 시 해당관련자들은 책임감 있게 사태를 해결하는 것이 제일 우선이며 사퇴식으로 책임을 묻는 것은 그 상황에서는 의미 없는 책임감 없는 행동이며 사퇴를 하더라도 사건은 마무리하고 했으면 좋겠다. 사태가 진행 중일 때는 사태에만 집중을 하여 마무리하며, 기업과 각종 재해가 일어날 수 있는 곳은 매달 안전교육과 모의 훈련을 하여 정부뿐만 아니라 위험한 곳 어디든 미리 예방을 했으면 한다.

(조경원)

● 2014년 세월호 사건 이후 아직까지도 안전에 대해서 심각하게 생각하지 않는 것 같다. 2015년 메르스 발병 후에도 정부의 대처 자세가 미흡했다. 사고가 났을 때 대처하는 매뉴얼이 있을 텐데 전혀 이행되지 않았다. 유아, 초, 중, 고 단계별로 안전교육을 할 수 있는 시스템이 있어야 한다. 그리고 이것이 습관이 되도록 반복 학습하는 것이 중요하다. 정부는 그 리더가 되어주어야 한다고 생각한다. 기존의 민방위 훈련 날을 이용해서, 각 단계에 맞는 체험 시설 확충해 훈련을 실시하거나, 학교의 빈 교실을 이용해 안전교육관 시설을 만들면 좋을 것 같다. (정우경 / 부산)

● 우리나라는 재해와 안전사고가 일어났을 때에 제한적이고 구체적이지 않은 대책으로 피해규모가 크고 재발률이 높으나 정책이 개선되지 않아 안전이 보장되지 않는다고 생각한다. 서울시의 경우 다양한 지하철 노선들로 교통이 편리하나 지진이 발생하면 지하철로 인해 지하도로 건물이 붕괴될 때 더 큰 피해를 입을 수 있지만 지진에 대하여 사전대책이 구체적으로 시행되지 않고 있다.(일본은 지진에 대비하여 실전 모의 안전교육, 반복된 훈련 수업으로 지진 발생 시 인명피해가 적으나 우리나라는 안전교육이 구체적으로 실현되지 않고 있다.) 재난에 대한 안전 대비를 사람들이 더 자연스럽게 접하고 안전에 대한 인식을 키울 수 있도록 재난안전본부에서 주최하여 가상재난체험 시뮬레이션을 만들어 실제로 체험하며 느낄 수 있게 하자. 안전교육 UCC도 만들어 교육이수를 하게하고 의무적으로 교육받게 하는 것도 좋겠다. 또한 대기업에 패널티를 부과하여 일정 횟수 이상 패널티를 받을 시 벌금 세금을 내게 하고 학교에서 교육하지 않을 시 지원금을 줄이는 방안도 있겠다. (민초희 / 충북)

● '빨리빨리'와 최저 견적으로 세운 시설 중 제대로 된 건물과 시설물들이 있을까?(안전=생명) 특히 하청의 하청 시스템. 시민들의 안전 불감증이 문제라고 생각한다. 이와 관련한 예로 물에서는 구명조끼, 차에서는 안전벨트인데, 얼마 전 버스를 타고 보니 안전벨트를 매는 사람이 나뿐이었다. 오히려 내가 이상한 사람인가? 하는 생각이 들었다. 그리고 건축에 대해서는 앞으로 허가를 낼 때 담당 공무원의 전문화가 필요하다는 생각이 든다. (정말숙 / 김해)

● 이 분야의 문제가 발생했을 때 국민들이 통제가 어려울 만큼 혼란 스러워하고 분열이 일어난다. 이에 대한 체계적이고 구체적인 대책이 마련되어 있지 않으며 7번(재해와 안전 분야)은 다른 것과 달리 한순간에 일어나기 때문에 시간이 중요한데 대책이 없으니 반응이 느리다. 에볼라 바이러스나 신종플루, 구제역, 자연재해 등에 대처할 수 있는 규율 등이 확립되어 있지 않은 것이 제일 문제다. 사건이 발생했을 때 빨리 대응할 수 있는 지시체계 등도 미흡하다. 해군이나 소방처 쪽이 연합할 때 누가 지시를 해야 할지 올바른 판단을 하지 못한다. 예전 신종플루가 유행할 때 감염된 적이 있었는데 유언비어만 있을 뿐 정확한 정보는 얻을 수 없었다. 그래서 병원에서 타미플루를 처방받고 집에서 쉬는 중에도 지금 하는 대처가 옳은 것인지 확신하지 못했고 괜찮아질 때까지 약 2주 동안을 불안해하며 지냈었다. 조금만 더 정부에서 국민들에게 안심을 심어주는 행동을 했더라면 나를 포함한 국민들이 좀 더 안정한 분위기 속에서 병을 치료할 수 있지 않았을까 하는 아쉬움이 있다. 이런 재해들이 우리나라에서 잘 일어나지 않는 일이라서 체제, 지시체계 등이 확립되어 있지 않다고 생각한다. 하지만 이런 것들은 한순간에 일어나며 너무나 큰 결과를 가져온다. 그러니 비상상황을 대비하는 국민교육, 지시체계 생성, 기구설립 등 다양한 해결방법이 필요하다. 앞으로도 에볼라나 신종플루 같은 일이 일어나지 않을 거라 확신할 수 없다. 적어도 불안해하지 않을 정도의 대책이라도 있었으면 좋겠다. (익명 / 부산)

시민참여를 바탕으로 안전거버넌스 만들기

●

민은주

1. 근대적 압축성장으로 인한 위험사회의 도래

한국사회의 위험지수를 살펴보면 위험지수 평균은 38.99인 것에 비하여 환경 분야의 위험지수는 39.71로 매우 높으며 이 중 원전사고는 38.70, 환경오염의 위험지수는 38.56, 자원부족 및 고갈은 39.55, 방사성폐기물의 저장 및 관리는 37.72로 높은 수치를 기록하고 있다 (한국보건사회연구원, 2013). 반면, 위험을 방지하고 재난을 대비하는 현황은 매우 부실하다고 할 수 있다. 2014년 현재, 민방위대피소는 1,926개소(2013년 현재) 있는 반면, 방사능 낙진 대피소는 단 1개도 없는 실정이다. 특히 고리원전 반경 30킬로미터 이내에 위치한 부산, 울산, 경남 주민이 322만 명인 것을 고려할 때 위험관리는 매우 허술하다고 할 수 있다.

재해와 안전은 다양한 분야에서 다채로운 현상으로 나타나고 있으므로 위험이라는 언어로 번역하여 접근하면, 보다 체계적으로 논의가 가능하다. 이를 '위험사회'라고 명명할 수 있는데, 재해와 안전의 문제를 보다 일반화하여 사회적으로 재구성해 볼 수 있다. 위험사회학으로 유명한 울리히 벡Beck은 위험사회가 근대성의 전지구화로 전 지구적인 위험이 등장하였다고 본다. 이러한 위험은 전 지구적인 성격과 잠재적으로 장기적인 효과를 가지므로 계산이 불가능하다. 이러한 환경위험은 계산이 불가능하고 파국적인 성격 때문에 위험논쟁과 갈등을 증폭시키면서 영향력을 획득하고 있다. 이러한 위험의 전 지구화는 근대적 규칙 및 사회질서를 매개하였던 안전체계(보험, 보상제도)가 붕괴에 직면하게 되었고 과학도 그 한계를 드러내게 되었다. 위험은 사회에서 인간의 결정에 의해 만들어지므로 사회에 내재하여 외부화 할 수 없다. 집단적으로 강제되기 때문에 개인적으로 피할 수 없으며 통제가 가능하지 않기 때문에 객관적으로 계산하거나 보험처리를 할 수도 없다. 기술적 실패 및 인간의 실수가 대형사고로 이어지면서 그 신뢰성에 금이 가게 되면서 위험의 통계학이나 확률론은 의미를 잃게 된 것이다. 특히 우리나라는 압축적 근대화를 이루는 과정에서 다양한 위험사회의 양상이 동시에 전개되어 '복합위험사회'라고 할 수 있다. 이는 위험사회로서의 산업사회, 후진국형 위험사회, 증폭사회 및 날림사회의 특성이 반영되어 있는 것이다.

이러한 재해 및 위험과 관련하여서는 정치, 사회, 보건, 환경, 언론학 등 다양한 분야에서 다루고 있어 다학문적 혹은 간학문적 접근이 주를 이루고 있다. 고전적인 안전연구를 기반으로 하여 태동하였던 위험연구는 합리적인 위험산정, 왜곡되지 않는 위험에 대한 인지, 올바른 위험결정을 위한 노력으로 이어져 왔다.

이를 크게 세 가지 관점 – 과학기술적 관점, 사회문화적 관점, 통합적 관점(STS) –으로 분류할 수 있는데, 먼저, 과학기술적 관점에서는 위험의 과학화를 시도하고 있다. 즉 위험을 정량적으로 정의한 다음, 위험을 관리 또는 통제하기 위한 위험평가 수단 및 방법의 개발에 주력해 왔다. 한편, 이러한 연구의 한계를 지적하면서 위험을 사회과학적으로 접근하는 사회문화적 관점에서는 다양한 사회과학적 관점들이 도입되었으며 과학기술적 관점과는 달리 매우 다양한 학문적 분포를 보이고 있다. 대체로 위험을 객관적 실체가 아니라 주관적 또는 사회적으로 구성된 실체로 보고 위험의 정량화보다는 주체와 사회의 맥락 속에 위치시킨다는 점에서 "위험의 사회학"이라고 할 수 있다. 그리고 최근 'STS(과학기술학:Science, Technology, and Society) 관점의 위험연구'라 하여 제3의 길을 제시하기도 한다. 이는 위험의 사회적 구성을 인정하면서도 위험과 과학기술의 관계를 보다 구체적으로 포착해내려는 시도의 중요성까지 함께 강조하는 것이다. 이렇듯 재해와 안전 분야에서는 과학기술적인 접근뿐 아니라 정치경제 사회학적인 접근이 함께 이루어져야 해결이 가능하다 하겠다.

2. 부산시민들의 '재해와 안전'분야의 문제의식

앞서 살펴본 대로 시민들은 우리나라의 위험지수를 매우 높게 보고 있으며 이는 압축적 근대화를 이루는 과정에서 예견된 것이기도 하다. 이번 시민의제를 위한 설문조사에서도 13명이 우리나라에서 가장 문제가 되는 분야로 재해와 안전을 선정하였다. 그만큼 피부로 체감하는 불안감이 크다 하겠다. 시민들은 재해와 안전하면 119의 소방관을 제일 먼저 떠오르는지 현대 사회의 위험과 사투를 벌이는 이들의 노고를 치하하고 국민들의 안전불감증을 탓하고 있다.

그리고 세월호 참사, 삼풍백화점 붕괴사고, 경주 마우나 리조트 사건 등 인재에 가까운 사건들을 공통적으로 제시하고 있어 그 충격의 정도를 엿볼 수 있다.

그리고 구제역, 메르스 등 지구화 과정 속에서 발병하는 문제 그리고 원자력 발전소와 같은 인간이 개입하여 위험을 만들어나가는 구조적인 위험에 이르기까지 다양한 이슈를 제안하고 있다. 이렇듯 시민들의 불안감은 매우 크고 위험을 관리하지 못하는 국가의 대응체계에 대해서는 불신이 짙게 깔려있다. 매뉴얼이나 방재대응체계의 허술함을 질타하고 있으며 신속한 초기 대응을 하지 못하는 체계적이지 못한 비전문성을 비판하기도 한다. 또 다른 한편으로는 작업장에서의 산업재해, 직업병으로서의 재해를 안타깝게 여기면서 근로자 및 시민에 대한 홍보 및 교육을 강조하고 있다. 그리고 테러나 지진에 대비한 훈련 및 안전전문기구를 의무화 해줄 것을 요청하기도 한다. 그 내용을 세부적으로 살펴보면 아래와 같다.

1) 국민들의 안전불감증, 원전

우리나라에는 23개의 원전이 가동 중이다. 지역별로는 부산기장군 고리원전 4기, 울산시 울주군 신고리원전 2기, 경북 경주시 월성원전 4기, 신월성원전1기, 경북 울진군 한울원전 6기, 전남 영광군 한빛원전 6기가 그것이다. 이 중 고리1호기는 오는 2017년 6월에 영구 정지하기로 결정되었다. 부산지역의 시민사회단체 그리고 정부, 정치가들이 한마음으로 노력한 결과였다. 그러나 2012년 30년 설계수명이 끝난 경주 월성1호기는 수명연장을 위해 5년째 심사를 끌어오다 수명연장 허가안이 표결 처리되었다.

그러나 원자력발전은 복합성, 불확실성, 모호성에서 기인한 위험성을 특징으로 하고 있어 그 우려와 걱정이 큰 것이 사실이다. 복합성이란 위험의 원인과 결과에 대해 파악하거나 정량화하기가 어려우며, 원인과 결과 간 오랜 기간이 소요되기도 하며 다양한 변수가 있어 연구자들간 의견 불일치가 발생할 확률이 높다. 이를 관리하기 위해서는 위험의 특성을 구체화하는 것이 중요하며 위험을 대비하는 시스템을 견고하게 마련하여야 한다. 또한 불확실성이란 위험발생을 예측하기 어렵거나 정확하지 않은 데이터를 근거로 하여 위험이 발생하는데, 그 작동기제 및 조건을 파악하기 어려운 특성이 있다. 따라서 전문가의 판단이 다양하고 예측이 불확실하다. 또한 모호성이란 위험의 원인과 과정, 파급효과에 대하여 상이한 관점이 존재하기 때문에 위험을 해석하는 것도 다양하게 된다. 따라서 이러한 관점의 차이를 고려하는 것이 중요하다. 모호한 위험을 관리하기 위해서는 의사결정에 대한 광범위한 참여를 통해 공감대를 이끌어내고 사회적 담론을 모으는 과정이 중요하다. 특히 위험의 사실적 차원뿐 아니라 사회문화적 차원 모두 고려하는 것이 필요한 상황이다. 이러한 원자력발전이 가지는 특성 때문에 시민들의 관심과 참여, 정보를 바탕으로 한 소통이 강조되고 있다.

2) 세월호 참사

2014년 4월 16일 아침에 발생한 세월호 참사는 304명의 생명이 수장되는 참사현장을 국민들이 안타까운 눈으로 지켜봐야 했던 우리 시대의 크나큰 아픔이었다. 구조, 지휘, 조사, 조문, 사과, 대책, 책임 등을 둘러싸고 실체적 진실과 그 본질이 제대로 드러나지 않았기에 그 아픔은 과거형이 아닌 진행형이 되고 있다. 사고발생 초기의 급박하고 어수선한 상황뿐 아니라 의도적인 왜곡과 의혹이 제기되면서 실종자 가족들은 분노하였고 일부 기자에 의한 자성의 목소리와 내부고발로 이어지기도 하였다. 세월호 참사는 우리시대의 대형 재난사건에 대한 성찰뿐 아니라 재난보도 시스템을 점검하는 기회가 되기도 하였다. 인재로 일컬어지는 대형 사건사고를 겪을 때마다 정부당국의 안전관리 시스템의 부재, 각종 이해관계의 유착과 비리, 안전 불감증이 지적되었지만 지속적인 감시와 개선의 노력은 없었기 때문이다.

3) 구제역 그리고 메르스 사태

우리나라에서 구제역은 제1종 가축전염병으로 규정되고 있다. 소, 돼지 등의 입과 발굽 주변에 물집이 생기는 이 질병은 50% 이상의 치사율에다가 전염성이 매우 강한 바이러스성 질병으로 생산농가의 경제적인 타격은 말할 것도 없다. 정부는 구제역 소에 대해서는 치사율과 전염력을 이유로 대량살처분 정책으로 일관하고 있어 그 피해는 고스란히 농가의 몫으로 돌아가고 있다. 그러나 근본적으로 살펴보면 가축사육의 산업화와 육식위주의 식생활이 빚어낸 결과이므로 보다 공공적인 관점에서 대응이 필요하다는 지적이다. 준비단계에서는 인도적인 살처분 규정을 위반하면서 집행과정에서는 관리 소홀문제가 제기되었으며 대응이 진행되는 중에도 의사소통이 부재함으로 인해 기술과 제도에 대해 신뢰하지 못하는 상황이 벌어졌다. 피해조사를 하면서도 침출수와 같은 2차 오염원이 유발되는 등 대응이 총체적으로 부실하다는 것이다. 특히 피해농가와의 의사소통이 사전에 제대로 이루어졌다면 축산농가의 자발적 참여가 가능하였을 것이고 동물복지가 이루어질 수 있는 정책이 추진될 수 있었을 것이라는 문제점이 제기되고 있다(김성균 2011).

한편, 2015년 7월29일 첫환자가 발생한 이후 69일 만에 종식이 선언되기 까지 사망자 36명, 확진환자 186명, 최대 격리자 6,729명 등, 경기도, 서울, 부산, 대전 등 전국에 걸쳐 전국민을 불안과 공포에 떨게 만든 사건이 치사율 19.35%인 메르스 사태였다. 이 외에도 성장률 0.1% 감소, 소비 및 관광 서비스업 활동의 둔화뿐 아니라 유치원과 학교가 휴교한 곳도 2,903곳이나 되었다. 결국 정부는 경기회복을 위하여 1조8천억 원의 추가경정예산을 편성하기도 하였다. 그러나 정부의 메르스 대응은 주관기관인 보건복지부의 중앙사고수습본부조차 제대로 구성되지 않아 국가가 재난대응을 한 것이 아니라 사고대응 정도의 수준이었다는 비판이 일었다. 이후 행정안전부를 안전행정부로 개편하는가 하면 '재난 및 안전관리 기본법'이 개정되기도 하였다. 그러나 메르스와 같은 국가적 재난사태에서 관리능력의 부재를 드러내었고, 책임이 있는 사고수습 및 대응이 되지 못하였다는 평가이다. 특히 신속하게 기관을 통합하고 권한을 조정하는 대응역량이 강화되어야 한다는 주장이 설득력을 얻고 있다(배재현, 2015).

4) 산업재해

산업재해는 여러 가지가 있겠지만 반도체공장에서 집단적으로 발병한 '삼성백혈병'은 영화 탓인지 유명한 사건이 되었다. 그러나 영화에서도 보았듯이 산업재해는 발병의 원인을 둘러싸고 정부와 기업, 노동자간의 경합이 이루어지면서 정치, 경제, 법의 영역을 포함하여 복잡하게 연결되어 다양한 갈등이 유발되고 있다. 질병의 구성과 의학지식의 경합과정이 잇따르면서, 유해물질의 존재여부와 노출정도, 그 인과성에 대한 각측의 주장이 경합하기 때문이다. 이 과정에서도 노동보건운동이 질병이라는 보편적 고통을 매개로 다른 계층과 연대하면서 저항할 수 있었고 거대한 권력과 맞서나갈 수 있었다는 지적이다. 개인이나 가족의 질병과 죽음을 증명하기 위해 권력, 자본, 과학의 암묵적인 연합에 대항하여 필사적으로 지식과 자원을 구성하여, 대항전문가들의 '사려 깊은 과학'과 결합이 될 때 힘을 얻게 되었다. 그리고 시민들이 지지하고 과학의 공공성을 응원할 때 한 개인의 문제가 아니라 사회적인 문제로 거듭나면서 산업재해는 우리사회의 주요한 재난의 문제로 드러나게 되었다.

3. 인지된 위험, 위험을 둘러싼 소통의 노력이 정답

위험소통은 위험에 대한 인식이 단순히 위험에 대한 정보의 양이나 객관적인 위험의 크기에 의해 결정되지 않는다는 것을 이해하는 것으로부터 시작하여야 한다. 위험소통의 목표는 전문가의 위험평가 결과를 일반 시민에게 인지시키는 것이 아니라 위험을 둘러싼 논쟁에 주요한 정보의 하나로 이해하는 것부터 시작하여야 한다는 것이다. 전문가 중심의 일방적인 정보전달은 위험소통의 중립성과 신뢰성을 약화시키므로 쌍방향적인 소통이 전제되어야 한다(박희제, 2005).

특히, 전문과학자와 일반 시민의 위험인식에 대한 차이가 매우 크다는 것을 인지하여 일반 시민이 주요하게 참여하는 것이 위험을 둘러싼 소통의 전제가 되어야 한다. 왜냐하면 위험은 객관적인 실재로서 존재하기도 하지만 위험의 정의 및 위험에 대한 인식 태도, 인식의 정도가 매우 다르기 때문에 위험을 둘러싼 소통은 강조해도 지나침이 없다. 이는 위험이 다양한 차원에서 정의되고 위험인식이 다면적이기 때문이다. 특히 현대사회의 위험이 복잡하고 불확실하며 모호한 특성을 가지고 있기 때문에 과학기술관료들이 일방적으로 시민을 교육하거나 설득한다고 해결되지 않는다. 사회문화적 접근에 의하면 위험은 지식과 정보에 의존하는 것이 아니라 가치와 세계관의 차이에서 기인하기 때문이다.

따라서 일반 시민들의 관심과 맥락을 고려한 의사소통이 되어야 실제 위험소통이 가능하게 된다. 특히 위험소통을 위해서는 위험에 대한 크기나 빈도 등 기술적인 정보뿐 아니라 일반 시민의 입장에서 위험의 속성에 대한 이해와 정보를 제공하여 비자발적, 무차별적, 파괴적인 위험에 대한 거부 및 저항을 이해하여야 한다. 특히 사회적 증폭이론에서 제시하듯이 위험신호와 오명부여로 이차, 삼차로 위험이 파급되어 증폭될 수 있다는 것을 고려해야 한다. 즉, 일반 시민 개인 및 조직에 대한 이해가 필요한 것이다.

다음으로, 기술주의를 극복하여 신뢰를 구축하여야 하는데, 과학자가 중립적이고 객관적인 정보를 전달한다고 규정하는 것이 아니라 위험정보전달기관의 중립성 및 신뢰성의 유무는 일반 시민이 평가한다는 것을 인지하여야 한다. 이미 재난이 발생한 상태에서 위험관리 주체가 사건을 해명하고 수습하게 될 때, 전문과학자의 지식이 틀릴 수도 있다는 것을 인정하고 일반 시민들과 소통하는 것을 중심에 두어야 한다. 일반 시민의 수용성 여부는 사건 발생 전에 구축되었던 신뢰관계에서 비롯되기 때문이다.

그리고 전문가와 일반 시민 간 쌍방향 소통이 이루어져야 한다. 이는 위험에 대한 논의, 평가, 통제 등 모든 과정에 일반 시민이 참여해야 한다는 것을 의미한다. 일반 시민의 우려와 견해의 정당성을 인정하고 쌍방향으로 정보를 전달하는 과정이 되어야 한다. 공청회, 합의회의, 워크숍, 공동조사단 등의 활동에서도 위험평가 및 관리 방식, 평가과정 등에 전문가, 지역주민, 시민단체가 함께 하여야 한다. 쌍방향이 아니면 위험소통이 아니기 때문이다(NRC, 1989;1996; 박희제 2005).

마지막으로 위험에 대한 인식은 그 개인이 속한 집단의 가치관이나 도덕적 원칙에 의해 결정될 수도 있음을 고려하여야 한다. 즉 위험인식이 경제적 손익계산이 아니라 가치판단과 사회적 규범에 의해서 결정된다면 그 사회의 문화적 특성을 고려하고 위험의 분석과 통제에 당사자를 직접 참여시켜 수평적으로 역할 분담을 해나가는 것이 필요하다.

위의 내용을 바탕으로 위험을 둘러싼 소통의 전략 및 방안을 제안하면 아래와 같다. 먼저 위험인식의 차이에 대해 인식하는 것이 필요하다. 전문과학자와 일반 시민의 위험인식에 대한 차이가 매우 크다는 것을 인지하여야 하는데, 왜냐하면 위험은 객관적인 실재로서 존재하기도 하지만 다양한 차원에서 정의되고 다면적으로 위험이 인지되기 때문이기도 하다. 특히 일반 시민들은 인지된 위험을 통해 두려움을 획득하게 된다. 이에 대한 이해로부터 커뮤니케이션은 시작되어야 한다. 특히 과학기술관료들이 일방적으로 시민을 교육하거나 설득한다고 해결되지 않는다는 것을 먼저 인식하여야 한다.

둘째, 과학기술주의 시각의 극복하여야 한다. 기술주의를 극복하여 신뢰를 구축하여야 하는데, 이미 재난이 발생한 상태에서 위험관리주체가 사건을 해명하고 수습하게 될 때, 전문과학자의 지식이 틀릴 수도 있다는 것을 인정하고 일반 시민들과 소통하는 것을 중심에 두어야 한다. 다음으로, 일반 시민의 관심과 맥락을 고려한 소통이 이루어져야 한다. 위험소통은 위험에 대한 인식이 단순히 위험에 대한 정보의 양이나 객관적인 위험의 크기에 의해 결정되지 않는다는 것을 이해하는 것이 중요하다. 위험소통의 목표는 전문가의 위험평가 결과를 일반 시민에게 인지시키는 것이 아니라 위험을 둘러싼 논쟁에 있어 하나의 정보로 인식하여야 한다. 그리고 일반 시민들의 관심과 맥락을 고려한 의사소통이 되어야 실제 위험소통이 가능하게 된다. 특히 위험소통을 위해서는 위험에 대한 크기나 빈도 등 기술적인 정보뿐 아니라 일반 시민의 입장에서 위험의 속성에 대한 이해와 정보를 제공하여 비자발적, 무차별적, 파괴적인 위험에 대한 거부 및 저항을 이해하여야 한다. 넷째, 일방향이 아니라 쌍방향 의사소통이 이루어져야 하며, 수평적인 역할분담이 필요하다. 그리고 마지막으로 목표에 따른 정교한 소통기법을 개발하는 것이 필요하다.

4. 위험커뮤니케이션을 바탕으로 안전거버넌스 구축을 제안하며

현대사회의 위험이 시스템적이고 전 지구적인 특성을 가지고 있기 때문에 이러한 위험에 대처하기 위해서는 보다 적절한 사회구조를 만들어야 한다. 특히 현대의 위험이 복잡하고 불확실하며 애매한 특성이 있기 때문에 이에 대처하기 위해서는 민간과 관의 협력이 절실한 상황이다. 이러한 맥락에서 행정부가 추진하는 정책의 한 부분에 시민사회 행위자, 경제적 기업인이 참여하여 정부기관들과 함께 상호작용하여 정책을 결정하는 것이 요구받고 있다. 정부가 다루어야 할 사회쟁점이 복잡해지게 되면서 다양한 행위자들이 정부정책에 관여하게 되고 공공정책결정이 증가하게 되었다. 이러한 배경에서 출현하게 된 거버넌스는 국가적 차원에서 고전적 정부의 규칙과 과정을 넘어서는 새로운 의사결정구조로서 주로 정책관련 의사결정 과정에 비정부적 행위자들을 포함시키는 것이다. 즉, 공식적 권위 없이도 다양한 행위자들이 자율적으로 호혜적인 상호의존성에 기반을 두어 협력하도록 하는 제도 및 조종형태이다(Kooiman & Wliet, 1993, 라미경 2009). 특히, 정부가 지도적 역할을 할 수 없는 영역에서 협력적 행동을 필요로 하는 문제를 다루게 되었다.

재해와 안전문제와 관련하여서는 어느 분야보다도 의사소통을 중심으로 한 거버넌스가 필요하다. 이를 '안전거버넌스'라고 부를 수 있을 것이다. 안전거버넌스란 위험에 관한 정보가 수집되고 분석되며 의사가 소통되는 방식, 그리고 위험을 관리하기 위하여 의사결정이 내려지는 방식에 관한 제도적 틀을 의미한다. 이러한 정책결정과정에는 시민사회가 수용할 수 있는 형식format과 신뢰관계를 구축하는 것이 가장 중요하다. 이는 위험과 관련한 조기경보라는 구체적인 기능, 균형잡힌 위험 평가와 효과적인 위험 소통, 숙의적 참여delibera-tive participation을 향상시킬 수 있는 새로운 평가와 관리기법을 반영하는 것이어야 한다. 이를 위한 요소로는 건강한 과학지식, 공적인 관심을 포괄할 수 있는 구조, 위험과 편익간의 조율을 할 때의 일관성, 관리기법을 선택할 때의 균형성, 관리를 실행할 때의 독립적인 감독과 모니터링이 선행되어야 한다.

이러한 안전거버넌스는 모든 지역에서 정치문화 및 조직 그리고 위험상황 등을 고려하여 적용될 수 있다. 각 위험의 구체적인 상황 및 내용을 반영하여 진행되어야 하는데 수직적, 수평적으로 넓혀 포괄적으로 운영되어야 한다. 이는 행정부를 넘어서 정치, 경제, 과학 그리고 시민사회의 모든 영역이 상호작용 되어야 한다는 의미이다. 안전거버넌스를 구축할 때의 고려사항 및 구축전략은 아래와 같이 요약할 수 있다.

① 정치적 문화고려

먼저 위험을 다루고 규제하는데 있어 다양하고 정치적인 규제를 하기 위한 문화를 우선적으로 고려하여야 한다. 더 나아가 지역 및 국가전체의 문화, 정치적인 전통 그리고 사회적 규범 등을 고려하도록 한다. 특히 우리에게 익숙한 수직적인 접근보다는 포괄적이면서 수평적인 '안전 거버넌스'를 운영하는 것이 요구된다.

② 사회적 담론형성

사회적 담론형성과정에서는 위험을 규정하는데 있어 사회적인 여건 및 배경, 환경을 고려하도록 한다. 특히 잠재적인 위험관리 방안을 결정하는데 있어 사회적인 관심사항을 고려하여야 한다.

③ 행위자 네트워크 구성

행위자 네트워크는 사건 대상에 따라 위험의 특성 및 상황이 다르다는 것을 고려하는 단계이다. 국가, 지역적 차원, 다양한 산업부문, 규제기관, 시민사회, 언론 그리고 일반 시민의 구성원까지 다양한 분야 및 차원에서 행위자들의 네트워크를 구성하여 수용성 및 내성, 거버넌스 운영과 관련한 커뮤니케이션, 위험관리방식을 결정하는 과정을 거친다.

④ 조직적 역량고려

조직역량과 관련하여 개인이나 기업, 지역이나 국가, 국제적인 차원에서 위험을 다루는 단체의 구체적인 역량 및 책임성을 고려한다.

⑤ 안전거버넌스 운영

안전거버넌스 운영 단계에서는 위험을 둘러싼 의사소통을 중심으로 진행되는데 위험평가와 위험관리를 주요 내용으로 하게 된다. 먼저, 위험분석은 위해파악, 위험평가, 위험산정으로 진행된다. 위해파악은 위험원과 위험원이 잠재적으로 악영향을 행사할 수 있는 환경을 파악하는 것이다. 이를 묘사하고 양화하는 위험평가를 수행한 후 위험 중대성을 비교하고 판단하는 위험산정 및 감정을 수행한다. 이때 위해를 인지하고 사회경제적 영향을 평가하는 사회적 관심 평가를 주요하게 진행하여야 한다.

이러한 사회적인 시스템이 구축되게 된다면 제2의 세월호 참사나 삼성 백혈병이 다시는 일어나지 않을 것이다. 무차별한 살처분이 이루어지는 구제역이나 시민들을 공포로 몰아넣었던 메르스 사태는 재발할 가능성이 낮을 것이다. 그리고 위험의 대명사가 되고 있는 원자력발전정책이 새로운 국면을 맞이하여 새로운 핵발전소 건설이 아니라 안전한 신재생에너지로 거듭날 수 있을 것이라 기대를 가져본다.

〈참고자료〉

「'삼성백혈병'의 지식정치 : 노동보건운동과 현장중심의 과학」, 김종영외, 2013, 한국사회학 47(2)
「세월호 언론보도 재참사는 복구할 수 있는가?」 정수영 외, 2015, 커뮤니케이션 이론 11(2)
「구제역, 환경정의 그리고 공공정책의 방향」, 김성균, 2011, 한국환경사회학회 학술대회 자료집
「구제역으로 본 생명인식」, 우희종, 2011, 한국환경사회학회 학술대회 자료집
「메르스 사태로 본 국가재난대응체계의 문제점 및 개선방안」, 배재현, 2015, 국회입법조사처
「부산지역원전위험체계의 관리방안연구」, 민은주 외, 2015, 부산발전연구원 학연정책과제

● 요즘같이 정보화시대에 많은 개인정보가 노출되어 있어서 개인의 안정과 행복이 많이 위험에 처해 있다. 개인 신상정보에 대한 안전이나 보호에 대한 대책이 시급하다. 개인 신상정보를 빼돌려 보이스피싱을 이용하여 범죄를 저지르는 일도 발생하고 있다. 우선 가장 큰 목적은 개인정보를 자신 스스로 보호해야 되므로 보안 교육을 철저히 듣고, 허무맹랑하지만 정부가 개인정보와 더불어 지문 시스템을 도입해야 된다고 생각한다. 주민번호 말고 요즘 i-pin 같은 새로운 체계를 구축하는 것이 방법이 될 것 같다.

(익명 / 부산)

● 언론은 공정해야 하고 투명해야 함과 동시에 국민들의 알 권리를 보장해주어야 한다고 생각하는데 현대사회가 발전함과 동시에 기업의 성장과 국권력이 커지면서 그 영향력이 언론이나 방송사에 미쳐 문제가 되는 부분이 많다고 생각하여서 이 분야를 문제로 삼았다. 국민들에게 국가 내부의 사건을 알려주는 기사를 쓰는 기

자, 방송제작자(특히 뉴스)들에게 기업가들이 보이지 않는 압력을 가하여 기사작성의 자율권을 침해하고 있다. 한겨레신문에서 삼성그룹에 대해 비판하는 기사를 언론에 보도하였다가 2년간 광고를 받지 못하여 신문사가 위태로웠던 적이 있었다. 사회적인 이슈에 대해 거짓 없이 기재하고 방송할 수 있도록 기업이나 국가의 압력을 막아야 한다고 생각한다. '한국방송통신심의위원회'에서는 프로그램 제작자와 기자, 언론인에게 가치중립적 생각을 요구하고 더욱더 체계화되어야 한다고 생각한다. 또한 기업과 국가에서 방송사나 신문사 사람과 직접적인 금전 거래를 감시하는 새로운 심의위원회가 생겼으면 좋겠다. 기업과 국가는 공권력을 남용해서는 안 된다. (김가림 / 김해)

● 현대사회가 발전됨에 따라 인터넷을 통한 사회적인 소통이 활성화되고 있는데, 정보가 쉽게 노출되어 개인 사생활이 만천하에 드러나거나 미디어의 여론몰이에 의해 마녀사냥 되는 사례가 빈번하게 발생되고 있다. 특히 일명 '카더라' 통신에 의한 추측성 찌라시로 인해 사실과 다른 내용들이 언론 및 인터넷에 유포되는 것이 문제라고 생각한다. 클라라vs폴라리스 회장의 법적공방전이 사례로서 처음 디스패치가 보도한 기사에서는 클라라 쪽의 잘못을 더 가중하는 양상을 보였는데, 실제로는 회장이 협박하였다는 사실이 드러남으로써 미디어, 여론몰이의 무서움을 알게 되었다. 이러한 문제와 악플의 문제를 막기 위해서 인터넷 실명제가 추진된다고 들었다. 이를 반대하는 입장은 표현의 자유를 억압한다는 게 주된 논지인데, 인터넷 기사를 쓰는 사람이나 악의적으로 악플을

계속 달아 여러 번의 신고가 들어온 사람에 한해서는 실명제를 실시하고 또한 기사를 쓰더라도 출처를 명확히 밝힐 의무를 부여해야 한다고 생각한다. 인터넷 기사를 쓸 때 악의적 편집 및 여론몰이를 한 사람에게 처벌을 가할 수 있는 법이 제정되어야 한다.

(익명 / 부산)

● 사이버 폭력에 대한 예방법과 해결책들은 많으나 줄어들지 않고 있다. 인터넷의 익명성으로 인해 언어폭력이 발생하고 있는 부분이 가장 문제가 되는 부분이라고 생각한다. 휴식을 위해 게임을 하지만 지나친 언어폭력에 정신적 스트레스를 받기도 했다. 이를 해결하기 위해서는 사이버폭력의 심각성을 깨우치게 하는 교육을 강화해야 한다고 생각한다. (김시언 / 부산)

● 평소 SNS를 통해 어린아이들이 욕이나 그 이외의 나쁜 정보들을 분별없이 막 수용하고 그 말들을 아무 거리낌 없이 말하는 걸 들었고 이를 옳지 않다고 생각해 왔다. 어린 아이들의 거친 말, 생각, 누군가에게는 좋지 않은 말도 자기들에겐 단순히 재미라는 점이 큰 문제라고 생각한다. (박시온 / 부산)

● 가끔 모르는 번호로 전화나 문자메시지가 온다.(돈을 빌려준다든가 자녀가 위험하다 등으로) 웹 쇼핑이나 게임, 이벤트같이 인터넷에서 우리의 개인정보를 안 물어보는 곳이 없다. 심지어 그 약관도 안 읽어보고 정부수집 동의에 체크를 하고 바로 넘긴다. 우리의 전화번호, 이름, 주민번호 등 개인정보를 다 입력해야 하나, 약관이 너무 길다. 어디를 가입하려고 하면 내 정보를 다 입력하라고 하고 정보수집에 동의하라고 긴 약관을 내민다. 다 읽기에는

눈 아프고 해서 그냥 체크하고 동의를 바로 한다. 월세를 계약한다거나 하면 종이를 내밀면서 형광펜이나 펜으로 중요한 부분에 밑줄 그어주듯 인터넷 약관에서도 요약을 밑에 해주거나 중요한 부분에는 밑줄이 그어져 있으면 어떨까. (12 / 부산)

- 소통에서는 편리하지만, 남의 정보를 쉽게 볼 수 있고 이것을 악용하는 사람이 많아서 문제가 발생한다. 특히 악플과 해킹이 문제라고 생각한다. 정보화 시대에 이것을 악용하는 사람의 처벌을 강화해야 한다. (조민철 / 부산)

- SNS가 보편화되며 많은 정보들을 서로 공유하며 사는 세상이 됐지만 그런 정보들로 인해 생기는 문제가 많다. 예를 들면 거짓 정보를 퍼뜨리며 한 사람의 인생을 망치는 일이 있겠다. 페이스북에 한 가게의 안 좋은 점을 욕하고 그 가게가 망하게까지 만들었지만 근거 없는 욕이었던 사례가 있다. 거짓 정보로 인한 처벌의 수준을 높이고 거짓 정보를 무조건 수용하지 않고 거르는 능력을 교육시켜야 한다고 생각한다. 덧붙여 SNS를 없애는 것도 방안이 되겠다. (조조 / 부산)

- SNS가 발달하면서 겉으로는 소통이 활발해졌지만 실제로는 소통의 부재가 심각하다. SNS에서 분란을 조장하는 사람들, 소통하지 않고 자기 논리 속에 빠져나오지 않는 사람들이 특히 그런 문제를 보여준다. 페이스북 댓글 창을 보면 아무리 가벼운 주제라 해도 둘로 나뉘어 싸우고 있다. 나는 현재 이 문제와 관련해 청년단체(소통연대)에 가입하여 활동 중이기도 하다. 이런 문제들을 해결하기 위해 SNS, 네트워크 상이 아닌 얼굴을 맞대고 소통할 수 있

는 행사나 프로그램을 많이 만들고 참여하도록 유도해 사회 전반적 분위기를 반전시키는 것이 필요하다고 생각한다. 덧붙여, 소통을 위해 힘쓰고 있는 여러 단체를 지원해주면 좋겠다.

(문무성 / 부산)

● 게임에서 채팅을 하다 보면 누가 누군지 모른다는 이유로 욕을 하는 사람들이 있다. 이런 사람들 때문에 기분이 상한 일이 적지 않다.(게임을 하면서 못한다는 이유만으로 입에 담을 수도 없는 심한 욕을 들은 적이 있다.) 익명성이 보장되어 말을 함부로 할 수가 있다는 점이 문제인 것 같다. 이런 문제를 해결하기 위해서는 미디어 매체를 이용하기 전에 예절 교육을 실시한다거나 욕설을 했을 때 처벌을 강하게 하는 조치가 필요하다고 생각한다. 또한 게임 아이디를 닉네임이 아닌 자신의 프로필로 만드는 것도 좋겠다. 게임은 즐기는 것이다. (이정명 / 부산)

● 현재 SNS 등 많은 미디어의 발달에 따라 얼굴을 서로 마주 보며 얘기하는 '소통'의 부재가 심각하다. 요즘 어떤 공공장소를 가든 마주 앉은 사람 대신 스마트폰을 보고 있으며 세상에 나오려 하지 않고 SNS틀 안에 갇혀있는 사람이 많다. 이러한 문제의 해결을 위해서는 소통을 위해 힘쓰는 청년단체가 안정화를 이룰 수 있게 하는 다양한 지원 및 지역구 차원의 홍보가 필요하다고 생각되며, 학생들도 문제를 인식하여 그런 단체에서 열리는 행사에 참여하도록 해야 한다. '소통연대'와 같은 청년단체에 가입하여 열린 소통의 장을 만드는 것을 기획하는 것이 필요하다. (김만진 / 부산)

● 세월호 사건 이후로 우리나라 국민들이 언론을 신뢰하지 않는 성

향이 강해지고, 나 또한 언론에 대한 신뢰가 떨어졌다는 생각이 든다. 무엇보다도 언론의 신뢰성 하락이 큰 문제라고 생각된다. 우리나라 스포츠 기사에는 정확한 근거가 없는 찌라시들이 많이 나오고 있다. 특히 유럽 이적시장 기간에 말이다. 권력에서 언론이 자유를 되찾아야 하지만 아직 구체적인 방안은 떠오르지 않는다. (이선호 / 울산)

● 궁극적인 문제는 항상 개인의 안정과 행복이다. 하지만 그 문제에 영향을 미치는 큰 요소는 정보사회에서의 정보이다. 특히 이 부분에서 산업스파이, 해커(크래커) 등의 불법 정보, 매매와 파괴, 보이스피싱, 자동 소액 결제 등이 문제가 되고 있다. 내 게임 아이디가 다 털려서 개인 재산에 손해를 보았던 적도 있다. 이를 해결하기 위한 방안으로는 현재 사이버 수사대, 보안 프로그램 등이 있다. 앞으로는 공식적이고 체계화된 세계적인 정보 관리 시스템과 그룹을 창설하고 새로운 정보관리시스템을 개발해야 한다고 생각한다. 인간은 지능적 생물이고, 정보가 많고 다양해질수록 정보를 이용하려는 사람도 많아진다. 인간의 힘이 정보이기에 그 힘을 지배할 공식적인 것이 있어야 한다. (문재준 / 부산)

● 요새 가장 발전이 많은 분야이고 많은 사람이 사용하지만, 기술에 비해 사용자의 의식 수준과 윤리가 발달하지 않아서 문제가 많다. 특히 개인정보 유출과 사이버 언어폭력이 문제가 되고 있다. 한 SNS 사이트에서 서로 의견이 다르다고 싸우는 사람을 보고 얼굴 보고선 얘기 못 할 말들을 키보드로는 굉장히 쉽게 한다고 생각했던 적도 있다. 이런 문제를 해결하기 위해 사이버 범죄 처벌강화

와 정부에서 추진하는 시민의식 개선 캠페인 같은 것이 필요하다고 생각한다. 또한 익명성을 극도로 보장하는 사이트는 공권력을 이용하면 실명을 알 수 있도록 시스템을 개편하고 불응 시 많은 벌금(여기서 말하는 공권력이란 헌법에 의지하여 단속권리를 가진 사이버경찰청이며 홈페이지에 단속현황과 사유를 정확히 기재하여 국민의 신뢰도를 높인다. 필요한 인력은 예산할당을 늘린다.)을 물리는 것도 필요하다고 생각된다. 그리고 초등교육부터 체계적인 사이버 윤리교육을 만들어 언어폭력을 줄여야 한다.

또 유명해커들을 데려와서 보안시스템을 강화시키고, 인터넷에서 금융시스템을 사용할 때 필요한 ActiveX 프로그램 설치 가능 수도 제한해야 한다. 정보와 미디어 문제는 국가 차원에서 나서야만 해결될 수 있다. 개개인의 자유는 중요하지만 남의 자유를 해하는 행위는 용납될 수 없다는 것을 강력한 처벌로 알려주어야 한다.

(짱지존123zx / 창원)

● 공부를 하다 보니 보이는 온갖 미디어 속에서 거짓되고 은폐된 정보들이 많은 것 같다. 진실의 은폐와 왜곡된 시선, 잘못된 시각 등이 이 분야에서 주요한 쟁점이라고 생각한다. 최근 '무상급식', '세월호'에 관한 운동에 참여하면서 미디어와 SNS에 무한정 쏟아져 나오는 수많은 이미지들과 부정적인 시선을 느꼈다. 이런 문제의 해결을 위해서는 다양한 집단, 상대적 입장의 사람들과 만나 충분한 소통의 장을 마련하는 것이 필요하다는 생각을 했다. 그리고 세상을 제대로 보고 이야기 나눌 수 있는 '소통의 자리'를 마련하는데 있어 쉽게 접할 수 있는 매체인 책, 영화(세상을 낯설게 볼

수 있는)를 통해 꾸준히 공부하고 노력하는 '실천'이 필요한 것 같다. (이지혜 / 김해)

● 너무 정보 및 미디어에 의지하는 것 같다. 가족들이랑 모여도 폰만 잡고 이야기를 하지 않는다. 가족과의 이야기 시간을 가지는 것이 필요할 것 같다. (이원경 / 부산)

● 미디어는 공평하고 시민들에게 팩트를 전해주는 기관이라고 생각한다. 그런데 한국의 미디어는 시민을 속이는 팩트?를 전달한다. 미디어의 중요한 역할인 정확성 문제가 무엇보다도 중요한 문제인데, 최근 세월호 사건 후 미디어의 정보에 대해 믿지 못하게 되었다. 미디어는 큰 권력에 휘둘리지 않는 독자적인 힘을 가지고 있어야 한다고 생각한다. (익명)

● 우리가 살아가면서 제일 많이 접하는 부분이면서 동시에 문제가 많이 일어나는 부분이라 생각한다. 특히 정보 및 미디어에서 나타나는 스트레스와 집단폭행이 문제다. 미디어 속에서 나와 생각이 달라서 편이 갈리는 경우 서로 라이벌이 되면서 이기려는 욕구 때문에 계속 신경 쓰게 되고 스트레스받은 경험이 있다. 상대방에게 스트레스 줄 행위를 하지 않거나 상대의 입장이 되어서 생각해보는 것이 필요하다고 생각된다. 글을 쓸 때에 어느 정도 자신의 정보를 유출해서 남에게 상처 줄 말을 없애려는 노력도 있어야 하겠고, 댓글이나 글로 인하여 상대방에게 상처 주는 행위를 하지 않으면 좋겠다. (박혜리 / 부산)

● 최근 들어 스마트폰이 대중화되면서 정보와 미디어에 관한 기사들을 많이 접했다. 개인정보 유출 및 무분별한 정보가 여과 없이

쏟아져 나오는 실태가 문제라고 생각한다. 특히 요즘 SNS가 활성화되면서 자신의 사진이나 의견을 적는 것이 용이해지고 그 전달 속도도 매우 빨라졌다. 이것을 반대로 말하면 내가 알고 싶지 않은 정보조차 쉽게 접할 수 있게 되고, 그만큼 개인정보의 도용도 쉬워졌다. 최근 SNS에 소위 '페북 스타'라고 알려진 사람들이 올린 사진과 영상이 많은 사람들에게 높은 '좋아요' 수를 기록하며 나의 페이스북에도 뜨게 된다. 하지만 그 영상과 사진이 나 자신은 전혀 보고 싶지 않은 영상인데도 불구하고 보이게 된 적이 여러 번 있어서 불쾌한 적이 많았다. 이런 문제를 해결하기 위해서는 우선 글을 쓰는 사람의 의식이 가장 중요한 것 같다. 글과 영상을 올리기 전에 남에게 피해를 주진 않을지, 다른 사람들에게 상처를 주진 않을지 생각하는 개인의식을 높이기 위한 노력을 해야한다. 그리고 초등학교, 중학교에서 정보화시대에 걸맞게 인터넷 사용법과 자격증 관련 수업을 배우곤 하는데, 그것보다 미디어에 관련된 의식 교육이 먼저여야 한다고 생각한다. 또 개인정보 유출 문제에 있어서 우리나라는 회원가입시 과도한 개인정보수집을 하는 것 같다. 실명인증을 위한 최소한의 정보로 회원가입을 한다면 휴대폰, 이메일, 주소 등에 의한 개인정보 유출은 막을 수 있지 않을까라는 생각을 해본다. (허유진 / 부산)

● SNS에 자신이 방문했던 가게, 지역 등을 안 좋게 적으면서, 사람들의 질타를 받고 결국 망하는 사례가 빈번하게 발생하고 있다. SNS 유명 인기 페이지의 관리자가 방문한 상점에서 점주가 관리자의 마음에 들지 않는 조금의 실수를 크게 과장하여 거짓된 정보

를 SNS에 올려 가게가 망하는 사례가 빈번히 속출하고 있다. 이와 관련된 사례로는 페북스타 박에스더라는 인기 유명인이 선릉역의 한 짬뽕 가게에서 고로케에 찍어 먹을 케첩을 왜 안 주는지를 말하면서 시작된 일이 있다. 페북스타 박에스더는 선릉역의 한 짬뽕 집에 방문하였고 고로케에 찍어 먹을 케찹을 달라고 하자 주인이 박양에게 화를 내며 꺼지라는 말로 박양을 쫓아냈다. 이것에 화가 난 박양은 자신의 페이스북 페이지에 글을 쓰게 되었고, 많은 사람들이 이 글을 읽고 그 짬뽕 가게에 가지 않아 망하게 되는 계기가 되었다. 하지만 박양이 올린 글 중 여고생들이 자신을 보며 키득키득 웃었다는 글을 올렸고, 그 자리에 있었던 여고생들의 반박 글이 올라왔고, 여고생들이 그 당시 상황을 자세히 설명함에 따라 박양이 거짓말을 하는 것이 아닌가 하는 의문을 가지게 되었다. 이렇게 하나만 보고 마녀사냥하는 피해 사례가 SNS의 남용으로 인해 심각해지고 있다. 앞의 선릉역 짬뽕 사건과 같은 거짓 정보를 해결하기 위해서는 한국인터넷진흥원과 같은 기관에서 클린 글쓰기 캠페인을 개최해 자신의 개인적인 경험들이 거짓이 아님을 맹세하는 서약을 글의 끝에 적도록 하는 것 등이 필요할 것 같다. 또한 캠페인을 위한 홍보 UCC와 문구를 제작하는데 이러한 UCC와 문구, 포스터를 공모전을 개최해서 제작하고, 캠페인에 활용하는 매체들은 시민의 참여로 제작해서 더 많은 홍보를 했으면 좋겠다. (박예솔)

● 유해미디어가 무분별하게 보이고 있고, 이는 청소년들의 정신건강에 악영향을 미친다. 미디어의 문제 중에 '성인물 유포'가 가장

큰 문제라고 생각한다. 언젠가 인터넷 서핑을 하다가 다른 창이 띄어졌는데, 성인물 사이트 홍보물이었던 적이 있었다.(무분별) 또 다른 사례로는 음란물만 보고 성관계를 잘못 인식하여, 성추행, 성폭행 충동을 느끼고 이성 친구가 성적대상으로 보일 때가 있다는 설문조사가 있었다.(성교육 시간에 들은 내용)(악영향) 이런 문제를 올바른 성교육을 통해 해결해야 한다고 생각한다. 우선 청소년 유해사이트를 차단하고, 성인 인증 절차와 유해물 자동 차단 프로그램을 만들고, 성인에게도 도움이 되게끔 올바른 성교육이 되도록 성인물의 수위를 조절하는 것이 필요하다. 청소년이 있는 집에선 컴퓨터를 거실에 두고, 폰에는 유해물 자동 차단 프로그램을 설치해야 한다. 그리고 국가에서 그 내용을 인증받은 사이트만 활동하고, 나머지는 차단해야 한다. 또 성인인증을 할 때 휴대폰으로 인증을 받고(없으면 집 전화) 사이트에서 문자가 오게 하는 것도 필요하다.(청소년들의 부모 주민번호 도용방지) 무엇보다도 성은 쾌락, 창피한 것, 감춰야 하는 것 등의 부정적인 인식을 아름답고 중요한 것이라는 인식으로 바꿔야 한다. 자극적이고 엽기적인 성인물의 영향을 받아 성에 대한 잘못된 가치관을 가진 청소년들이 늘어나고 있다. 어른들 세대와 함께 성에 대해 더욱 자유롭게 〈토론〉하고, 성의 신비로움과 중요성을 알아가고, 올바른 가치관을 세워갈 수 있도록 노력해야 한다. 또한 개개인도 스스로의 자제력을 기르고 무분별한 정보에 대한 현명한 대처를 할 줄 알아야 한다.(캠페인도 자유롭게 일어나야 한다.)

[구체적 제안] 〈토론〉: 사랑을 나누다 : 40대 이상과 청소년~20

대가 만나 서로의 성에 대한 생각을 나눈다(ex. 성에 대한 언어, 성관계에 대한 생각, 자신의 성생활 등 자유롭게) 어른들 사이에서 잘못된 생각, 아이들 사이에서의 잘못된 생각, 각 세대에서 잘못된 생각들을 고쳐나가 본다. '성의 아름다움' 등 이상적인 성에 대해 나눈다. 잘못된 성 인식의 이유와 해결책을 생각해 본다. 하루로 끝내지 않고 짧게는 일주일에 한 번, 길게는 한 달에 한 번 모인다. (김지은 / 경기)

● 한국사회가 컴퓨터나 통신 같은 IT산업이 발달 돼 있기 때문에 그만큼 문제가 많다고 생각된다. 진실인지 거짓인지 판명되지 않는 정보들이 무분별하게 우리에게 노출되어 있다. 얼마 전에 한 커뮤니티 사이트에서 세모자 사건이라고 불리는 사례가 올라왔었는데 많은 사람들이 그 글을 읽고 사실인 줄 알고 도와줘야 한다면서 글을 번역해서 해외사이트에 퍼트리거나 청와대에 진실을 말해달라는 글을 올리는 등을 했지만 결국 거짓으로 판명 난 사례가 있다. 노출된 정보를 무조건 맞다고 생각하고 넘겨버리기보다는 정말 맞는지 앞뒤 전후 상황을 살펴보고 판단할 수 있는 통찰력을 키워야 한다. 그러기 위해서는 인터넷 사용이 모든 문제의 해결방안이 될 수 없음을 인지하고 다른 매체를 활용하거나 오류를 인지한 시에는 즉시 틀렸다고 정정해달라는 요청을 보내야 한다.(※잘못된 정보로 인해 피해를 입은 사람들끼리 모여서 다른 사람들이 이 문제에 대해서 어떻게 생각하는지 설문조사와 책자를 만들어 작은 힘도 모이면 큰 힘이 되어 해결할 수 있다는 인식을 심어주게 한다.) 정보사회가 발달함으로써 컴퓨터 해킹, 정보유출 등과 같은

범죄가 확대된다. 정보사회를 선도하고 보다 나은 사회의 모습을 갖기 위해 사람들의 주인 의식을 키우는 적극적인 자세가 필요할 것 같다. (권수정 / 부산)

● 빠른 전파력으로 인한 부적응, 익명제, 사이버 범죄가 문제가 되고 있다. 학교, 버스, 지하철, 거리마다 사람들은 손에 있는 작은 핸드폰만 보며 다닌다. 작은 핸드폰만 켜면 온 세상의 주요사건과 정보가 내 손에 들어오지만, 미디어가 발전해나갈수록 좋은 점만 생기는 것이 아니라 생각지도 못했던 단점들로 인한 피해가 늘어나고 있다. 개인정보가 유출이 되어 각종 선거전화와 스팸 전화가 오거나 피싱 문자와 전화사기로만 피해를 입기도 한다. SNS가 활성화 되면서 익명을 등에 업고 얼굴 한번 본적 없는 연예인 또는 일반인들에게 입에도 담을 수 없는 욕을 한다거나 심한 경우 이로 인한 상처로 자살하는 사람도 생겨났다. 또 너무 빠른 전파력 때문에 확인되지 않은 사실이 퍼져 루머가 생긴다거나 하는 부작용도 있다. SNS는 실명제라고 하지만 실명제 아닌 실명제이기 때문에 모든 문제가 해결될 방안은 없어 보인다. 학교에서 반이 나눠져 있듯이 SNS상에서도 분야별로 반을 나누어 그 반에서 돌아가면서 그 반 사람들의 SNS 상황을 지켜보고 잘못한 점을 서로 지적해주면 누군가 내가 댓글을 달고 하는 것을 지켜보고 있다고 생각하면 도를 넘은 악플은 줄지 않을까. (주수연 / 김해)

● 우리는 스마트폰이나 웹서핑을 통해 수많은 정보를 쉽게 접할 수 있다. 하지만 폭력물, 음란물 등 불건전한 정보의 유출로 인한 범죄율 증가나 개인정보 유출 등으로 인한 사생활 침해, 과다한 정

보나 잘못된 정보로 인한 혼란 등 사회적 문제가 증가하고 있다. 특히 개인정보의 유통, 수집으로 인한 사생활 침해나 재산상의 문제가 가장 큰 문제라고 생각한다. 나도 한 사이트에서 개인정보 유출을 당했었는데 계정탈취로 인해 가입하지 않았던 사이트에 가입되어져 있거나, 유출된 이메일로 엄청난 양의 스팸메일이 와 있었다. 또 다른 사례로는 카드사에 일하던 직원이 카드사 고객정보를 대출광고업자에게 돈을 받고 팔아넘긴 사례도 있다. 우리나라는 개인인증수단으로 주민등록번호를 활용하고 있어 주민등록번호를 통해 활용되는 정보의 양이 크다. 수집되는 정보의 양을 최소화하여 개인정보의 가치를 줄여 유출로 인한 피해를 줄일 수 있다. 개인은 개인정보유출에 대한 경각심을 가지고 꼭 필요한 곳에만 정보를 사용하고 가입된 사이트의 비밀번호를 자주 바꿔주어야 한다. 정보수집 주체에 대한 철저한 감시기구를 설정하여 수집목적 이외의 목적으로 개인정보가 사용되는 것을 막아야 한다.

(김지수 / 부산)

- SNS에서 유명해지고 싶은 사람들이 욕심을 부리면서 다른 사람들을 불편하게 한다. 페북스타나 인스타, 트위터같이 공개적인 SNS에서 사람들에게 관심을 끌고자 이해할 수 없는 행동을 하는 일들이 있다. 이해할 수 없는 행동이지만 사람들이 관심을 주니 계속 그런 비슷한 일이 일어난다. 페이스북에서 좀 유명세를 탄 사람들이 동영상을 올리는데, 그 내용이 일반인으로서 이해하기 힘들다. (익명 / 부산)

디지털 시대의 언론과 수용자

●

김보영

2016년에 발간될 『부산시민 의제사전 2016』을 위한 설문조사에서 정보 및 미디어 부문에 많은 시민들이 우려와 문제점을 제시했다. 부산 시민들이 생각한 정보 및 미디어의 부문의 문제점은 ①미디어 공정성의 문제, ②디지털 범죄와 해결책, ③미디어 중독으로 인한 소통의 단절로 요약할 수 있다.

그래서 이 글은 미디어와 관련된 네 가지 의제로 구성되어 있다. 첫째, MB정부시절 언론과 권력과의 갈등시기를 지나, 현재 정부의 나팔수 노릇을 자처하며 국민의 요구를 철저히 외면하고 있는 2015년 한국 언론의 모습을 진단해 본다. 둘째, 빠르게 진화하고 있는 미디어는 분명 우리들에게 편리함을 가져다주지만 그에 못지않은 부작용도 많다. 악성 댓글의 피해를 줄이기 위해 도입한 인터넷 실명제의 사례를 통해 디지털 범죄 해결책의 접근방법에 대해 고민해 본다. 셋째, 디지털 미디어가 야기하는 심리적 스트레스와 갈등, 소외의 양상들을 살펴보고, 그러한 양상들이 인간 커뮤니케이션에 어떠한 영향을 미치는지 알아본다. 그리고 마지막으로 변화한 미디어 환경에서의 수용자의 변화된 모습을 살펴보고 현재 한국 사회에서의 역할을 제시한다.

1. 미디어 공정성

사람들은 누구나 다 세상이 공정하길 바란다. 자신의 근원이 금수저이든, 흙수저이든 상관없이 성실하게 노력한 만큼의 대가를 받길 원한다. 하지만 미디어를 통해 본 세상은 공정하지 않다. 금수저들만 더욱 단단히 커지고, 흙수저들은 부스러진다. 미디어를 통해 본 한국사회가 그렇다면, 그런 불공정한 모습을 담아내는 미디어 자체는 어떠한가? 세상의 불공정을 개인의 잘못으로 돌리고, 사회의 모순을 지적하거나 이의 제기하는 세력은 불순분자가 되어 종북세력으로 낙인 찍힌다. 그래서 이념의 다양성이 인정되기 보다는 다른 이념들은 적으로 규정되어 마녀사냥하는 도구로 이용되고 있는 것이 지금 한국 미디어의 모습이다. 그래서 대부분의 사람들이 미디어도 역시 공정하지 않다고 얘기한다.

1) 기울어진 한국 언론 : 손발 묶인 방송, 눈치 보는 신문, 퇴출당하는 인터넷 언론

일반적으로 방송은 민주적 여론 형성과 국민문화 향상에 기여해야 할 사회적 책임을 부여받고 있다(방송법 제1조)[1]. 다원주의를 본질로 하는 민주주의 사회에서 자유롭고 다양한 의사형성을 가능하게 하는 상호경쟁적인 다수 언론기관의 존재는 필수불가결한 요소이다.

그래서 대부분 국가의 미디어와 관련된 정책적 관심은 미디어시장에서 '다양한 시각'이 경쟁할 수 있는 환경을 조성하는 데 모아진다. 그러나 현재 한국의 언론정책의 방향이나 언론기관은 다양한 의견을 형성하여 경쟁하기에는 심하게 불균형적인 조건에 놓여 있다. 이는 텔레비전 채널 몇 번만 돌려봐도 알 수 있는 사실이지만, 수치화된 통계자료를 보면 그 불균형이 너무 심해 놀라지 않을 수 없다.

〈미디어 오늘〉(2015년 11월 11일자)에 따르면, 보수 성향 신문들의 발행부수는 599만부, 진보성향의 신문들은 48만부, 중도 성향의 신문의 발행부수를 제외하면 보수 대 진보가 12 대 1의 비율이다. 방송은 더욱 불균형적이다. 공영방송 KBS와 MBC는 이미 공영성을 상실한 지 오래고 SBS도 정부와 자본의 눈치를 봐야한다. YTN도 낙하산 인사로 친정부적일 수밖에 없는 상황이고, 연합뉴스가 만든 보도전문 채널 연합뉴스TV 역시 정권의 입김에서 자유로울 수 없다. 4개 종합편성 채널 가운데 유일하게 JTBC만 다른 목소리를 내고 있는데, 시청률 기준으로 보면 보수와 진보의 차이는 19 대 1, 매출 기준으로는 30 대 1이다.

그나마 인터넷에서는 상대적으로 다양한 뉴스가 유통되고 있지만 네이버와 다음이 게재하는 뉴스의 40%가 연합뉴스와 뉴시스, 뉴스1 등 통신사 뉴스로 채워지고 있는 게 현실이다. 포털사이트는 여전히 정권의 규제 압력에서 자유롭지 못하고 의도적으로 정부 비판

---

1. 제1조 (목적) 이 법은 방송의 자유와 독립을 보장하고 방송의 공적 책임을 높임으로써 시청자의 권익보호와 민주적 여론형성 및 국민문화의 향상을 도모하고 방송의 발전과 공공복리의 증진에 이바지함을 목적으로 한다.('방송법' 제1조)

기사를 거세하고 있다는 비판을 받기도 한다. 또한 최근 신문법 시행령 개정안 통과와 맞물려 유사 언론 퇴출이라는 명분으로 군소 언론사들을 퇴출시키려는 것 아니냐는 우려도 나오고 있는 상황이다.

2) 2015년 대한민국 언론은 권력으로부터 자유로운가?

역사적으로 볼 때 언론은 지배계급이 자신들의 정치적 의도를 은폐하거나 선전하고 계급 이데올로기를 유포하고 확산하는 중요한 수단으로 이용되기도 하였다. 굳이 먼 과거까지 갈 필요도 없이, 현 정권의 나팔수와 애완견 노릇을 하고 있는 종편들의 모습만 보아도 쉽게 이해가 될 것이다. 언론이 지배계급의 정책적 실패를 은폐하고 그들의 지배체제를 정당화하기 위하여 국민들에게 왜곡된 정보를 제공하는 것은 국민주권의 원리를 핵심으로 하는 민주주의의 원리와 명백히 배치된다. 과거와 마찬가지로 권력으로부터 자유를 획득하는 것은 여전히 언론의 중요한 과제이지만 지금은 정치권력뿐만 아니라 자본으로부터도 독립을 보장받아야 하는 것이 언론의 긴요한 과제가 되고 있다. 정치권력과 자본, 언론이 야합을 통해 그들의 지배체제를 구축하고 단단히 하려는 것은 우리가 역사적으로 많이 보아왔듯이 더욱 경계해야 하는 부분이다.

특히 방송의 사회적 영향력이 갈수록 커지고 있는 상황에서, 방송이 단순한 이윤추구 수단이나 권력의 도구로 전락할 경우 방송의 공공성에 위협을 받을 수밖에 없다. 방송이 공익적이기 위해서는 방송을 관할하는 규제 행정기구와 방송 사업자가 독립적으로 작동할 수 있어야 한다. 하지만 한국 방송 현실을 보면 정치권력이 바뀔 때마다 공영방송사 사장 퇴진 논란과 이를 둘러싼 사회갈등이 주기적으로 반복되고 있고, 이에 따른 상당한 기회비용을 치루고 있다.

올해 초 〈국경 없는 기자회〉가 발표한 '2015년 세계 언론자유 지수'에서 한국이 180개 국가 중 60위를 차지했다. 작년 57위에서 3계단 떨어졌다. 이젠 이런 부끄러운 기록들이 별 대수롭지도 않다. 이명박 정부를 거쳐 박근혜 정부 3년을 이어오는 동안, 우리의 언론이 어디까지 추락할 수 있는지를 언론 스스로가 보여주고 있기 때문이다. 특히 세월호 참사를 겪으면서 한국 언론의 부끄러운 민낯이 까발려졌고, 현재까지도 전혀 개선되지 않고 있다. 오히려 그들의 본질을 속 시원히 드러내고 더 공고해지고 있는 듯한 느낌마저 든다.

언론이 항상 중립적이고 객관적이어야 한다는 것은 환상에 가까운 얘기다. 하나의 언론 또는 하나의 기사 안에서 객관성을 유지하라고 하는 건 어쩌면 무리한 요구일 수도 있다. 하지만 적어도 언론이 갖추어야 하는 기본수칙과 품격을 지키려는 최소한의 노력은 있어야 하는 것은 아닐까?

3) 분노와 부정적 정서 유발 언론

현재의 언론은 공정하지도 않지만, 체면과 품격, 논리마저 부족한 경우가 많다. 논리의 공정성과 설득력 대신 막말을 통한 정서 분출이 종종 눈에 띈다. 문제의 핵심을 벗어나 자극적인 주변적 문제로 국민적 관심을 돌려 여론을 호도하고 있다. 특히 종편의 대표적 프로그램으로 자리 잡은 정치 토크쇼의 선정성은 도를 넘은 지 오래다.

가장 대표적인 예가 바로 세월호 참사 이후 불거져 나온 '유병언 관련' 보도다. 분명 세월호 참사의 본질은 한국 사회의 구조적 문제다. 그러나 종편의 정치 토크쇼는 '숨은 유병언 찾기'에 혈안이 되었고, 유대균 씨가 체포된 후 은신기간 동안 오피스텔에서 '뼈 없는 치킨'을 시켜 먹은 사실을 하루 종일 분석하기에 바빴다. 일부 북한관련 보도의 선정성도 위험수준이다. 어떤 프로그램에서는 탈북자 출신 또는 극우성향 패널들이 출연해 김정은의 고도비만으로 인한 성기능 장애나 급사 가능성 등을 제기하기도 했다. 이것은 국가안보를 담보로 한 시청률 장사다. 그리고 역사적 사실을 왜곡하여 시청자에게 잘못된 정보를 전달하기도 한다. 실제로 2013년 5월 13일 방송된 TV조선의 '장성민의 시사탱크'는 5·18광주민주화운동에 북한군이 개입했다는 내용의 방송을 내보내 방송통신심의위원회로부터 '관계자에 대한 징계 및 경고'라는 법정 제재를 받기도 했다.

근거가 명확하지 않은 예단과 편파적 해석, 자극적인 감정표현 등은 결국 한국 언론의 위상을 깎아내리는 결과를 초래하고 있다. 뿐만 아니라 대립적인 두 집단 간의 갈등을 지나치게 강조하여, 정치나 사회에 대한 분노와 부정적 정서를 끊임없이 유포하고 전염시키고 있다는 것이다. 이렇게 누적된 분노와 부정적 정서는 결국 정치와 사회 전반에 대한 혐오감을 불러일으킬 것이다. 역사를 국정 교과서로 배운다고 학생들이 우리 사회를 긍정적으로 인식하지 않는다. 일상적으로 접하는 언론이 끊임없이 유포시키는 사회와 정치에 대한 부정적 정서가 우리 사회를 비관하게 만드는 주요 원인이라는 것을 분명히 인식해야 할 것이다.

2. 디지털 범죄와 해결책

1) 미디어 기술 발전의 명과 암

미디어 기술의 발달로 인한 순기능도 있지만, 이에 발맞추어 필연적으로 역기능도 급속하게 증가하고 있다. 특히 스마트폰, 스마트 TV, 태블릿PC 등으로 대표되는 스마트 미디어는 이제 개인의 커뮤니케이션뿐만 아니라 사회, 문화, 경제 활동 등 모든 분야에서 변화의 중심이 되고 있다. 그러나 개인정보의 유출로 인한 사생활 침해, 그와 연관된 명예훼손이나 비방, 타인의 저작물을 무단으로 사용하는 등의 재산권 침해와 같은 디지털 범죄가 심각하게 늘어나고 있는 것이다. 예를 들어 SNS에서 '이름-고등학교'의 조합만으로 개인의 신상이 밝혀지기도 하고, 구글의 '스트리트 뷰'는 카메라를 장착한 차량이 지나가면서 거리 모습을 촬영하기 때문에 불특정 다수의 사람들이 불시에 포착된다. 자신도 모르게 사생활 침해, 초상권 침해가 일어날 수 있는 것이다. 그런가 하면 학원가를 중심으로 N드라이브나 다음 클라우드와 같은 클라우드 서비스가 불법음란물과 불법저작물의 유통경로로 급부상하고 있어서 스마트 미디어는 청소년 사이에서 불법유해정보 문제를 야기하기도 한다. 또한 스마트 미디어 이용자들이 능동적인 커뮤니케이션의 주체로 등장하면서 명예훼손과 비방 등 타인의 권리를 침해하는 사례도 늘어나고 있다. 이처럼 스마트 미디어가 발달할수록 이용자들의 저작권, 프라이버시, 명예, 초상권 등 개인의 권리가 침해당하거나 타인의 권리를 침해할 가능성이 매우 높아지고 있는 것이다. 하지만 이러한 문제에 대한 해결책을 시급히 마련하기 위해 무조건적인 제재나 감시는 또 다른 문제를 야기할 수도 있다. 인터넷 실명제를 실시해 사이버상의 악성 댓글의 피해를 막고자한 사례를 살펴보면서 어떤 방식으로 디지털 범죄 해결책에 접근해야 하는지 알아보고자 한다.

2) 악성 댓글! 인터넷 실명제로 해결?

악성 댓글은 유명 인사나 일반인에 이르기까지 무차별적으로 이루어지고 있고, 악성 댓글로 인한 피해는 자살, 우울증 등 심각한 지경에 이르고 있다. 최근 스마트폰을 이용한 SNS 사용의 급증으로 그 정도가 더욱 가속화되고 있는 상황이다. 연예인들이나 스포츠 스타 등은 대중의 관심을 받으며 살아가는 사람들이기 때문에 상대적으로 악성 댓글에 대한 피해가 클 수밖에 없으나, 일반인들도 점차 그 피해의 정도와 횟수는 증가하고 있는 추세다.

악성 댓글로 인한 이러한 피해를 막기 위해 방송통신위원회는 2007년 1월 "정보통신망 이용 촉진 및 정보보호 등에 관한 법률"을 통해 제한적 본인 확인제(인터넷 실명제)를 도입하였다. 제한적 본인 확인제는 인터넷에서의 허위, 비방, 음란성 댓글 등 무분별한 게시물 작성을 방지하고 건전한 인터넷 이용 문화를 조성하기 위해 도입된 인터넷 실명제라고 할 수 있다. 이 제도는 익명성과 일탈 행위 간 인과성이 있음을 전제로 개인의 이름과 주민번호를 남김으로써 인터넷에서의 일탈 행위가 줄어들 수 있다는 가정에 근거한다.

하지만 인터넷 실명제 도입과 실행 대한 우려의 목소리도 있다. 익명성과 일탈 행위 간의 인과관계를 항상 일률적으로 나타나는 것은 아니며, 익명성을 통한 몰개성화 효과로 인해 탈규제 현상이 나타난다는 주장이 잘못된 것이라는 비판의 의견도 많다. 즉 일탈행위는 낮은 자기 통제의 정도에서 비롯되며, 자기통제는 익명성 외에 인터넷 사용 시간, 사이버 언어폭력에 대한 개인의 태도나 윤리 의식, 일상에서의 긴장 정도, 언어폭력에 대한 노출 정도 등 다양한 요인들의 영향을 받는다는 것이다.

그리고 제한적 본인 확인제가 표현의 자유를 제한하고, 개인 정보 보호와 사생활 비밀권을 침해하여, 결과적으로 행복추구권에도 위배된다는 것이다. 무엇보다 이 법은 심각한 내용 규제로 과잉금지 원칙에 위반된다는 사실이다. 이는 현실 공간이든 가상공간이든 개인이 정치적 비판을 포함하여 사적 효용을 극대화하는 활동을 하는 데 실명을 사용할 것인지 익명을 사용할 것인지는 자신이 선택할 문제이고, 이러한 권리는 이미 헌법에 보장되어 있는데, 그것을 다른 법으로 제한한다는 것이 맞지 않다는 것이다. 이는 결과적으로 네티즌들의 활발한 커뮤니케이션을 가로막음으로써 인터넷 산업 전반을 위축시켰다. 제한적 본인 확인제 실시 이후 악성 댓글 뿐만 아니라 전체 댓글 수 자체가 줄어들어 전체 댓글에서 악성 댓글이 차지하는 비중은 실제 줄어들지 않았음을 지적한 연구도 있다.

3) 인터넷 실명제 위헌인가, 합헌인가?

이러한 논란 끝에, 헌법 재판소는 지난 2012년 8월 이용자수가 일정 수준을 넘는 인터넷 게시판에 글을 쓸 때 반드시 실명인증을 하도록 한 정보통신망법 제44조의5 제1항 등에 대해서는 위헌 결정을 내렸다. 본인확인제를 규정한 정보통신망법이 인터넷게시판 이용자의 표현의 자유와 개인정보 자기결정권, 인터넷게시판을 운영하는 정보통신 서비스제공자의 언론의 자유를 침해한다는 것이 이유였다.

하지만 이러한 결정을 뒤엎고, 2015년 7월에 다시 헌법재판소가 공직 선거법상 인터넷 실명제는 합헌이라는 결정을 내렸다. 이는 선거상의 공정성을 확보하기 위한 것으로서, 인터넷 실명제가 게시판 이용자의 정치적 익명표현의 자유와 개인정보자기결정권, 인터넷 언론사의 언론자유를 침해한다고 볼 수 없다고 그 이유를 밝혔다. 선거운동기간 중 왜곡된 정보가 인터넷 언론사 게시판 등을 통해 빠르고 광범위하게 퍼져나갈 가능성이 있고, 인터넷 언론사의 공신력 등이 이런 현상을 가중시킬 것이라는 것이다.

그러나 오히려 선거라는 특수성 때문에 익명의 정치적 의사표현을 보장받아야 하는 것은 아닌가 하는 의구심이 든다. 왜냐하면 표현의 자유는 민주국가에서 가장 중요한 기본권인데, 정치적 보복의 두려움 없이 자신의 생각을 자유롭게 표출하고 권력을 비판할 수 있게 하려면 익명 표현이 자유롭게 허용되어야 하기 때문이다. 인터넷 게시판 등에서 이뤄지는 정치적 익명표현을 규제하게 되면, 자기 검열을 할 수밖에 없게 되고 비판적 표현을 소극적으로 하거나 자제하게 되는 것이 사람의 심리다. 이는 의사표현 자체를 위축시켜 민주주의 근간인 자유로운 여론 현성을 방해하여, 결과적으로 국민의 자유로운 정치참여와 표현의 자유를 극히 제한하고 통제하는 기제로 악용될 수도 있다는 것이다. 그동안 정부와 정책 당국은 이러한 디지털 미디어의 발달에 따라 침해될 수 있는 이용자 권리의 보호를 위해 관련 법령을 신설, 정비하는 등 제도적 장치를 마련하여 이에 대응해왔다. 그러나 제도나 규제 신설, 강화는 그 미디어의 속성에 알맞게 마련되어야 할 것이다. 인터넷 실명제 사례에서도 알 수 있듯이, 해당 미디어 산업을 위축시킬 수도 있으며 국민의 기본권인 표현의 자유를 침해하여 온라인 공간 활동의 족쇄가 될 수도 있기 때문에 신중하게 검토하고 접근해야 한다.

3. 미디어 중독

1) 디지털 사회의 심리적 스트레스, 갈등, 소외

디지털 범죄와 같은 극단적인 일탈로부터의 피해가 아니더라도 지금과 같은 디지털 중심의 사회에서 살아가려면 디지털 사회의 혜택만큼이나 디지털로부터 오는 각종의 스트레스를 경험하게 된다. 정도의 차이는 있겠으나 일반 가정에서나 직장에서 인터넷이나 모바일과 같은 디지털 기기로 인한 여러 가지 문제들을 흔하게 목격하곤 한다. 가령, 인터넷이나 모바일 중독 증후군을 보이는 자녀를 둔 부모, 인터넷 게임과 때와 장소를 가리지 않고 모바일 채팅에 열중하는 자녀들, 인터넷 쇼핑 중독에 빠진 아내, 직장에서 몰래몰래 메신저를 교환하거나 주식시세 들여다보느라 일처리 못하는 회사원, 쓸데없이 인터넷 서핑에 시간 가는 줄 모르는 사람들, PC방에 틀어박혀 집에 들어오지 않는 학생, 가정에서도 각자 핸드폰에 열중하느라 대화가 사라진 가족, 통신비 과다 지출에 따른 부모와 자녀 간 갈등 등등 말이다. 이런 모습들은 이제 우리 주변에서 발견하지 그다지 어렵지 않다. 중독의 수준까지는 아니더라도, 가정과 직장에서 하루에도 수없이 경험하는 디지털 스트레스를 야기하는 현상들이다. 그렇다고 디지털 기기를 배척하거나 멀리할 수도 없다. 사회 내 너무 많은 부분이 이미 디지털과 연관되어 있기 때문이다. 이미 절대적 다수가 인터넷이나 핸드폰을 사용하는 우리 사회에서는 이들 디지털 활용에 대한 사회적 강제가 존재하기 마련이다.

인터넷이나 모바일이 사회 내 주요한 정보루트이자 관계망 형성에 주도적인 미디어라는 점에서 이를 소유하지 못하거나 혹은 잘 활용하지 못하는 사람들의 경우에는 상대적 박탈감, 혹은 결핍 등의 스트레스를 받을 가능성이 높다. 새로운 기술에 적응하지 못하거나 제대로 활용하지 못하는 사람들은 주류에서 밀려나는 듯한 심리적 압박을 받기도 하고, 경제적인 이유로 접근조차 하지 못하는 사람들은 사회에서 소외되는 등의 느낌을 실질적으로 경험하게 되기도 한다. 결국 디지털 기술을 향유하든, 그렇지 않든 향유의 결과가 긍정적이든 부정적이든 그 어느 누구도 디지털 기술과 문화로부터 자유로울 수는 없다.

2) 디지털 몰입, 의존, 중독

디지털 미디어는 이미 생활의 일부분이 됐기 때문에 디지털 중독이란 표현 자체가 맞지 않으며, 중독이라는 표현보다는 몰두, 혹은 몰입이라는 표현이 적절하다고 한다. 몰입flow은 중독이나 의존과 같은 부정적 효과와 달리 긍정적인 효과를 의미할 때 사용되는 용어이다. 몰입이란 '스스로 좋아서 하게 되는 어떤 일이나 놀이, 또는 어떤 활동에 집중하여 즐기게 될 때 느끼게 되는 긍정적인 정서 및 의식의 상태'를 의미한다. 몰입은 몰입을 통해 좋은 방향으로, 즉 의식의 성장과 자아의 확장 및 발전에 기여하는 한편, 중독은 몰입에 의해 한 대상이나 활동에 탐닉하게 되어 의존하며 결국은 헤어나지 못하게 되는 것이다. 몰입이 중독 직전의 단계로서 명확한 목표의식과 긍정적이고 건전한 형태의 심리적 작용이라고 한다면, 중독은 목표가 없는 부정적이고 병리적인 상태를 말한다. 중독과 몰입을 구분하는 중요한 기준은 자신의 행동을 얼마나 통제할 수 있느냐의 자기통제력이다. 자신의 행동을 제대로 통제하기 어려울 때 중독과 유사개념으로 자주 사용되는 것이 의존이다. 의존이란 원래 '어떤 약물과 같은 물질을 신체가 강하게 요구하는 것'을 말한다. 즉 그 물질이 없으면 생리적, 신체적으로 지내기가 어려워지는 상태를 의미한다. 더 나아가 의존증은 사람이 물질이나 행동에 대한 결과로 통제하기 힘들거나 불쾌한 정서를 경험하는 등 부정적인 면들을 경험하면서도 계속적으로 이용하는 상태를 발한다. 그래서 디지털 미디어 의존증이라는 용어를 사용하기도 하는데, 디지털 미디어 의존증이란 디지털 기기를 과도하게 사용함으로써 정신적, 신체적인 의존을 하게 되고 개인의 조절 및 통제 능력이 상실되어 심리적, 신체적, 사회적 그리고 직업적 문제를 일으키는 것을 의미한다.

이러한 디지털 미디어 몰입, 의존, 중독에는 디지털 미디어를 통한 게임, 채팅, 음란물, 쇼핑 등 다양하다. 더 큰 문제는 디지털 미디어 과다사용의 문제가 청소년에서 점점 아동으로 넘어가고 있다는 점이다. 아직까지 자기 통제에 미숙한 아동기의 미디어 중독은 성인

보다 그 위험성이 높은 것은 당연할 것이다.

3) 인간 커뮤니케이션의 단절 : 디지털 폐인, 디지털 히키코모리

그동안 중독의 원인을 개인의 심리적 혹은 성격적, 환경적 요인에서 많이 찾아왔다. 사회에 적응하지 못했거나 결손가정에서 성장과 같은 한 개인의 부적응 문제로 몰아가는 경향이 대부분이지만 최근 우리 사회의 디지털 미디어 중독 실태를 보면 이제 더 이상 특별한 어느 한 개인이나 가정만의 문제가 아닌 일반 개인에게도, 평범한 가정에서도 흔하게 일어나는 현상이라는 점이다.

디지털 중독은 일반 중독과 마찬가지로 내성과 금단, 두 가지 증상을 동반한다. 디지털 미디어로 인해 학습, 직장, 가정 등 현실 생활에 심각한 지장을 초래하고, 디지털 기기를 손에서 놓지 않으며, 만약 없으면 불안, 초조, 강박, 충동 등의 금단 증상이 나타난다. 이 금단현상이 심해지면 충동적인 행위로 폭력까지도 행사하게 되는 경우도 종종 발생한다. 이 밖에도 가족 간의 대화의 단절로 인한 구성원 간의 소외현상도 중독의 결과가 빚는 현상중 하나이다. 중독의 양면성이라 할 수 있는데 현실에서의 소외가 온라인으로 사람들을 끌어들이고, 온라인 속 관계 짓기가 현실에서 자기 주변에 있는 사람들을 소외시키는 현상을 초래하게 된다. 즉 온라인 상의 네트워크가 단단해질수록 정작 옆에 있는 가족과의 네트워크는 느슨해지거나 해체되는 것이다. 소위 '디지털 폐인'이나 '디지털 히키코모리'라 일컬어지는 사람들처럼 하루 종일 방 안에 틀어 박혀 외부와의 소통을 끊고 모바일 채팅이나 게임 등에 중독되어 지내면서 사람과의 직접적인 면대면 교류와 소통을 거부하는 사람들을 생각할 수 있다.

이렇듯 미디어에 대한 과도한 의존이 가족 간 대화단절로 인한 가족관계의 붕괴, 우울증, 폭력성의 증대와 같은 부정적인 영향을 미치고 있으며 최근 게임 중독에 의한 유아사망사건이나 모친 살해사건처럼 반사회적 범죄행위의 원인이 되고 있다는 점은 부정하기 어렵다. 인간의 커뮤니케이션을 더욱 원활히 하기 위해 만들어진 미디어가 오히려 사람의 관계 단절을 야기했다는 점은 참으로 아이러니한 일이기도 하다.

디지털의 혜택이 커지면 커질수록, 디지털 세상에서의 사람들이 느끼는 정서적 격차나 교육적 격차만큼이나 심리적인 격차의 간격도 넓어지게 될 것이다. 디지털 사회가 우리에게 유토피아로 남아줄지 혹은 디스토피아로 남아줄 것인지는 모든 것은 결국 기술의 몫이라기보다는 이를 받아들이고 사용하는 사람들이 몫이다.

4. 미디어 수용자의 변모: 생각하고, 판단하고, 행동하는 수용자

이전 권위주의 시기의 신문 독자, 텔레비전 시청자들은 단순히 메시지를 전달받는 수동적 수신자, 수용자로 이해됐다. 이 때의 수용자는 획일적, 몰개성적, 불특정 다수로 간주되었다. 그래서 정부와 언론은 국민의 공익에 복무하기는커녕 특정 권력이나 사적 이익을 위하여 방송 매체를 남용했다. 하지만 지금은 수용자들을 둘러싼 미디어 환경이 너무나 많이 변화했다. 쌍방향적 커뮤니케이션이 이루어지는 디지털 미디어 환경에서 수용자는 자신의 의견과 반응 그리고 목소리를 적극적으로 개진하는 능동적 존재로 변모한다. 지상파를 비롯한 메이저 언론에 대한 신뢰도가 무너지고, 종편 등에서 공정성을 잃은 편파적 메시지를 전달하더라도 능동적 수용자들은 다른 채널을 통해 신뢰할 만한 정보를 획득하고 있다. 진실에 가까운 정보가 어떤 것인지 찾아내고 판단할 수 있으며, 제대로 된 정보를 콘텐츠화하여 다양한 플랫폼으로 확대, 재생산하는 생산자 역할까지 하고 있는 것이다. 아마도 권위주의를 갈망하는 박근혜 정부는 미디어 수용자들이 수동적 존재로 남아있기를 바랄 것이다. 하지만 가리고 왜곡하고 조작해도 디지털 시대를 살고 있는 수용자들을 계속 속일 수는 없다. 생각하고, 판단하고, 행동하는 수용자들의 무서운 힘을 결코 과소평가해서는 안 될 것이다.

〈참고 자료〉

김대호 외 (2014). 『소셜 미디어』. 서울: 커뮤니케이션북스.

김현철 (2013). 소통과 미디어중독. 〈학습과학연구〉, 7(3), 134–158.

문병효 (2011). 언론기관의 독립성과 표현의 자유. 〈헌법학 연구〉, 17(4), 227–266.

박문수 (2015). 새로운 현대 질병, 디지털 중독. 〈사목정보〉, 8(1), 97–100.

박장혁, 이환수 (2014). 국가, 기업, 개인의 정보보호 노력과 개인의 프라이버시 인식. 〈한국경영학회 통합학술발표논문집 〉, 837–856.

양동복 (2013). 스마트 미디어 이용자의 권리침해 및 규제에 대한인식과 태도 연구. 〈언론과 법〉, 12(2), 1–36.

정철운 (2015, 11, 14). 기울어진 언론 운동장, 국민의 눈과 귀 막는다. 〈미디어 오늘〉. URL: http://www.mediatoday.co.kr/news/articleView.html?idxno=126066

한국정보화진흥원(2012). '제한적 본인확인제' 위헌결정, 그 이후의 법적 현안과 개선과제. 〈법제 연구〉, 11.

한규섭(2014). 저널리즘과 사회과학적 관점에서 본 정치 · 시사 토크. 〈관훈 저널〉, 133, 74–80.

● 이 제도가 잘 이루어지지 않고, 위의 다른 대부분의 문제들도 이 제도를 민주주의 기반 위에서 잘 시행되면 해결될 수 있다고 생각한다. 현재 누리예산과 같은 중앙정부의 지출을 지방정부가 내고, 지방의 부동산 세금을 중앙정부가 가져감으로써, 진정한 자치가 이뤄지지 않고 있다. 이런 부분을 법으로 더욱 명확히 규정하여 지방정부의 독립적 권리를 보장해야 한다. 또한 한 도시의 시민으로써 같은 도시의 시민들과 더욱 연대하고 강력한 자기 의견을 표출하는 하나의 지방 자치의 힘을 키워야 한다. 또 중요쟁점으로 뽑힌 시장이 시민을 대변하지 않는 문제도 있다. 좋은 예로 성남시장인 이재명과 같은 성남시에서 아동 노동자 출신의 시민을 대표하는 대표자를 잘 뽑는 것이 있다. 역시 정치참여를 잘하는 것이 중요할 것 같다. (조형근 / 부산)

● 지방정부의 중앙정부 예속 심화로 인해 지방자치 운영이 원활하지 않은 실정입니다. 그로 인해 지역 사정에 맞추기보다 중앙 정

부 부처 입만을 바라보고 있습니다. 이를 시정할 필요가 있습니다. 이를 위해 지방공기업 사장에 대한 인사청문회 실시를 통해 낙하산 인사가 아닌 직무 능력이 탁월한 이가 지방 공기업 기관장으로 부임하도록 해야 합니다. 또한 지방자치단체 차원에서 '인사청문회 조례'를 제정해 운영할 필요가 있습니다. (임동우 / 부산)

● 정치인들의 부패가 문제인 것 같다. 이로 인해 세금이 낭비되고 있다. 국회의원 수를 줄여야 한다. 무엇보다도 정치가 너무 멀다. 시민의 말을 직접 듣는 창구가 있어야 한다. 소통의 창(인터넷 등)을 많이 열어야 한다. 정치인들의 대대적인 물갈이가 필요하다.

(김복애 / 부산)

지방자치의 꽃을 피우려면

●

이창우

1. 한국사회에서 가장 문제되는 분야 - 그 이유

민주주의가 공고해지려면 중앙정부나 중앙정치 수준을 넘어 분권과 풀뿌리 지방자치가 확립되어야 한다. 분권과 자치가 얼마나 정착되었느냐가 그 사회의 민주주의가 얼마나 뿌리 깊게 내렸느냐를 가늠하는 리트머스 시험지라고 할 수 있다.

최근 시행령 통치, 혹은 포고령 통치와 같이 입법부를 무시하는 행정 권력의 전횡이 심화되고 있다거나, 재벌체제라는 경제 권력이 이른바 '황제 갑질'을 대놓고 한다거나, 사법 권력은 '유전무죄 무전유죄', 혹은 '유권무죄 무권유죄'라는 자의적 잣대로 사법적 형평을 침해한다거나, 공영방송에 권력 해바라기 경영진을 낙하산으로 꽂아 언론자유를 침해하는 등 민주주의가 퇴행하는 현상이 지적됨에도 불구하고 1987년 민주화 이후 한국 민주주의는 세계적으로도 주목받을 정도로 빨리 발전해 온 것은 사실이다. 이러한 한국 민주주의의 성장은 87년 민주화 이후 여소야대 정치를 통한 다양한 영역에서의 자유권 확대 조치, 노동조합을 통한 분배 정의의 실현, 시민사회의 성숙을 통해 시민적 기본권이 확립되어 온 과정이었으며, 여—야간의 정권교체가 선거를 통해 민주적으로 진행되면서 한국사회의 민주주의가 공고화되는 과정을 거쳤다. 최근 민주주의의 퇴행에 대해 시민사회가 강하게 반발하는 것도 이렇게 형성되어 온 펀더멘틀이 있기 때문에 가능한 것이다.

지방분권과 자치도 더불어 진전되어오긴 했으나 여전히 재정, 인사, 사무에서 중앙권력에 의한 지배와 간섭으로부터 자유롭지 못한 '재정은 2할 자치, 분권은 3할 자치'에 머물러 있다. 이 때문에 중앙정부와 지방정부는 끊임없이 충돌하고 있다. 야당이 지방정부를 운영하고 있는 서울시의 경우 '메르스 사태'에 대한 방역 행정권을 두고 충돌한 것도 하나의 예다. 중앙권력이 지방정부에 대해 잠재적인 경쟁자로 의식할 경우 자치권을 축소시키기 위한 퇴행적 간섭까지 한다. 최근 중앙정부가 복지예산의 중복을 피하기 위해 지방정부의 복지 지출에 제동을 걸고 나서는 것은 그나마 빈약한 지방자치조차 회수하려 한다는 의혹을 받을만한 것이었다. 지방자치의 성장은 지역주민 스스로의 역량으로 만들어가는 것이긴 하지만 중앙정부가 적극적인 분권 정책을 시행하지 않고 거꾸로 지방정부를 옥죈다면 정상적으로 성장하기 어렵다.

따라서 조형근 씨가 지적한 것처럼 '지방자치를 민주주의 기반 위에서 잘 시행하면' 나머지 문제도 풀린다고 보는 것은 한국 현실에서는 일면적이다. 지방자치의 전제는 '지방분권'이다. 분권은 권력을 중앙집권화하려는 흐름에 맞서는 것이고 분권을 강제하는 힘이 강할 때 지방자치도 강화되는 것이다.

임동우 씨의 지적처럼 "지방정부의 중앙정부 예속 심화로 인해 지방자치 운영이 원활하지 않은 실정"이라는 지적도 올바르다. 더불어 중앙집권화에 저항하는 지방정부의 힘도 고려되어야 한다. 청년배당을 실시하겠다는 성남시의 경우처럼 강력한 분권의지를 갖고 자치행정을 구사하는 경우도 있기 때문이다.

2. 주요 쟁점이 되는 문제

임동우 씨는 현재 지방자치 분야에서 주요 쟁점이 되는 문제를 '지방공기업 사장에 대한 낙하산 인사'로 꼽았다. 지방공기업 낙하산 인사 문제는 감사 때마다 지적되어 온 문제이지만 감사가 끝나면 또 언제 그랬냐는 듯 도돌이표가 되는 문제다. 서병수 시장 취임 후에도 낙하산 인사는 여전했다. 이른바 '캠프 출신'이나 '학교 동문'들로 전문성과는 상관없는 정실 인사로 개혁과는 거리가 먼 인사였다. 이런 무능한 경영진에 의해 지방공기업은 방만한 부실 경영, 실적 부진, 도덕적 해이의 늪에서 헤어나지 못하고 있다. 부산도시공사와 교통공사, 시설공단, 환경공단, 스포원 등 주요 5개 지방공기업 부채는 시 전체 예산의 30%를 넘나들 정도로 부산시정부의 예산 운용에 막대한 부담을 주고 있다. 허남식 전 시장의 무리한 공약사업으로 추진된 부산도시공사의 동부산관광단지 개발사업은 결국 부산시를 부채의 수렁으로 빠뜨렸다. 부산도시공사가 허시장의 무모한 공약 사업에 부화뇌동하지 않고 독자적인 재무적, 경영적 판단을 했다면 이런 일을 벌였겠는지 한번쯤 생각해 볼만한 문제였다. 지방공기업에 부산시의 퇴물 관료를 낙하산으로 내리꽂고 시장이 마치 자신의 수하처럼 부리는 식이기 때문에 이런 참사를 빚는 것이다. 결국 부산시 가용예산의 상당액이 이자를 갚는 금융비용으로 지출되면서 서민들을 위한 복지 지출 여력이 고갈되었다. 덕분에 다른 시도에서 다 하는 중학교 무상급식 예산조차 부산시는 한 푼도 지원하지 않고 있는 것이다. 따라서 지방공기업 사장과 임원진을 낙하산, 혹은 관피아로 채우는 관행을 극복해 현장에서 일해 온 유능한 인재의 내부승진을 통해 직원의 사기를 높이고 전문 경영인을 데려다 쓰는 식으로 공기업 인사 혁신이 이루어져야 한다.

그러나 지방정치가 적절한 견제와 균형에 의해 지속적으로 권력 감시를 하지 못한다면 실제로 이루어지기 어렵다. 일례로 2014년 9월부터 부산시의회에서 꾸려진 공기업 특위에 의해 10개월간 공기업과 출자·출연기관에 대한 업무보고와 행정조사 활동을 벌여 부실·방만 경영, 부당 계약, 낙하산 인사 등 각종 문제점들을 확인했지만 바뀐 건 없다. 특위는 부산도시공사의 동부산관광단지 비리를 비롯해 △부산발전연구원 연구원들의 자질 문제 △아시아드컨트리클럽의 불법 쪼개기 발주 △공기업 기관장의 과다한 연봉책정과 주먹구구식 운영비 사용 △형식적인 이사회 운영 등 각종 문제점을 확인했다. 그리고 공기업 기관장에 대한 '인사청문회'제도의 도입을 요청했으나 시장은 이를 무시했고 새누리당 중심의 특위 위원들도 이를 강제하겠다는 의지를 보이지 않았다. 결국 새누리당이 독식하는 시정부와 시의회는 애초 견제와 균형과는 거리가 멀다. 시정부의 독주를 견제하고 감시해야 할 의회가 시정부 들러리에 불과하다 보니 지방 공기업 기관장에 대한 낙하산, 관피아 인사가 끊이질 않고, 이들에 의한 부실과 부정의 복마전은 의연히 지속되는 것이다.

3. 개인적 체험이나 사례

조형근 씨는 "누리예산과 같은 중앙정부의 지출을 지방정부가 내고, 지방의 부동산 세금을 중앙정부가 가져감으로써 진정한 자치가 이뤄지지 않고 있다"고 지방자치가 제대로 운영되지 않는 사례를 예시하고, 김복애 씨는 "세금 낭비"를 들고 있다.

두 사람 모두 지방자치를 위한 예산이 제대로 집행되지 않고 있음을 지적하고 있다. 누리과정 예산은 애초 박근혜 대통령 후보의 무상 보육 공약이었다. 어린이집의 소관 부처도 중앙정부인 보건복지부이며, 저출산 대책과도 맞물린 국가 사무고, 보편적 복지사업이므로 마땅히 국비로 해야 할 사업인 것이다. 그러나 정부는 일방적으로 지방재정법 '시행령'을 개정해 어린이집도 교육기관이라며 누리과정 보육비 예산을 지방교육청에 떠넘겼다. 그러나 부산시 교육청을 비롯한 14개 시 · 도 교육청은 누리과정 예산을 편성하지 않았다. 부산의 경우 2만 8천여 명에게 지원되는 누리과정 보육료 997억 원은 2016년 예산안에서 제외됐다. 전국시도교육감협의회가 어린이집 누리과정 예산 미편성을 결의한 대로다. 이 때문에 교육부와 지방교육청의 갈등이 깊어가고 있으며 정부는 누리과정 예산을 지방교육청이 편성하지 않으면 2017년 교부금에서 편성하지 않은 예산만큼 삭감하겠다고 협박하고 있다. 국세와 지방세의 비율은 8:2로 지방자치 예산이 턱없이 부족한데 중앙정부가 마땅히 부담해야 할 것은 하지 않고, 지방자치단체가 자율적으로 편성하는 예산에 대해서는 과도하게 간섭하는 것이다. 부산시 교육청의 경우 타 시도에서 이미 시행하고 있는 중학교 무상급식을 단계적으로 확대하기 위해 교육청 자체 예산을 편성했는데 국가 사무인 누리 예산을 편성하지 않았다고 2017년 교부금이 삭감한다면 예산권을 쥔 중앙정부에 의해 지방자치단체의 자율권이 박탈되는 것과 마찬가지인 셈이다. 결국 무책임한 중앙정부의 예산 정책으로 지역 주민만 손해 보는 꼴이 되고 있는 것이다.

4. 관련 쟁점을 해결하기 위한 방안

조형근 씨는 지방 재정 주권을 확보하기 위해 "지방정부의 독립적 권리를 법으로 명확히 규정하고, 지방자치단체간의 연대를 강화함으로써 지방분권과 자치의 힘을 키우자"라고 제안하고 있다.

그렇다. 지방자치를 위해서는 재정 주권을 비롯해 사무, 인사에서 지방정부의 독립성을 높여야 한다. 이런 당위론을 거부할 사람은 거의 없다. 박근혜 대통령도 후보시절 공약에서는 자치 입법권과 자주 재정권의 확대를 추진하겠다고 분명한 입장을 밝힌 바 있다. 그러나 거의 대부분의 공약이 빌 공자 공약이 되었거나 지방분권과 자치의 영역에서는 오히려 퇴행적 현상이 나타나고 있다. 예를 들어 서울시가 추진하려던 청년 수당을 중앙정부가 가로막고 나섰고, 중앙 정부가 반대하는 복지정책을 시행할 경우 그 액수만큼 벌금을 매기겠다고 협박하고 있다. 결국 지방정부가 시행 중인 복지정책도 '지방자치단체 유사 중복 사회보장사업 정비지침'이라는 걸 내려서 제동을 걸어 1,496개 사업, 1조원에 달하는 복지정책이 중단 위기에 놓였다. 이에 따라 650만 명이 피해를 보게 되었고 대부분 노인, 장애인, 저소득층이 그 대상이다. 지방자치마저 '국정화'로 치닫고 있는 것이다.

한국의 지방자치는 '2할 자치'다. 국세 80%, 20%가 지방세다. 게다가 지방세 지출도 60%만 지방정부 몫이고 나머지 40%는 중앙에서 타 쓴다. 돈 줄을 쥐고 있는 중앙정부가 40%를 갖고 지방정부를 흔들어댄다. 지방정부가 말을 안 들으면 돈을 안주겠다는 식이다. 한마디로 자치를 하지 말라는 말이다.

재정 자주권이 절실한 문제다. 가까운 일본만 하더라도 지방세 비중이 40%다. 재정 자주권뿐만 아니라 '자치 조직권'도 애처로운 수준이다. 박원순 서울시장은 이렇게 하소연했다. "런던은 부시장이 9명, 파리는 부시장이 20명이나 됩니다. 서울시는 적어도 5명은 있어야 한다고 생각하는데 우리는 조직을 마음대로 늘리거나 줄일 권한이 없습니다." 자치단체가 조직을 자주적으로 운영하는 것은 기본이다. 그러나 우리는 서울시, 광역시·도의 실·국 단위 이상의 기구는 중앙정부가 결정하고 과 이하 조직과 시·군·구의 행정기구만 지방자치단체 조례나 규칙으로 정하게 되어 있다. 광역 단체의 자치 조직권을 철저히 통제하고 있는 것이다. 지방자치는 각 지방마다 고유의 특성을 반영하는 조직을 가질 수 있다. 부산의 경우 핵발전소가 밀집되어 있는 지방이다. 따라서 핵발전소의 안전한 통제에 관한 지역민의 관심과 요구가 타 지역에 비해 크다. 그렇다면 그에 걸 맞는 기구를 광역자치단체가 설치할 수 있어야 한다. 지금은 불가능하다는 얘기다.

현재 지방자치법이나 시행령에는 부단체장의 수와 조직 등의 설립을 세부적으로 규정해 놓고 있다. 새로운 조직을 만들면 우선 중앙의 재가가 있어야 한다. 자치 조직권을 철저히 묶어놓고 있으니까 민간에 위·수탁 방식으로 '반관반민'의 공단이나 센터 같이 변형된 조직을 남발하게 되는 것이다. 따라서 지자체의 기구 조직권을 지방자치법이나 그 시행령으로 틀어쥘 게 아니라 지방 자치단체의 조례로 정할 수 있도록 해야 마땅하다. 지방자치법과 시행령의 자치 조직권을 침해하는 독소조항들은 폐지되어야 한다.

아울러 지방자치 사무도 대폭 이양되어야 한다. 전국시도지사협의회 주최로 지난 6월 열린 지방분권토론회에서 지방분권과제들이 지지부진한 데 대해 "중앙공무원들의 부처이기주의 및 기득권 유지 성향 등을 극복할 수 없었기 때문"이라는 분석이 나왔다. 예를 들면 김대중 정부 때부터 추진되기 시작된 자치경찰제 도입 문제는 경찰 내부의 이해관계에다가 검·경 간 수사권 독립문제까지 얽히면서 한 발짝도 못 나가고 있다. 지방환경청이나 국토관리청, 중소기업청 등 특별행정기관을 정비해 지방정부로 집행권을 넘기는 문제도 해당 중앙행정부처가 자기권한과 조직의 축소로 받아들이면서 지연시키거나 거부해 지난 20년간 제자리걸음을 하고 있다는 것이다.

지방자치발전위원회에 따르면 국가사무는 총 4만6천5개로 그 중 3천101개를 지방사무로 확정했는데 1천119개는 아직 이양되지 않았다. 따라서 명실상부한 지방자치를 위해서는 정부 각 부처가 가지고 있는 국가사무 중 지방에 이양할 사무를 이양하기 위한 '지방일괄이양법'과 같은 특별법이 조속히 제정되어 분권을 강제해야 한다. 중앙정부는 결코 "기득권을 내놓지 않겠다"고 말하지 않는다. 대신 지방정부의 부패와 무능을 들어 자치역량이 아직 부족하기 때문에 사무이관은 시기상조라고 한다. 틀린 말이 아닐 수도 있다. 특히 일부 자치단체의 부패와 방만한 운영으로 자치권이 오히려 권한남용과 혈세 낭비의 주범이라는 인식이 뿌리 깊다. 부산처럼 새누리당이 단체장과 의회를 독식하고 있는 지역은 내부 감시와 견제가 거의 없다. 그래서 풀뿌리 민주주의가 아니라 '풀뿌리 독재'라는 비판을 받는다. 그러나 그것은 별개의 문제다. 분권과 자치가 강화될수록 지역민의 지방정치에 대한 관심과 견제의 요구는 강화될 수밖에 없다. 부패의 문제는 지방정부의 공무원 수가 중앙정부보다 훨씬 많고, 대민 업무가 많기 때문에 부패 노출도가 큰 탓이다. 구더기 무서워 장을 담그지 말아야 한다면 모를까 분권과 자치의 강화는 민주주의의 시대적 추세다. 다만 자치 역량 강화를 위한 제도적 대안도 함께 모색되어야 한다. 이러한 분권과 자치의 강화, 명실상부한 지방자치 시대를 열어가기 위한 법 제도의 정비는 절실하다. 그러나 위에서도 살펴보았듯이 박근혜 정부는 오히려 지방자치를 축소시키기에 여념이 없다.

이에 대해 '지자체 간의 연대를 강화해 분권과 자치의 힘을 키우자'는 제안은 아무리 강조해도 지나치지 않다.

임동우 씨는 지방 공기업 사장에 대한 낙하산 인사가 지방공기업의 방만, 부실 경영의 원인이라는 진단 하에 "지방공기업 인사청문회 도입하자"는 제안을 내놓았다. 정당한 제안이다. 지방정부에 막대한 부담을 안기는 부채의 상당 부분이 지방공기업의 부실 경영에서 비롯되는 것이므로 지방공기업에 전문 경영인이 발탁되거나 내부 승진을 통해 직원의 사기를 드높일 필요가 있다. 따라서 단체장이 정실 인사를 한다거나 관피아의 낙하산을 견제하는 장치이자 제대로 된 인사 검증을 위한 인사청문회 제도 도입은 적절한 제안이다.

사실 지방 공기업 사장에 대한 인사청문회 제안은 새로운 것이 아니다. 최근에는 전국 시·도의회 의장협의회가 광역자치단체 부단체장과 공공기관장 등에 대해 지방의회의 인사청문회 도입을 주요 내용으로 하는 '지방자치법' 개정을 촉구하기도 했다. 협의회는 자치단체장이 부지사와 부시장 등 개방형 고위 공무원과 지자체 출연·출자기관 등 공공기관의 수장을 임용할 때 인사 전횡과 정실·보은인사를 사전에 차단하기 위해서는 법적으로 인사청문회가 의무화돼야 한다고 주장했다. 그러나 이를 위해서는 지방자치법과 지방공기업법 등을 정비해야 한다. 이미 전북과 광주에서 지방공기업 사장 임명에 앞서 지방의회의 인사청문회를 거치도록 하는 조례를 제정한 적이 있다. 그러나 대법원은 '지방공기업법에 위반돼 무효'라는 판결을 내렸다. 따라서 지자체 인사청문회 실시를 규정하는 지방자치법 개정안과 지방공기업법 개정안을 통과시켜 법률적 불완전성을 해소해야 한다. 그러나 지난 2012년 지방공기업 사장을 대상으로 인사청문회를 할 수 있도록 한 지방자치법 개정안은 국회 상임위 서랍 속에서 잠들어 있다. 행정자치부는 "지방공기업 사장 임용 권한은 지방자치단체장에게 있다. 또 정부 산하 공기업 사장 임용에도 없는 인사청문회를 지방공기업에 적용할 필요가 있느냐"며 부정적인 태도를 보이고 있다. 법률을 개정해야 할 국회가 뒷짐 지고 있고 정부는 아예 부정적이다.

그러나 개혁적 자치단체장이 스스로 인사 검증제도를 도입함으로써 모범을 창출한다면 문제가 달라질 수 있을 것이다. 조례를 만들면 상위법에 상충되므로 법원이 무효 판결을 내리는 건 어쩔 수 없다. 그러나 단체장이 스스로 시의회의 상임위에 자신이 인사 제청한 공기업 임원 후보의 인사 검증을 요청한다면 그것을 부정하긴 쉽지 않을 것이다. 개혁적 단체장이라고 하더라도 자신이 가진 인사 파일에서 빠져 있는 점을 검증대를 거치며 보완하려는 의지를 보여주는 것이므로 칭찬받을지언정 비난받지는 않을 것이다. 이런 인사검증 시스템이 사전적인 검증이라면 공기업 경영 실적에 대한 사후적 평가를 통해 사후 검증하는 것도 중요하다. 지방공기업법에 의해 지방공기업 경영정보공개시스템Local Public Enterprise Clean-Eye이 2007년부터 도입되어 운영되고 있다. 지방공기업경영정보공개시스템의 소개란에는 "지하철, 택지개발, 공공시설운영 등 주민생활서비스 제공에 중요한 비중을 차지하고 있는 지방공기업 또한 개별기업의 경영정보를 통합하여 하나의 정보사이트에서 공시함으로써 지방공기업에 관한 국민의 알권리를 충족함과 동시에 지방공기업은 경쟁력을 갖추고 본연의 역할을 충실히 수행하도록 자극하는 역할도 가지고 있습니다. 클린아이는 2007년 시스템 개통 이후 공시 항목도 초기 30개 항목에서 2015년 현재 65개 항목으로 지속적으로 확대개편을 추진하고 있습니다. 또한, 2009년부터는 지방공기업법령 개정을 통해 지방공기업의 경영정보를 통합 공시 할 수 있도록 법적 근거를 마련하여 공시의 기준과 방법, 내용 등을 보다 보완 발전해 나가고 있습니다" 그러나 이런 공시 싸이트를 운영함에도 불구하고 부실 경영, 불투명한 계약, 방만 경영 등의 문제는 여전하다. 시민적 감시와 견제가 더더욱 절실한 이유다.

5. 쟁점과 관련한 새로운 아이디어

조형근 씨의 '시민을 대표하는 대표자를 잘 뽑아야 한다'는 것은 특별히 새로울 것이 없는 아이디어이긴 하지만 너무나 '중요한 아이디어'가 아닐 수 없다. 아울러 임복애씨의 '너무나 먼 정치'를 가까이 끌어당기기 위한 소통도 빼놓을 수 없는 아이디어다. 이 모두는 '정치의 효능감'과 관련되어 있다. 민선 지방자치가 주는 효능감은 이명박 서울시장의 버스 공영제 도입과 청계천 복원 사업 등을 통해 꽤나 부각되었으며 김상곤 교육감에 의해 도입된 학교 무상급식, 박원순 서울시장이 도입한 서울시립대 반값등록금 등으로 주민의 대표자를 잘 뽑는 것이 시민의 생활, 삶의 질을 개선하는데 도움이 된다는 걸 체감할 수 있게 되었다. '정치'라는 것이 시민의 삶과 무관한 영역에서 그들만의 권력 다툼이 아니라 시민의 '살림살이'를 낫게도 나쁘게도 만들 수 있는 것이라는 것을 직접 경험했기 때문이다.

정치의 효능감을 높이는 것은 주민-시민-국민의 정치 참여를 북돋워 민주주의를 제대로 작동케 만드는 길이기도 하다. 그런 의미에서 '생산성이 높은 정치'가 필요하다. 즉 87년 체제가 권위주의 독재

정권을 극복하고 정치적 민주화의 길을 열었다면 87년 체제를 넘어서는 길은 사회경제적인 삶의 질을 개선하는 '밥 먹여주는 민주주의'의 길을 개척하는 것이다. 사회경제적 민주의의 심화는 민주주의 그 자체를 한 단계 업그레이드시킨다. 소모적 정쟁을 넘어 주권자들의 이해와 요구에 맞는 '정책'을 두고 경쟁하는 정치가 정착되는 것이다.

6. 한마디

임복애 씨의 '정치인 물갈이'는 정치가 바뀌어야 한다는 열망을 단적으로 표현한 것이다. 그러나 한국 정치는 한마디로 '물갈이의 역사'였다고 해도 과언이 아니다. 선거 때마다 40% 내외가 바뀐다. 다른 나라에 비해서도 한국에서 국회의원 물갈이 비율은 다른 어느 나라보다 크다. 그러나 그럼에도 정치가 바뀌었다고 느껴지지 않는다. 노회찬 전 의원의 말처럼 판을 갈지 않고 고기만 갈아봤자 금새 고기가 새까맣게 타버리는 것이다. 결국 판을 갈아야 한다는 말이다.

같은 일을 하고도 절반의 임금을 받는 비정규직이 850만을 넘어섰으며 청년들의 생애 첫 직장이 대부분 그 비정규직이며 계층 상승의 사다리는 끊어졌다. 이것은 개개인이 못나고 모자라서가 아니다. 가계 빚은 1천100조를 넘어서는데 기업이 쌓아놓은 사내유보금은 700조가 넘는다. 정부 곳간은 비어서 누리과정 예산도 편성하지 못해 당장 보육대란을 걱정해야 한다. 가계와 정부는 가난한데 기업만 살쪄왔다. 명백한 구조적 부정의다. 구조를 바꾸지 않으면 안 된다. 판을 갈아야 하는 것이다. 인물도 바뀌어야 하지만 구조를 근본적으로 바꿀 정당 정치 구조 자체가 바뀌어야 하는 것이다. 북유럽 복지 국가를 꿈꾼다면 일본식 자민당 체제를 북유럽식의 진보정당이 주류화할 수 있도록 정당정치 자체를 바꾸어야 한다. 3급수에 2급수를 타면 3급수가 2급수 되는 게 아니라 2급수가 3급수가 되어버린다. 좋은 사람 버렸다고 탓하기 보다 아예 판 자체를 갈아버리는 상상을 해야 하는 것이다.

지방자치도 마찬가지다. 지방자치가 꽃피려면 '지방 정치'가 제대로 균형을 잡아야 한다. 새누리당 일당 독주를 허용한 상태에서 지방자치가 꽃피길 기다리는 것은 죽은 나무에서 꽃이 피길 기다리는 것과 같다. 일당 독주를 뛰어넘는 정당간 경쟁체제를 구축하려면 지금과 같은 승자 독식의 소선거구제가 아니라 비례대표제나 중대선거구제를 통해 다당제 지방정치를 구조화 해야 한다. 즉 기초단체의 정당 공천을 배제하는 식의 정당 정치 제거가 아니라 오히려 정당정치를 적극 끌어안으면서 '비례성'을 높이는 방향으로 물꼬를 틀어야 하는 것이다. 이전에도 정당공천하지 않았던 선거가 있었으나 그것이 지방자치를 정상화시켰는가? 오히려 권력 자원이 풍부한 지역유지들의 풀뿌리 보수화를 심화시키지 않았는가?

● 사회의 편 가르기가 날로 심해짐을 느낍니다. 우리 사회의 오랜 문제인 지역갈등뿐만 아니라 남성과 여성 간의 혐오나 부자와 그렇지 않은 계층 간의 갈등, 서로 다른 정치성향 간의 갈등과 같이 사람을 둘로 나눠 미워하고 싸우기 바쁩니다. 물론 사회에서 갈등은 불가피한 것이고 사회를 한층 발전시킬 수 있는 기회가 되기도 하지만 현재 우리 사회의 갈등은 건강하게 해소해 나가지 못하고 서로 비방하고 증오하는 데 혈안이 되어 있다는 것이 문제입니다. 저는 이 분야에서 특히 주된 문제로 여성혐오로 대두되는 남녀갈등을 뽑고 싶습니다. 제가 직접적으로 경험한 것은 아니지만, 뉴스기사의 댓글을 보거나 온라인상의 글들을 읽다 보면 심각성을 많이 느끼고 있습니다. 김치녀와 같이 한국 여성을 비하하는 단어뿐만 아니라 한 사람의 잘못을 남자 전체의 문제로 여기거나, 여자 전체의 문제로 여기고 성별 간 편을 나눠 헐뜯는 것이 도를 지나친 것 같습니다. 같은 것은 같게, 다른 것은 다르게 교과서에도

나오는 어렵지 않은 말인데도 지켜지기가 어려운 것 같습니다. 서로의 차이를 이해하고 고충을 간접적으로 느낄 수 있는 공익광고 영상을 제작하고 남녀 간 혐오감정을 해소하자는 캠페인을 여는 것은 어떨까 합니다. 예를 들면 '세대별 한국 남성의 고충, 토닥토닥', '세대별 한국 여성의 고충, 토닥토닥'과 같이 서로 힘든 점을 감싸주고 이해하고 듣자는 캠페인을 하는 것입니다. 위와 같은 공익광고를 구체적으로 예를 들면 데이트하는 남녀의 모습이 나오고 식당에 들어가 여자는 푹신한 소파 쪽에, 남자는 바깥쪽 의자에 앉는 모습을 잡아주며 '늘 양보해 온 남자친구에게 고맙다고 말해보세요'라는 자막이 나오게 하거나, 직장 내에서 차별받은 여성의 모습을 영상으로 만들고 '아직 덜 평등한 사회, 토닥토닥'이라는 자막이 나오게 하는 것처럼 서로의 힘든 점을 날고 이해해보려는 기회를 만들어보면 좋을 것 같습니다. 또한 거리캠페인으로 Free허그처럼 지나가는 남녀가 서로 토닥여주는 힐링 캠페인을 하는 것도 좋을 것 같습니다. 사회에 대해 문제 삼거나 불평하면 그저 불만많고 투덜거리는 사람이 될 뿐이었기에 사회문제를 외면하게 되었는데 시민의 목소리를 의제로 삼는다니 좋습니다.

(익명 / 김해)

● 기본 인권에 대한 의식이 아직 제대로 자리 잡지 못했다.(생활 깊은 곳에~) 데이트 성폭력이 애인 사이에 거의 40%나 생긴다는 것은 타인의 인권을 존중해야 된다는 가장 밑바탕의 인권의식이 아직 우리나라 사람들 의식에 침투되지 못했다는 의미이다. 그래서 그 문제가 소수자 차별 비정규직 차별 알바생차별 등 사회 모든 문

제로 연결된다. 어느 직장에서든 젊은 여성은 부당하게 차별받는다. 차별금지법을 더욱 구체적으로 만들고 강제성을 띄어야 한다. 성폭력 문제 경우 법은 어느 정도 정비가 된 것 같지만 내 여자는 쉽게 다룰 수 있다고 한국 남자들이 생각하는 경향이 있는 것은 어릴 때부터의 철저한 생활로부터의 인권교육이 이루어지지 않았기 때문이다. 이를 위해 구체적인 법을 제정하고 페미니스트들의 목소리를 키워야 한다고 생각한다. (채석인 / 부산)

● 여러 가지 문제가 있지만 비정규직, 갈등, 최근 이슈화되고 있는 갑질 등의 문제는 자신의 이익을 추구하면서 발생한다. 이런 것은 이기주의에서 비롯되었다고 생각한다. 갑질 등과 같은 이기주의로 인해 도덕성에 어긋나는 여러 사례들이 있다.(조현아 땅콩회항, 백화점 갑질 모녀 사건, NIMBY, PIMFY 현상, 컨닝, 새치기 등) 이기주의라는 것은 어디까지나 개인의 생각, 기준이기 때문에 근본적인 해결방안이 아니라 조금씩 바꿔갈 수 있는 개선방안이 필요하다고 생각한다. 상대방의 입장을 먼저 고려하고 타협할 수 있도록 캠페인, 프로그램이 필요하다. 전부터 문제 되었던 갑질 등의 이기적인 사례들이 수면위로 나오면서 이슈화되었던 것처럼 계속적으로 이러한 사례들이 많이 나와서 이슈화된다면 점점 사례가 줄어들 것 같다. (이민섭 / 김해)

● 지역 차별이 문제이다. 인터넷을 하다보면 상대방과의 지역을 비하하는 단어를 아주 빈번히 접할 수 있고 그 지역갈등이 정치적인 문제로까지 이어지는 것을 쉽게 볼 수 있다. 지역의 특산물이나 아주 불행했던 사건을 상대지역을 비꼬는 단어로 사용하는 사례

들도 있다. 과동기 중 전라도에서 온 친구가 부산대에 합격했을 때, 가족들이 경상도 사람한테 차별당할까 걱정하시며 부산대 입학을 말리셨다는 것을 듣고, 단지 온라인상에서만 문제가 되고 있는 게 아니라는 것을 느꼈다. (서강석 / 부산)

- 내 주변에서도 쉽게 일어날 수 있는 문제인 것 같다. 무엇보다도 피해자를 위한 치료가 부족하다는 부분이 문제라고 생각한다. 중학생일 때 한 여학생이 남학생 5명에게 성추행을 당해 정신적 충격을 받았던 적이 있었고, 어머니의 동창이 강간을 당해 자살을 했던 일도 있었다. 이런 문제의 해결을 위해서는 ①피해를 입었던 사람들이 모여 서로의 상처를 나누고 얘기해서 위안을 받도록 할 수 있는 커뮤니티가 더 생길 수 있도록 하고, ②전문상담사를 더 늘려 일상생활이 가능할 때까지 지켜볼 수 있도록 해야 한다.(지속적 상담) 또한 피해자가 잠시나마라도 잊을 수 있도록 몰두할 수 있는 놀이나 일을 찾아 하게 한다.(ex. 미로찾기) 놀이나 일을 찾는 건 쉬운 일이 아니지만 우리가 흔히 아는 복잡하면서도 즐길 수 있는 미로찾기나 지뢰찾기가 어떨까 싶다. (익명 / 부산)

- 동물 학대가 특히 문제라고 생각한다. 요즘 동물 학대가 매우 흔히 발생하는데 그에 대한 처벌의 정도가 너무 약한 것 같다. 페이스북이나 다른 공개적인 SNS에 동물을 학대하고서 자랑스럽다는 듯 동영상을 찍어 올린 경우를 자주 볼 수 있는데 한 사례로 강아지에게 술을 먹이고 고통스러워하는 모습을 올린 사람이 있었는데 크게 이슈가 되었었지만 증거불충분으로 처벌이 안 된 것으로 알고 있다. 동영상 자체가 증거인데 이해가 가지 않았다. 따라서

동물을 보호하는 법이 강화되어야 한다. 계속 솜방망이 처벌을 할 경우 동물 학대는 계속될 수밖에 없다. 여러 동물보호단체들이 모여 힘을 합쳐서 새로운 법안이 통과될 수 있게 힘을 써주었으면 좋겠다. 구체적인 해결방안은 없지만 개선이 되었으면 한다.

(예지 / 부산)

● 요새 범죄도 너무 많이 일어나고 그 범죄의 범인을 잡는다고 하더라도 너무 처벌의 수위가 약하고 피해자의 안전이 잘 지켜지지 않는다. 때문에 재범의 위험성도 있다. 처벌 수위를 높이고 그런 일이 일어나지 않도록 방범을 철저히 해야 한다. 솜방망이 처벌은 없어져야 한다. (익명 / 부산)

● 동물 학대는 우리나라뿐만 아니라 전 세계적으로 문제가 많지만 유독 우리나라가 심각할 정도로 대책이나 보호가 미흡하다. 동물 학대를 했을 때 처해지는 처벌이 너무 가볍고 동물 학대에 대한 가벼운 의식이 특히 문제다. SNS에서만 보더라도 강아지를 차에 끌고 다닌다거나 술을 먹이고 동영상을 찍으면서 웃고 즐거워하는 것도 모자라 그걸 자랑이라고 SNS에 올리지만 증거불충분으로 처벌이 이루어지지 않는 일이 대부분이다. 반려동물의 입양에 있어서 절차가 조금 더 까다롭고 신중하게 이루어졌으면 좋겠다. 그리고 법이라는 게 쉽게 바꿀 수 있는 게 아니지만 처벌 강도가 조금 더 세져서 무책임한 행동들을 줄일 수 있었으면 좋겠다. 동물 보호법이 처음으로 시행된 독일의 법을 보면 유기견을 키우면 세금면제를 해준다. 물론 이러한 법을 내세우면 너도나도 유기견을 입양해서 키우려고 할 것이다. 그래서 몇 가지의 조건이 따르고

절차도 매우 까다롭게 이루어진다. 독일처럼 강력하고 체계적일 수는 없겠지만 애견샵에서의 분양이 이루어지지 않게 없애고 동물보호소에서의 분양이 더 활발해졌으면 좋겠다. (금혜진 / 김해)

● 영화 베테랑을 보며 경제적, 사회적으로 권력이 있는 사람들의 횡포와 그렇지 못한 사람들에 대한 관심과 보호가 부족하다는 생각이 들었다. 갑질과 차별이 큰 문제이며, 약자의 보호와 우대가 부족하다는 생각이 들었다. 관련된 실제 사례로는 채용에 있어서 기업의 횡포(위메프, 대성에너지 등)와 지적장애인 감금폭행사건(합의금 200만원), 치매 환자 재산 매각 등이 있다. 사회적, 경제적 약자에 대한 인식과 보호에 대해 교육을 강화하고 보호단체의 확대와 그에 따른 국가의 지원이 필요하다. 또한 대학교 교양필수과목에 관련과목 개설하는 것도 좋겠다. (채수빈 / 김해)

● 최근 난민사태로 외국인에 대해 한 번 더 생각해보게 되었고 이미 우리나라에 많은 외국인들이 살고 있는데 그들의 삶은 어떨지 생각해보게 되었다. 외국인 범죄와 외국인 노동자 인권문제, 불법체류, 외국인 복지와 차별 등이 주요 쟁점이라고 생각된다. 국내 외국인은 지속적으로 증가해왔고 앞으로도 증가할 것이다. 다문화에 대한 문제, 외국인에 대한 문제는 눈감고 밀어낸다고 해서 해결되지 않는다. 우리사회가 품고 해결해 나가야 할 우리사회의 일부분이다. 이런 문제의 해결을 위해서는 ①거주하고 있는 외국인의 체계적인 파악과 ②다문화 가정에 대한 인식 개선, ③우리나라 노동자에 대한 법률과 같이 외국인 노동자에 대한 법률 제정 등이 이루어져야 한다. ②를 위해서는 구체적으로 다양한 캠페인이나

공익광고를 실시하고(넓게는 전 국민 대상의 TV 공익광고, 좁게는 지방중심으로 이루어지는 각종 행사, 축제, 프로그램) ①,③을 위해서는 관련 법안이 통과되어야 하는데 어떤 법안이 통과되기 위해서는 국민들이 그것을 원하고 국민들의 의사를 잘 표출해줄 국회의원들이 있어야 하며 법안에 대한 국회의원 과반의 동의가 필요하다.(여론의 형성…?) (김용호)

● 언론이나 미디어 등으로 잘 표현되지 않지만 생활하면서 겪는 남성차별이 많아서 이 분야를 문제로 삼았습니다. 남성차별에는 남성성 무시, 의무사병 군인분들의 인권 무시, 남성에게 육체적인 업무를 과중하게 부과하는 등의 문제들이 있습니다. 남성의 경우 일부 특별 경우만 빼면 강제로 2년 동안 군 생활을 하면서도 제대로 된 보상을 못 받습니다.(필자 생각으로 월급 350만 원 + 취업가산점이 적절한 보상이라 생각합니다. 특히 모병제가 실시된다면 더욱이 좋다고 봅니다.) 임 병장, 윤 일병처럼 군대에 가서 억울하게 왕따, 폭행 등의 사건을 당해 정서적으로 불안정해지거나 죽음으로 내몰리는 사건을 많이 봤습니다. MBC에서는 남성 전체의 중요부위를 그대로 노출한 적도 있었습니다. 이러한 남성차별을 없애기 위해서는 ①남성성과 여성성을 동일하게 취급해야 합니다. ②남성에게만 폭언하는 악행을 그만둬야 합니다. ③월급 350만 원 + 취업가산점처럼 의무사병 군인 분들께 제대로 된 대우를 해드려야 합니다. 특히 모병제를 실시해야 한다고 봅니다. 현재는 원거리 무기 싸움이기 때문에 많은 인력이 불필요한 데다 개인존중은 필수입니다. 그리고 무엇보다도 월급 350만 원 + 취

업가산점의 보상은 꼭 이루어져야 합니다. 국민들을 총알받이가 아닌 한 명의 소중한 사람으로 생각해주시길 바랍니다. 남성도 여성만큼 존중받으면 좋겠습니다. (허성준 / 김해)

- 사람이 이 세상에 태어나면 모두 동등한 인권을 갖게 된다. 하지만 각자의 개성과 특성이 있는데 이 차이를 가지고 인권을 무시하고 차별하는 경우가 있다. 무엇보다도 외모지상주의가 문제라고 생각한다. 나를 비롯한 주위에 많은 남성들이 키가 작다는 이유만으로 모르는 사람에게 단지 키가 작다는 이유만으로 욕을 먹는 사례가 종종 일어난다. 이 쟁점의 근본적인 이유는 잘못된 인식이다. 이는 가정교육, 교육환경에 의해 만들어진다. 그러므로 유치원 때부터 좋은 인식을 갖게 세뇌시켜야 한다. TV또는 인터넷에서 항상 이러한 인식을 갖게 해주는 세뇌식 프로그램을 보여주어야 한다.(키 작은 남자를 사랑해주십시오.) (김극켬 / 부산)

- 동일한 시공간에서 살고 있는 사람들 간의 적개심을 낳게 하고 있다. 불평등이 심화되고 비정규직이 양산되고 있는 부분이 특히 문제다. 20년 넘게 대학에서 비정규직 교수(시간강사)로 생활하고 있다. 분배의 평등을 실현하고, 최저임금을 인상하고, 노동조합에 대한 탄압 중지가 필요하다. (이상룡 / 부산)

- 동성애와 관련한 부분이 주요 쟁점이라고 생각한다. 요즘 여러 나라에서 동성애에 대한 인권이 보호되고 있다. 세계 선진국의 '미국'의 동성애 합법허가가 이루어지면서 여러 나라에서도 이와 같은 캠페인을 벌이고 있는데 이에 대해 제대로 된 지침서가 없다는 것이 문제라고 생각한다. 우리나라에선 서울특별시에서 허가를

해주면서 일부에게는 동감을 일부에게는 반감을 샀다고 생각한다. 내가 생각하기에는 아직도 SNS나 인터넷상에서 동성애에 대한 잘못된 인식을 퍼뜨리는 자료들이 가득하다고 생각한다. 이에 대해 허가를 낸 서울시에서 대책 마련이 필요하다고 생각한다. 평소 동성애에 대해 큰 혐오감이나 반감을 가지고 있지 않은 오히려 동감하는 나로서는 SNS상의 동성애에 대한 게시물은 다소 충격적이었다. 요즘 일부 '무개념'의 경찰관 때문에 다수의 경찰관들이 눈초리를 받는 것과 같이 이러한 소수의 게시물의 영향력으로 전체 동성애자들이 편견을 가질 수도 있다고 생각한다. 이는 매우 위험한 일인데 그 이유는 요즘 TV에서 '성'에 대한 이야기를 개방적으로 한 지가 얼마 되지 않았다. 불과 2-3년 전만 해도 방송에서 거의 'sex'에 대한 언급은 무개념으로 몰아 연예계 생활을 마감하는, 아주 치명적인 단어였다. 하지만 요즘 TV에서 그것도 예능 프로그램 하나로 음지에 있던 그런 이미지를 탈피하고 모든 이에게 개방적인 단어로 만들었다. 이와 같이 사람들 머릿속에 아직 인지되지 않은 '동성애'에 대한 이미지는 이런 사소한 게시물들로 잘못 고정관념이 되어버리면 평생을 간다. 물론, 동성애에 대해서 무조건적인 지지를 바라는 것은 아니다. 하지만 잘못된 이미지가 '동성애"에 오버랩 되는 것은 원치 않는다. 동성애가 '잘못'된 것은 아니니까. 우선 서울시가 모범으로 가이드라인을 잡아야 한다. 먼저 허가를 시킨 만큼 그에 대한 책임도 져야 한다고 생각한다. 더 이상의 잘못된 이미지가 덧붙여지는 것은 원치 않는다. 요즘 영향력이 큰 SNS에 계정을 만들어 꾸준히 이미지를 바꾸려는 노력도 있

어야 한다. (이성원 / 부산)

● 저는 그리스도인이고 차별금지로 인해 동성애가 합법이 되는 것을 반대합니다. 차별금지법이 생기고 나서 따라오는 동성애 합법이나 동성결혼 인정이 문제라고 생각합니다. 미국에서 동성결혼을 인정해줬다는 뉴스를 최근에 접하였고, 우리나라에서도 주기적으로 동성애자들을 위한 축제가 열리고 있습니다. 저는 동성애가 반은 인정, 반은 불인정이 되는 것은 안된다고 생각합니다. 중간타협점 없이 동성애는 완전히 없어져야 한다고 생각합니다. 하나님께서 말씀으로 저희에게 명령하신 것이기 때문입니다. 동성애가 사라지는 것 외에 해결책은 없다고 생각합니다.

(김진섭 / 부산)

● 최근에 진정하게 지켜져야 할 인권이 안 지켜지고, 정당한 제한이 필요한 인권을 지나치게 지켜서 일반적인 시민들의 인권이 침해되고 있다. 조두순 성폭행 사건을 대표적인 사례로 들 수 있는데, 이 사건의 경우 지나치게 성폭행범에 대해 관용이 베풀어져 현재 보복예고를 하는 등의 문제가 발생하고 있다. 따라서 기존의 감형에 있어서 신중하게끔 제도화가 필요하다. 범죄문제에 대해서 더욱더 많은 시민들의 관심을 가져야 한다. 그리고 국민투표에 의한 범죄의 재심판도 필요하다고 본다. (익명 / 부산)

● 사람들은 개인의 안전과 행복을 위해 열심히 일하는 것 같습니다. 그러나 한국에서는 안정과 행복의 기준이 재산의 많고 적음으로 결정되고 있습니다. 외제 차를 가지고 있거나 넓은 집을 가지고 있다면 행복하고 멋있다고 인식됩니다. 이로 인해 다들 돈을 많이

버는 직업을 가지려고 하고 그렇지 않은 직업은 무시당하는 차별이 생기는 것 같습니다. 반면에 다른 나라의 경우 개인의 행복이 돈으로 연결되지 않습니다. 국가별로 행복지수를 조사한 결과, 선진국보다는 개발도상국에서 행복지수가 더 높았던 걸로 기억합니다. 저는 (개인의 안정과 행복=돈)이라는 인식과 그로 인한 차별로 인해 발생하는 문제, 예를 들어, 정규직－비정규직(계급화)이 한국사회의 가장 중요한 문제라고 생각합니다. 학생은 돈을 많이 벌어야 행복하니까 좋은 대학에, 회사에 들어가야 하고, 회사원은 돈을 계속 벌어야 행복하니까 회사나 상사한테 부당한 대우 받아도 잘릴까 봐 어찌 못합니다. 최근에 인분교수사건이 있었습니다. 미술 쪽은 분야가 좁아서 교수한테 안 좋게 보이면 취업을 못 하는데, 한 미술 쪽 대학원생이 교수한테 부당한 대우를 받았던 이야기입니다. 인분을 먹이고, 화상 카메라로 일하는지 감시하고, 과도한 일을 부과하고, 졸거나 틀리면 폭언 및 폭행을 가했습니다. 저는 돈=행복으로 인해 발생하는 돈의 권력을 약화시켜야 한다고 생각합니다. 그리고 국가적 입장에서는 최저임금을 올려야 한다고 생각합니다. 왜냐하면 현재 최저임금을 받아서는 서울에서 살 수 없습니다. 즉 의, 식, 주가 안정적이지 않으므로 사람답게 살지 못합니다. 저는 개인적으로 개인의 행복은 가정에서 또는 개인의 여가 생활에서 찾을 수 있다고 생각합니다. 이를 통해 삶의 활력을 얻고, 재충전하여 살아갈 수 있다고 합니다. 하지만, 한국은 야근 때문에 그 시간을 많이 뺏기는 것 같습니다. 그래서 국가에서 이를 엄격히 관리했으면 좋겠습니다. 독일이나 프랑스의 경우 업무시간은 우리나라보다 적은데 우리나라보다 업무효율이 높습니다. 이런 이야기가 있습니다. 어느 회사원이 프랑스에서 회사를 다니게 됐는데, 업무가 밀려서 자의적으로 야근을 하니, 매니저가 우리의 문화를 부수지 말고, 집에 가서 가족들과 시간을 보내고 내일 충전해서 열심히 일하라고 했습니다. 현재 많은 젊은 이들이 원하는 기업은 5시 칼퇴근 및 야근 없는 기업입니다. 돈을 많이 받아도 육체랑 심신이 무너지니 다들 견디지 못하고 이런 기업으로 옮기게 됩니다. 사회적 입장에서는 "돈이 많으면 우월하다"라는 인식을 바꿨으면 좋겠습니다. 외제 차 탄다고 남을 무시하고, 돈을 많이 버는 직업 예를 들어 의사, 변리사라고 돈 적게 버는 택배기사, 청소부들을 무시하는 이런 인식이 바뀌었으면 좋겠습니다. 우리나라에서는 존경받는 사람이 돈을 많이 버는 직업을 가지는 사람이지만, 프랑스의 경우 불의를 보고 자기주장을 당당하게 말할 수 있는 사람이라고 합니다. 저는 이런 사회가 됐으면 좋겠습니다 이런 사회를 위한 몇 가지 제안을 하자면 ①관련 스토리의 드라마화 및 영화화 ex)베테랑 ② '그것이 알고 싶다.'같은 시사 고발 프로그램을 통해 이 문제를 계속 인식시키기 ③사회단체에서 야근 많이 하는 기업, 야근 평균시간 조사해서 발표하기 같은 것이 있겠습니다. (최현오 / 부산)

● 우리 사회가 경제소득, 학력 간 차이, 직위에 따라서 점점 계층이 구분되어지고, 이 구분에 따라서 인권이 차별받고 있다. 이 분야의 주요쟁점은 나 아닌 상대를 받아들이지 않으려고 한다(배척한다)는 부분이라고 생각한다. 문제 해결을 위한 구체적 제안을 하

자면, 시민운동을 일으키고, 시민운동에 참여하는 사람을 늘려야 한다고 생각한다. 여기에는 정부의 정책이 필요할 것 같다. 또한 시민운동을 넓게 펼치려면 방송을 통해서 시민들의 의식을 먼저 돌려놓아야 하고, 직장 단위, 동네 단위로 구성하는 것도 하나의 방법이 될 것 같다. (김보영)

● '나와 다름'에 대해 관용적이지 못하고 다양성을 인정하는데 인색한 문화가 문제라고 생각해서 이 분야를 선택했습니다. 특히 성소수자, 외국인노동자, 결혼이주여성(가정폭력) 문제에서의 차별과 인권문제가 핵심적인 문제라고 생각합니다. 이러한 문제의 사례로는 내가 사는 아파트에는 실버그룹홈 등의 시설이 들어오면 안 되며 아파트값을 떨어뜨린다는 집단 이기주의 같은 것을 들 수 있겠습니다. 해결을 위해서는 정당하게 권리를 요구할 수 있는 제도가 먼저 마련되어야 인식변화를 꾀할 수 있겠고, 당사자들 역시 제도를 근거로 먼저 떳떳하게 목소리를 낼 수 있을 것 같습니다. 제도가 마련되지 않는다면 문화제 형식으로 계속 사람들에게 알리게 하는 방식이 어떨까요. (이선순 / 부산)

● 경제 발전에 따른 격차에 따라 소득수준으로 인해 사람들 사이에 차별이 생기고 인권에도 영향을 미친다. 특히 경제의 불균형이 문제이고, 소통이 안 된다는 점도 문제라고 생각한다. 국가주의, 사회주의, 지역주의, 보다는 공동체 의식을 가지고 나아가는 사회를 만들어 갔으면 좋겠다. 다양한 이념들 사이를 소통할 수 있는 그런 모임과 장소가 많았으면 좋겠다. (임명희 / 김해)

● 돈, 외모, 학력, 가정환경으로 무시당하는 사람이 많다. 무엇보다

도 외모지상주의가 핵심 쟁점이라고 생각한다. 이력서에 증명사 진을 붙이지 않도록 하는 것이 하나의 해결책이 될 수 있을 것 같 다. (김주영 / 부산)

● 학교에서 교수와 학생 사이의 언어문제와 학교의 제도(학칙)에 문 제가 있다고 생각한다. 교육부에서 재량권으로 가능하다는데 해 보지 않았다는 이유로 시행을 말하려고 하는 것이 문제다. 전문대 학에서 선수 과목을 할 수 있는지 없는지 교육부에 질의를 올렸을 때 문제가 되었던 적이 있었다. 학교도 변해야 되고 법이 제도가 할 수 있는 부분은 과감히 시행을 해야 된다고 생각한다. 학교와 학생 사이에 적절하게 조절을 해줄 수 있는 기관이 있었으면 좋겠 고 교육부에서 답을 좀 더 정확하게 (yes, no)논쟁이 생겼을 때 대 변해줄 수 있는 기관이 있어야 할 것 같다. 사회가 변하듯이 법이 나 제도도 바꿔야 된다고 본다.(실용성 있게) (김애영 / 김해)

● 가장 기본인데 안 지켜지는 부분이라고 생각한다. 특히 성차별(여 혐 인식을 포함)이 가장 심각하다. (익명 / 부산)

보편적이면서 초월적인 인권의 현장들

●

김동규

1. 비평과 해법

응답자들은 지역갈등, 남성 여성의 상호혐오, 부의 격차에 따른
차별, 정치적 성향이 다른 사람들 사이의 혐오, 정규직과 비정규직
사이의 차별 문제, 학생인권 침해문제, 최근 만연한 갑질논란, 난민
문제, 성소수자 문제, 외국인 노동자나 결혼이주여성에 대한 차별문
제, 외모지상주의의 문제, 학력차별문제, 지위고하에 따른 차별의 문
제를 넘어 동물학대의 문제에 이르기까지, 실로 다양한 일상의 차별
을 언급해주었다.

다양한 분야의 다양한 차별들에 대해 언급하고 있는 것도 흥미 있
었지만, 놀라운 것은 차별을 철폐하자는 언급에서 오히려 차별을 조
장하는 발언들이 등장하고 있다는 점이다.

이는 그만큼 권리에 대한 이해가 부족하고, 차별철폐와 인권의 향
상에 대한 일상의 이해가 적다는 뜻이다. 그리고 이러한 의견이 기존

매체나 교육 현장 그리고 사회집단에서 생산된 편견에 그대로 의존하고 있다는 점이다. 따라서 차별금지나 인권의 문제를 해결하기 위해서 상당히 많은 길들이 남아 있음을 보여준다.

어떤 응답자는 이러한 문제 해결을 위해서 대학정규교과목으로 인권 항목을 편성해야 한다고 주장하고 있다. 뿐만 아니라 임혜경 교육감 시절 부산의 모 고등학교에서 인권교육을 실시하겠다고 교육청에 〈섬머스쿨〉 제안을 한 바 있으나, 인권교육이 좌파교육이니 안 되고 수학이나 물리 교육을 하는 게 좋겠다고 지시한 바 있다. 물론 결국은 인권교육을 고집한 고등학교의 의지가 반영되기는 했으나, 교육행정 역시 '인권'에 대한 기본적인 개념정립이 되지 않았다는 점은 상당히 우려스러운 점이다. 인권 존중의 문제는 교육의 목표이자 기본 원리이기도 하다. 결국 한국의 교육현실이 이처럼 열악한 이유도 제대로 된 인권의식이 부족하기 때문인데, 이러한 인식이 교육의 영역에서 향상의 기미가 보이지 않는다는 것은, 인권과 관련하여 다소 어두운 미래를 예고한다. 그러나 인권에 대한 지적이 설문조사에 상당한 분량을 차지한다는 것은 인권의 중요성과 필요성에 대해 행정보다 시민이 훨씬 민감하게 움직이고 있다는 것을 의미하는 것 아닐까. 인권의 필요성을 피부로 느끼는 것은 정작 행정보다는 일상 영역의 시민인 셈이다.

일상적으로 만연한 여성혐오는 최근 페미니스트가 싫어서 IS에 가담한다고 밝혔던 김모군의 상황에서도 찾아볼 수 있다. 예전의 김여사이야기나, 김치녀, 된장녀 등의 이름들을 보면, 시간이 갈수록 여성을 비하하는 말들이 늘어나고 다양해지고 있음을 알 수 있다. 여성의 사회진출은 여전히 막혀있고, 사회에 진출했다고 하더라도 결혼을 할 것인지를 묻거나, 월급은 남성과 평등하게 주어도 진급을 시키지 않는 조건으로 채용하는 등 다양한 직장 내 성차별이 존재한다. 뿐만 아니라 OECD국가에서 여성이 배치되어 있는 직업군을 살펴보면, 대부분 미래를 기획하는 일도 아니고, 단순히 기계적으로 반복하는 일이며, 기계가 등장해서 자동화되면 해고되기 쉬운 자리에 여성이 배치되어 있었다. 마트 계산대나 고속도로 톨게이트를 보면 대부분 여성이 그 자리에 배치되어 있음을 쉽게 알 수 있다.

이러한 여성 차별은 데이트 성폭력, 학교 성폭력의 문제로 쉽게 확산되기도 한다. 영화 〈가면놀이〉를 보면 여성에 대한 왜곡된 성인식이 치료 이후에도 여전히 개선되지 않은 상황을 여실히 볼 수 있다. 그러나 여성혐오나 여성차별이 만연해 있는 곳에서 폭력의 문제를 개선하기는 쉽지 않아 보인다. 뿐만 아니라 수사 과정의 문제, 사회적 인식의 문제 역시 다양한 문제점을 내포하고 있다. 한 응답자는 이러한 문제를 해결하기 위해 당사자 운동인 피해자 커뮤니티 형성을 촉구하고 있었고, 또 다른 문제로 여전히 폭력에 대한 트라우마를 치유할 수 있는 전문상담가를 확보하고 확충해야 한다고 제안했다.

경기도에서 학생인권 조례를 제시했을 때 상당히 많은 반대의견이 등장했음을 알 수 있다. 그러나 여전히 학교 현장에서 다양한 종류의 학생인권 침해가 있음을 알 수 있고, 교권 보호를 빌미로 학생인권을 침해하려는 다양한 시도 역시 존재한다. 사실 인권이라는 거대한 개념 안에 교권이든 학생인권이든 존재하는 것이다. 이 둘이 서로 반목할 수 없는 것은 교권이든 학생인권이든 두 가지 모두 인권의

하위 개념이기 때문이다. 그러므로 인권을 빌미로 인권을 침해하는 것은 부당하고, 모순적인 행위이다. 그런데 학교 현장에서 쓰이는 일상적인 용어는 교권을 빌미로 학생인권을 침해하는 경우가 다수이다. 물론 학생인권을 빌미로 선생님의 권리(교권이라는 말은 그런 점에서 너무 애매한 개념이다.)를 침해할 수 없다. 결국 권리는 상호적인 것임을 기억해야 한다.

뿐만 아니라 최근 확산되는 다양한 지역갈등을 언급한 응답자도 있었다. 권위주의 정치의 산물이었던 지역갈등과 지역감정은 최근 새로운 세대에 의해서 재생산되고 확산되고 있다. 이러한 갈등이 최근 살인을 부르기도 하고, 상호 이해 없는 증오를 야기하기도 했다. 응답자들의 보고에 따르면 조현아 땅콩회항, 백화점 갑질모녀 사건, 위메프, 대성에너지 사건 등을 보면 부자의 갑질에 대한 부당성을 토로한다거나, 비정규직 간의 차별 그리고 대학사회나 학교 사회 내부에 존재하는 정규직 비정규직 간의 차별을 지적하고 있다. 차별을 교육할 수 없고, 교육해서는 안 된다는 것은 사실이지만, 정작 교육 현장에서는 다양한 종류의 차별이 작동하고 있다. 책에서 배우는 것과 현실의 차이를 학생들이 직접 몸으로 느낄 뿐 아니라 학생 스스로도 차별의 자리에 있다는 것은 곧 차별을 교육현장에서 당연한 것으로 체화할 수 있는 가능성을 암시한다. 이는 차별철폐에 대한 한국사회의 비전을 어둡게 하는 현상이라 할 수 있다.

그 밖에도 철폐해야 할 차별의 항목은 너무도 많다. 장애인에 대한 차별을 넘어서 다양한 종류의 신체적 정신적 폭행이 장애인에게 가해지고 있다. 가해자에 대한 처벌이 미비해서 여전히 피해자가 폭력의 연장선에서 떨고 있어야 하는 경우도 허다하다. 이는 피해자 인권보호가 그만큼 심각하다는 것을 의미한다. 이 연장선에 앞서 언급한 성폭력이 존재한다. 그러나 우리 역시 기억해야 할 것은 가해자인 범죄자 역시 인권이 있다는 점이다. 인권은 제한이 없다는 말이 있다. 이것은 범죄자라고 인권의 사각지대에 있어야 하는 것은 아니라는 말이다. 여기서도 권리는 상호적인 셈이다. 피해자의 인권을 존중하면서도, 가해자의 인권을 침해하지 않는 접점이란 어디일까?

그 외에도 외모지상주의를 지적하면서 이력서에 증명사진 붙이지 않기 운동을 제안한 설문자도 있었고, 대학행정이 학생에게 지나치게 불리하게 만들어졌다는 데 불만을 토로한 설문자도 있었다. 최근 부산대학교가 교수를 넘어 학생과 교직원 조교에게도 총장 선출 권한을 주었다고 한다. 이는 상당히 고무적인 일이며, 대학행정이 학생에게 비정상적으로 불리하게 될 수 있는 상황을 막기 위한 좋은 조치이지 싶다. 그럼에도 불구하고 대학 내부의 상당한 교과목을 강의하는 비정규교수를 선거권에서 제외시킨 점, 대학 내에서 엄연히 일하고 있지만 파견직이라는 이유로 비정규직이라는 이유로 학내 노동자를 배제시킨 점은 여전히 문제로 지적될 수 있다. 공적 가치에 몸을 담고 있으면서도 이러한 공적 가치에 문제가 발생했을 경우 이에 대해 평등하고 자유롭게 참여할 수 없다면, 그런 사람들의 인권에는 반드시 문제가 발생하며, 그렇게 발생할 문제를 보장해줄 수 있는 법적 · 제도적 장치란 없다.

설문자들은 이러한 문제를 넘어 동물학대의 문제를 제기하고 있다. 최근에는 동물에게도 '인권'이라는 이름을 붙이려고 한다. 예를 들면 백인남성은 오랫동안 여성을 준동물취급한 바 있다. 메리 울스턴크래프트가 『여성의 권리 옹호』라는 책을 냈을 때, 이에 대항하여 『짐승의 권리 옹호』라는 책을 남성이 낸 바 있다. 백인은 아주 오랫동안 흑인을 짐승 취급했다. 황인종도 물론이다. 르완다 내전 때 후투족은 투시족으로 바퀴벌레로 부름으로써 그들의 인간됨을 박탈했고, 그러한 힘이 대량학살로 이어졌다. 그렇다면 인간중심주의는 일종의 인종주의의 변종으로 읽혀질 수도 있다. 그리고 그 인간중심주의가 늘 문명과 연결되어 있었다는 것을 살펴본다면, 인간중심주의는 생태와 환경파괴와 연결될 수 있는 여지도 있다. 어쩌면 동물에게 '인권'이라는 이름을 부여하려는 사람들은 이러한 인간중심주의가 갖는 폭력을 제거하기 위함일 것이다.

어쩌면 휴머니즘이라는 것은 인간만을 위한 가치를 넘어서, 인간이 아닌 존재라고 간주되었던 존재들을 자신과 동등하게 고려하고 환대하려는 인간적 노력으로 재해석되어야 하는 것은 아닐까? 그렇다면 동물학대 금지는 생명에 대한 보편적 존중에 입각하여 생물학적으로 인간이 아닌 존재들을 인간과 동등한 가치를 가진 존재로 존대하려는 운동의 일환일 것이다. 아직 이성을 가지지 못한 인간, 아직 태어나지 않은 인간, 인간이라고 간주하기에는 인간의 통상적 '정의'를 충족시키지 않은 인간들에게 우리는 분별없이 인간으로 대우하고 있고, 통상적 인간 '정의'에 가깝거나 이를 충족시키는 동물에게는 인간으로 대우하지 않는 것도 논리에 맞지 않다면, 동물학대 금지는 넓은 의미에서 인권의 범위에 넣어 고려하는 것이 좋을 것이다. 따라서 동물학대 금지를 위한 법을 제정하고, 이러한 운동을 확산시키기 위해 동물보호단체 간의 연대를 강화하자는 어떤 설문자의 제안 역시 이러한 고려의 연장선에서 연착륙될 수 있을 것이다.

차별 철폐와 인권 의제를 대중적으로 확산시키기 위한 제안으로 는 참으로 다양한 제안들이 있었다. 다양한 캠페인을 벌이자는 제안 이 있었고, 이러한 캠페인의 일환으로 문화-예술 축제를 벌이는 것 도 좋겠다는 제안이 있었다. 차별 철폐는 정작 타자에 대한 존중과 공감 소통에 기반을 두어야 하므로, 인권을 위한 다양한 소통-공감 프로그램을 만들과 확산하자는 제안도 있었다. 심지어 이러한 확산 을 위해 대학 정규 교과에 필수항목으로 만들자는 제안도 있었다. 그 러나 인권은 대학에서만 가르쳐져서는 안 된다. 따라서 생활 기반형 인권교육 역시 필요하다. 이것은 일상에서 인권을 배울 수 있고, 이 를 통해 인권적 감수성을 키울 수 있다는 것을 의미한다. 또한 인권 과 관련한 다양한 여론을 형성하고 논의할 수 있다는 것을 의미한다. 어떤 설문자는 구체적인 제안으로 시에서 실질적 가이드라인은 만들 어 교육적 효과를 도출할 필요가 있다고 하였다. 부산에도 최근 인권 진흥조례가 선포되었고, 안산에서 선포된 인권 조례 역시 꽤 유명세 를 탄 바 있다. 외국인 인권에 관한 조례가 그러한데, 이 조례는 인권 의 하부 개념인 '도시의 권리'라는 개념을 사용하여 안산에 온 사람이 면 외국인이건 그렇지 않건, 불법체류자이건 아니건 모두 시민으로 서 동등한 인권을 부여받는다는 내용을 골자로 하고 있다. 이러한 조 례들이 최근 헌법보다 그 범위가 넓어지고 있다. 실로 이런 제도는 시민에게 인권에 대한 계몽적 효과를 낳기도 한다. 그 외에도 영화와 시사프로를 통해 인권을 교육하고, 다양한 차별정보를 공개하여 인권침해를 막자는 언급도 있다. 이러한 인권에 대한 인식과 감수성이 다양한 시민운동으로 확대되고, 그럼으로써 세부지역단위 안에서 일상화되어 인권 개념이 지역의 공동체 의식을 구성하는 중요한 요소가 되어야 한다.

2. 인식전환을 위한 제안

외모지상주의의 해결을 위해 사람들을 세뇌시키는 것은 새로운 차별과 폭력이다. 한 설문가가 해결책으로 내놓은 세뇌는 결국 표현의 정교함이 아쉬운 실수에 해당하지 싶다. 좀 더 많은 공익적 캠페인을 통해 잘못된 의식을 바로잡자는 수준의 말을 '세뇌'라는 표현으로 부주의하게 사용한 것 같다. 아무튼 첨언하자면, 세뇌라는 말은 이미 외모지상주의를 자연스러운 현상으로 인정한 말이 되어버릴 수 있다는 점에서 문제가 된다는 점 정도만 지적하자.

"인권은 보편적이므로 그 한계가 없다." 그러므로 어떤 사람의 인권은 보장되고, 어떤 사람의 인권은 침해돼도 된다는 보장은 없다. 그러므로 범죄자 역시 인권이 있다. 그러므로 심지어 별도의 가해자가 없는 동성애를 혐오하거나 처벌하는 것 역시 인권 침해이다. 특히 종교에 기반을 두어 인권보호나 유린을 정당화하기는 어렵다. 여기서 한 가지 더 덧붙이자면, "권리는 상호적인 것이다." 그러므로 한쪽의 권리만을 주장할 수는 없다.

뿐만 아니라 "인권은 초월적이다." 초월적이라고 해서 인권이 종교에 종속되는 것도 아니다. 그래서 인권은 국가를 초월하고, 인권은 법적 한계를 초월한다. 그래서 이슬람 종교에 기반을 둔 카이로 인권 선언이나, 평등보다 자유에 더 많은 가치를 둠으로써 자유주의 신념에 입각한 48년 세계인권 선언은 인권의 보편성 확보를 위해 새로운 보편적 접점을 모색할 필요가 있다. 그리고 인권은 한 국가라는 영토에 한정되지도 않는다. 따라서 인권은 국가나 그 국가의 법을 초월해서, 인종이나 종교 그리고 문화를 초월해서 보호되어야 할 가치이다. 그렇다면 인권은 계급, 연령, 성별, 지역 등 수많은 가치를 초월해서 동등하게 적용되어야 하는 것이다. 문제는 이러한 가치가 중요하고 소중하다는 것을 알지만, 이를 강제할 수 있는 장치가 없다는 것이 문제이긴 하다. 그렇다면 인권이 실효적인 힘을 가질 수 있도록 강제하고, 인권의 사각지대가 생기지 않도록 하기 위해서는 어떻게 해야 하는 것일까? 그리고 인권이 한국사회의 빈틈을 메울 수 있다면, 위에서 언급된 빈틈 말고 또 어떤 곳이 있을까?

● 제가 현재 대학생으로서 가장 직면하고 있는 취업이야기부터 시작하자면 대학생이 배움을 위하기보다 취직을 위해 학점 따고 스펙 쌓고 하는 모습이 제가 생각하던 대학생의 모습이 아닌 것 같았습니다. 그 원인이 뭘까 제 나름대로 생각해 봤을 때 나라를 운영하는 정부나 현 여당인 새누리당이 지향하는 정치의 방향이 약간 잘못된 방향으로 가고 있다고 생각합니다. 예를 들어 친기업주의 정책으로 피고용자들을 불리하게 하고 노조를 언론에서 나쁜 사례만 들먹이며 안 좋은 모습만 보여주니 여론은 노조에 대해 부정적인 인식이 생깁니다. 이러한 경향에 인하여 기업들은 부를 착복하고 일반 피고용인들은 불안한 미래에 갑갑해 하고 힘들어 하며 편안한 직업, 공무원, 공기업, 사짜 붙은 직업에 목을 매달고 있으니 안타깝습니다. 부패된 현재 정치−행정, 사법, 입법의 카르텔화, 친기업적인 정책, 갑과 을의 시대 이런 것들이 모두 주된 문제라고 생각합니다. 이런 문제들에 대한 제안으로는 구체적인지

는 모르겠지만 제가 생각하고자 하는 바는 우선 투표를 하게끔 학창시절부터 투표의 중요성과 정치사회문제를 교육에 많이 접목시켜 대다수의 국민들이 정치에 많이 관심을 가지게끔 하는 게 가장 현실적인 해결책이라고 생각합니다. 정치에 관심을 가지면 투표를 하게 될 것이고 상식적인 투표를 한다면 상식적인 사람이 나라의 지도자가 된다고 생각하기에 이렇게 썼습니다. 정치나 행정직 관료직에 있으신 분이 잘못이 있거나 비리가 있으면 엄벌에 처해서 다시금 그런 일이 일어나지 않도록 하는 강력한 법안이 있었으면 합니다. 저는 대학생이고 아직 많이 부족하고 든 게 없지만 요즘 대한민국은 비정상이 정상화되는 것 같아 보입니다. 그래도 정직하게 노력하면 상식적인 선에서 노력에 대한 보답이 있는 사회가 됐으면 합니다. (익명 / 부산)

● 재해, 비정규직, 둘 모두는 묶을 수 있는 말은 '재개발'이 아닐까 생각해요. 부산뿐만 아니라 전국 곳곳이 다 부서지고 무너지는데, 거기서 사라짐을 강요받고 떠밀려 가는 사람들, 고양이들, 마을들을 생각하면 이렇게 고요해도 되는 일인가 섬뜩할 때가 있어요. 일터에서도, 사는 곳에서도, '노동악법'이 통과되기 직전인 이때, 꼭 이 문제들을 알리고 싶었어요. 일상과 생활을 다시 지어야 할 때라고 생각해요. 요새 '만덕5지구'에 다녀오기도 했고, 부산시청 앞 일인시위, 고공농성이 참 많아요. 형제복지원도 그렇고, 저는 '부산시'가 좀 더 열리고, 자료들, 정보들을 요구하면 누구에게나 정보가 공개되고, 누구나 접근할 수 있게 되는 것은 첫걸음 중 하나일 수 있을 것 같다고 생각해요. '만덕5지구'의 싸움은 막바지에 와 있어

요. 5년간 투쟁해왔고, 무너지는 집들 사이에서 아직 50가구가 살고 있어요. 밀양 할매들처럼, 다른 곳에서 두 번 다시 이런 일이 없게 하기 위해서, 기록하고, 남기고, 끝까지 싸울 거라 하시더라고요. 그런 '말'과 '시간들'을 이제는 우리 일상과 연결시키는 방법을 찾아야 할 때인 거 같아요. '비정규직'이란 조건은 '재개발'에 쫓겨나야 하는 사람들이 처한 상황과 다르지 않다고 생각해요. 그렇게 하면, 대부분의 사람들의 일상이 다르지 않은 조건에 있는 것 같아요. 이런 문제에 대한 제안이라면… 위에 쓰긴 했는데, 지워지게 두지 않는 것. '여기'에 있었고 있는 일들을 덮게 하지 않는 것. 그런 것들인데 구체적 제안은 아닌 거 같아요. 그래도 부산엔 되지 않은 이야기들이 그만큼 많을 거란 생각도 들어요. 그 이야기들을 듣고 쓰는 것. 친구와 말해준 적 있는데 지금 곳곳의 '재개발' 지도를 그리는 것. 정책이라면, 역시 시에 대해 시민들의 접근이, 개입이 훨씬 가능해져야 한다는 것. (익명 / 부산)

● 블랙아웃 현상, 무절제한 음주문화에 의한 범죄 등이 문제라고 생각한다. 만취한 대학생이 흉기를 휘둘러 주민을 살해한 사건이 있었다. 인제대학교도 밤에 대학로를 걸어 다니면 술에 취해 땅바닥에 앉아있는 사람, 만취되어 업혀가는 학생, 또 최근에는 학교정문 헌치스 옆에서 술을 많이 마신 듯한 두 남자가 싸워 경찰이 온 적도 있다. 대학생들의 무절제한 음주문화를 건전한 음주문화를 배울 수 있도록 대학교에서 교육프로그램을 하는 것도 좋겠다. 또한 각 대학교에서 절주캠페인을 펼쳐 학생들이 알콜중독자 자가진단 또는 바른 음주문화를 배우는 시간을 가졌으면 좋겠다. 또한

술을 마실 때 여러 번 나눠 마시고 물을 자주 마시고 술자리 끝낼 시간을 미리 정해둔다면 블랙아웃현상을 줄이고 음주문화로 인한 사고가 줄어들 수 있을 것 같다. 면허정지처럼 음주정지제도를 시행하는 것도 하나의 방안이 되겠다. 과도한 음주로 길거리에 토를 하거나 폭행, 길거리에서 눕기 등 과도한 음주로 인해 파출소에 신고가 3번 이상 들어온다면 일정한 기간 동안 음주를 금하는 제도를 만드는 것이다. 건전한 음주 문화를 위해서는 개인의 노력도 필요하지만 선배들의 2,3차 강요, 술 강요를 하지 않는 것도 중요하다. (홍은혜 / 김해)

- 이제는 인성까지 경쟁화 시키는 한국사회에서 더 균열을 일으키는 것은 갈등이 아닐까 생각한다. 같이 살고자 하는 모든 행동을 이념화시켜 몰아붙이는 현 사회(세월호, 밀양 송전탑)가 가장 문제다. 이런 문제의 해결 방안이라면, 남경필 지사의 '연정' 정치가 완벽하진 않지만 대안의 가능성은 있지 않을까. (김근형 / 김해)

- 비정규직과 정규직 채용문제가 가장 중요한 문제라고 생각한다. 비정규직 사람들을 한 번에 용역으로 바꾸고 하지 말고 정확한 근로계약서와 정규직 채용해야 한다고 생각한다. (익명 / 부산)

- 미성년자들의 신분(나이)에 맞지 않은 사고와 행동들이 문제라고 생각한다. 미성년자들의 담배, 술, 임신, 낙태 등이 문제가 되고 있다. 내가 중학생 때 우리 반 남자아이들이 담배와 술 마시는 걸 아무렇지 않게 하고는 자랑을 하는 일이 있었고 요새는 가끔 길가다 보면 초등학생 정도로 보이는 아이들이 담배를 피며 걸어 다니는 것도 목격한 적이 있다. 그중 제일 충격적이었던 것은 고3 때

우리 반 여학생이 임신을 하고 낙태까지 하는 일이었다. 우선 10대 청소년들이 담배, 술, 이런 것들을 하고도 당당한 이유가 자기들은 미성년자여서 처벌이 가볍다는 생각을 하기 때문이라 생각한다. 하지만 실제로 만 14세 이상은 성인과 같이 형사처벌을 받는데 이것을 상기시켜주면 좋겠다. 또한 이러한 문화가 요새 다양한 매체들을 통해서 더욱 쉽게 접하게 되는데 요새 부모님들은 맞벌이 때문에 아이들을 신경 못 쓰는 것 같은데 가정교육에 좀 더 신경 써 주셨으면 좋겠다고 생각한다. 형사처벌을 받지 않는 만 14세 미만의 아이들은 학교에서 그런 아이들을 따로 관리하도록 담배와 술에 대한 도핑테스트를 하는 것도 좋겠다. 실제로 중학교 2학년 때 우리 학교에서 실시하였는데, 그 도핑테스트를 하는 날엔 담배피던 아이들이 피지 않았다. 이 방법은 만 14세 미만뿐만 아니라 초, 중, 고등학교에서 전체적으로 시행하였으면 좋겠다. 그러나 학교를 다니지 않는 청소년들은 주민들이 목격하면 경찰에 신고를 해주어 전자발찌 같은 전자팔찌를 채우는(가출) 방안도 있겠다. 이 전자팔찌는 담배 연기를 인식할 수 있어(아주 근접한 거리) 그 아이가 담배를 피우고 있다는 정보를 경찰에게 알려주는 것이다. 또한 청소년 담배를 만드는데 이 담배는 유해물질이 하나도 없고 박하향이나 민트향같은 시원한 향이 나도록 만들어 흉내만 내면서 스트레스도 날릴 수 있는 그런 것을 만들어본다.

(최은영 / 김해)

● 요즘 남녀노소 불구하고 취미생활이 묻힐 정도로 스마트 폰의 과도한 사용으로 인해 건강 악화는 물론 생활 불균형, 사고율 증가

등의 문제를 야기한다. 자동차 사고, 보행 사고 등의 사고율 증가는 타인의 목숨을 위협할 뿐만 아니라 신체 불구, 그로 인한 취업 실패, 실직, 대인기피증 등의 광범위한 문제로까지 이어질 수 있다. 이런 문제를 해결하기 위해서는 폰으로 게임이나 SNS 사용시간을 지정해 그 시간에 스마트 폰을 사용하되, 길 찾기 등의 피치 못할 상황의 경우엔 휴대폰을 사용하도록 하고, 운동이나 독서 등 취미생활의 시간을 더 늘리도록 하는 것이 좋겠다. 또 스마트폰으로의 게임을 자제하기 위해 게임어플을 깔지 않고, 스마트폰 없이 살아보기 같은 자발적 생활을 실천하는 것도 좋겠다. (김민지 / 김해)

시민적 자부심과 시민적 역량 회복을 위하여

●

김동규

1. 비평과 해법

기타 의제라서 참으로 다양한 의견이 제시되었고, 포괄적인 의견
이라 어느 한 쪽에 할당하기 어려운 주제들이 여기에 포함되어 있다.
한 응답자는 제도권 교육이 그어놓은 궤도를 따라 충실히 대학까지
왔지만, 대학의 상이 자신이 바라던 상과 많이 다르다는 이야기를 꺼
내면서, 이러한 대학이 취업위주의 성격으로 지나치게 편중되어 있
으며, 이러한 편중된 궤도를 따라간다 하더라도 비정규직과 고용불
안, 노동자와 노조에 대한 각종 탄압이라는 종착지에 직면하게 된다
는 언급을 하고 있다.

이러한 문제를 해결하기 위해서는 기존의 교육을 교육의 목적에
맞게 정상화할 필요가 있겠다. 이를 위해 이 의제를 읽는 독자에게
한 가지 질문을 제기하고 싶다. 여러분은 교육의 목적이 무엇이라고
생각하는가? 이에 대한 답을 마음 속으로 안고서 교육의 목표를 성

취하는 것이 취업과 어떤 관계를 맺어야 하는지에 대해 각자 답을 해 보면 좋겠다. 뿐만 아니라 취업을 고려한다면 여기에 '학벌주의'라고 하는 것이 도사리고 있다는 것쯤은 한국 사회를 사는 사람들이 교과서 지식처럼 습득하고 있는 일이다. 교육의 목표를 성취하기 위해서 이러한 '학벌주의'는 어찌 해결해야 할 것인가? 학벌주의는 교육과 취업의 부당한 연결을 잇는 교묘한 매개고리 아니었던가. 생계의 안정성을 획득하면서 동시에 학문의 독립성을 확보할 수 있는 길은 없는가? 이를 위해 응답자는 다음과 같은 제안을 하고 있다. 정치가 변화해야 하며, 정경유착이 척결되어야 하며, 비리나 잘못에 따른 합당한 처벌을 시행할 필요가 있다는 것과 이런 것이 제대로 이루어질 수 있도록 시민성 교육이 확대되어야 하며 나름의 성취를 위한 노력에 합당한 보상이 이루어져야 한다는 것이 그것이다. 그렇다면 과연 이것으로 충분한가? 그리고 이런 해법을 실천할 수 있는 구체적인 실천과 모색은 어떤 것이 있을까? 교육 분야의 언급을 함께 참고하면서 이 부분에 대한 해법은 이제 다음 의제 때 여러분이 제안해 주시면 좋겠다.

다른 응답자는 비정규직과 재해를 모두 묶을 수 있는 말로 '재개발'을 꼽으면서, 사회적 약자들이 일상에서 배제되고 사라지도록 강요하는 힘들에 반대하고 있다. 그의 글에 따르면 비정규직과 재개발을 묶을 수 있는 또 다른 말은 '추방' 아닐까? 이 응답자는 약자들에게 만연한 추방, 즉 사회적 삶 밖으로의 추방을 문제 삼고 있다. 어쩌면 최근 점점 더 확산되고 있는 불평등의 확산에 대한 반응 중 하나가 한국 사회에서는 '재개발'을 중심으로 이루어지고 있는 것은 아닐까. 이는 부동산으로 경기를 활성화시키려는 한국 경제의 고질적인 문제와 결부되어 있다. 따라서 경제 분야에서 부동산 문제의 해결을 기대해볼 수 있을 것이다. 그리고 다양한 법적 제도적 영역에서의 문제해결을 기대해볼 수 있을 것이다. 응답자는 전자보다는 후자의 해법을 더 많이 제안했는데, 그것이 바로 정보공유이다. 정책의 공공성을 현실화하자는 것인데, 그것 외에도 사회적 배제를 기억하고 싸우는 것, 이러한 불화의 기억을 우리의 일상과 연결하는 것, 이를 위해 재개발 지도그리기를 하자고 제안하고 있다. 재개발 지도그리기와 사회적 추방이 일치되는 순간, 재개발과 관련하여 공모된 다양한 힘들을 발견할 수 있을 것 같아 무척 흥미로운 제안이라 생각된다. 그렇다면 그 다음에 우리는 무엇을 할 수 있을까? 응답자는 마치 이 다음을 함께 고민하자고 제안하는 듯하다.

어떤 응답자는 최근 인성교육법의 시행에 이어 인성교육점수와 취업을 연결시키려는 사태에 대해 불만을 제기하고 있다. 인성을 점수화한다는 것 자체가 불가능한 것이며, 인성을 통제하려는 의도로 보이는 듯하다. 그리고 이 연장선에서 인성을 이념화하거나, 이념 논쟁에 포함시키려는 의도에 대해 우려를 제기하고 있다. 이는 교육문제에 포함될 수도 있으나, 그 해법이 교육보다는 정치적 문제에 한정하고 있으므로 기타로 분류했다. 이는 교육과 정치가 긴밀한 관계를 맺고 돌아가고 있음을 의미하고 있다. 그렇다면 이러한 문제를 해결하기 위해서는 교육은 기성 정치로부터 독립성과 자율성을 얻어야 하는 것은 아닐까?

인성을 어떻게 가르칠 수 있을까? 기존의 도덕−윤리 교과 역시 인성과 이데올로기 교육을 연결시키려던 데서 출발했고, 상당수 교육이 예전의 혐의로부터 벗어난 것은 사실이나, 입시 위주의 교육제도에서 인성을 함양하는 교육이 불가능한 것도 사실이다. 그렇다면 바른 인성을 키우는 것이 교육의 중요한 목표인 만큼, 이러한 결과를 얻기 위해서는 어찌해야 할까? 다양한 사회적 관계를 경험할 수 있는 계기를 제공하는 것은 어떨까? 서로 다른 사람들 사이의 다양한 만남을 경험할 수 있는 사회적 기회를 마련하는 것, 사회적 경험의 확대를 통해 산출된 지식을 공유할 수 있는 교육을 고안하는 것은 어떨까? 최종적으로 취업을 목표로 하는 생계형 학습이 아니라, 건강하고 풍성한 삶을 위해 고민하는 교육으로 방향을 전환해보는 것은 어떨까? 교육을 정권의 입맛에 따라 이리저리 변형시키는 것보다는 교육의 독립성을 확보하는 것은 어떨까? 공교육의 정치적 중립성을 확보하는 방향으로 교육정책을 변화시켜보는 것은 어떨까? 사법부가 행정부나 입법부로부터 독립성을 갖는 것만큼 교육 역시도 이러한 독립성을 획득할 수는 없을까?

심지어 공교육이 가지는 보편성이 지역정체성을 반영하지 못하는 경우도 많아, 교육이 풍성하게 하려는 삶이 지역성과 연결되지 않는 경우도 많다. 교육이 일상의 삶을 풍성하게 하려면, 교육의 내용이 좀 더 지역정체성을 반영하면서 보편성을 가져야 하는 것은 아닐까? 뿐만 아니라 수용자가 교육의 내용을 결정하는 데 자율적으로 참여하도록 하는 것도 좋겠다. 교육감 투표권을 갖는다든지, 교육 정책의 결정에 참여하거나 교육 정책에 대한 거부권을 행사할 수 있는 등교육적 가치를 결정하는 다양한 경로에 수용자가 참여할 수 있어야

만 인성교육이 병행되는 것 아닌가. 그렇다면 현재 많은 문제점을 안고 있는 인성교육의 문제와 같은 다양한 교육의 문제들은 제기되기 이전에 충분한 공론과 비판을 거치게 될 것이므로, 지금과 같은 혼란을 미리 피할 수 있을 것이다.

다른 응답자는 사적인 경험에 기반을 두어 지나친 음주문화로 인한 피해를 축소하자고 주장하고 있다. 음주 운전으로 인한 폐해, 음주로 인한 범죄와 폭력 사태의 발생 등은 한국사회의 음주문화 개선이 여전히 미진하다는 것을 의미한다. 이러한 문제제기는 알콜중독자를 겨냥하고 있는 것만은 아니다. 오히려 일상적으로 경험할 수 있는 과도한 음주문화의 폐해를 지적하는 것으로 해석하는 것이 옳아 보인다. 응답자는 이 연장선에서 지나친 음주문화가 낳는 문제를 해결하기 위하여 음주교육과 처벌 그리고 금주 또는 절주 문화를 확산시키자고 제안하고 있다. 그러나 이러한 제안자의 제안에는 약간 의심스러운 부분이 있다. 이는 다음 절에서 간단히 살펴보도록 하자. 그리고 어떤 제안자는 미성년자의 신분에 맞는 사고와 행동을 요구하고 있다. 주로 음주와 흡연문제를 거론하고 있는데, 건강한 청소년의 삶에 대한 관심은 충분히 동의하지만, 몇 가지 문제가 있어서 이 역시 다음 절에서 함께 살펴보고자 한다. 이에 더하여 각종 사고를 일으키는 스마트폰 중독 문제를 해결하자고 주장하는 응답자도 있었다. 스마트폰 문제 역시 최근 들어 다양한 문제를 낳고 있는데, 이 문제 역시 다음절에서 함께 논의하겠다.

2. 인식전환을 위한 제안

청소년 문제에 대해 의견을 제안한 응답자는 청소년 문제의 원인 일부를 맞벌이 부부에게 돌리고 있다는 혐의가 보인다. 맞벌이 부부가 된다는 것은 선택이기도 하지만, 선택이 아닐 수 있다. 그렇다면 불가피하게 맞벌이 부부가 될 수밖에 없었던 부부, 그리고 자신의 경력을 단절시킴으로써 자기 삶의 독립성을 잃게 되는 우를 범하고 싶지 않은 부부의 문제는 어찌할 것인가? 심지어 한 부모 청소년이나 부모 없는 청소년의 문제는 어찌 할 것인가? 그렇다면 청소년 문제 해결은 부부를 중심에 둔 가정교육의 수준을 넘어가야 하는 것이 옳아 보인다. 청소년 문제 해결을 위한 시야를 조금 넓혀 다양한 관점으로 접근해보는 것은 어떨까? 그렇다면 거기에 접근하기 위한 관점은 어떤 것들이 있을까? 독자여러분들도 함께 고민해서 답을 고안해보면 좋겠다. 뿐만 아니라 청소년 문제에 대한 해법으로 전자발찌 도핑테스트 등을 제안한 설문자는 최근 윤리적으로 많은 논란이 되고 있는 사적 정보의 보호, 일상적 감시의 강화에 대체로 찬성의 경향을 보이고 있다. 청소년을 보호하기 위하여 청소년에 대한 사적 감시를 강화하는 것은 또 다른 문제와 폐해를 낳는 것은 아닐까? 이는 기본적으로 청소년 인권 침해를 낳는 일이기도 하다. 사적 정보공개가 너무 의심 없이 확산될 수 있다는 점에서 더욱 그러하다.

한 가지 더 제안을 하자면, 우리가 해결하지 못한다고 생각한 문제들을 너무 많이 국가에 의존하여 해결하려는 것은 아닐까? 당사자들이 직접 문제를 해결할 수 있는 지혜를 짜낼 수는 없는가? 당사자들의 자율성과 주변인의 자율성을 염두에 두면서 우리 스스로 이 문제를 해결할 수는 없을까? 그렇지 않다면 국가는 알게 모르게 너무 큰 권력을 가지게 되고, 그만큼 우리는 무력해질지도 모른다.

담배의 문제를 해결하기 위해서 새로운 담배를 제안하는 것은 담배에 대한 적응도나 호감도를 높일 수 있는데, 이런 문제에 대한 고민이 없다. 그리고 과연 이것이 문제해결을 위한 직접적인 정책이 될 수 있는가? 예컨대 음주를 즐기는 사람은 여전히 음주를 즐기지 술과 유사한 음료를 마시지는 않는다. 오히려 술을 못 먹는 사람이 술 먹는 사람과 어울리기 위해 유사 알콜을 마시는 경우는 있다. 그렇다면 결국 무알콜 음료와 같은 박하향 담배같은 것은 흡연에 대한 친근함과 접근성을 높이는 것 아닐까?

스마트폰 중독에 대한 문제를 제기했던 응답자는 휴대폰 사용을 제한하자면서, 누가 제한의 주체인지를 언급하지 않았다. 스스로 제한하자면, 이미 중독된 사람이 그러한 제한에 따를지 의문이고, 다른 주체에 의해 제한을 하자고 이야기한다면, 그 주체가 누구인지, 그리고 그 주체는 정당한 개입의 권한을 갖고 있는지도 물어야 한다. 이에 더하여 스마트폰이라는 매체에 대해 지나치게 부정적인 가치판단만을 내리고 있는 것은 아닌지 되물어보면 좋겠다. 물론 스마트폰 사용은 이미 '중독' 수준으로 치닫고 있지만, 여전히 스마트폰을 창조적으로 쓰고 있는 사람 또한 있으므로, 이 두 가지 상황을 적절히 고려한 문제해결책을 제안하는 것은 어떨까? 지나친 금지 위주의 해결책은 또 다른 편법과 저항을 생산하기 십상이다. 하지만 우리 스스로 스마트폰 사용에 대한 결정권을 가지는 존재가 되자는 주장은 충분히 좋고 동의할 만한 주장이라 생각한다.

어린이·청소년 비교육감 회담

비교육감 회담 참가자 명단

김재민(중), 이혜랑(중), 정도현(중), 김도윤(초), 이찬민(초)

진주희(초), 송민규(초), 이교은(초), 김현성(초), 오영준(초)

장소_ 인문학교 섬(閃)

우리에게도 시간의 권리가 있어요

초등학교 의제

요구사항

1. 정해진 시간표대로 수업을 진행했으면 좋겠어요.

2. 학생들의 자유시간이 침범되지 않았으면 좋겠어요.

3. 자유시간이 너무 짧아요.

구체적 실천

① 등교시간을 늦추고 지켰으면 좋겠어요.(9시 정도) 선생님이 임의대로 이 시간을 당기지 않았으면 좋겠어요.

② 점심시간이 너무 짧아요.(점심시간을 늘이면 좋겠어요. 배식

을 기다리고 식사를 끝내면, 점심시간이 금방 끝나버리니까요. 그게 안 된다면 배식시간을 짧게 하도록 배식카트를 늘리든지 했으면 좋겠어요.)

③ 점심시간의 자유를 누릴 수 있으면 좋겠어요.(학생은 과제를 주어진 시간에 마무리해서 점심시간까지 넘어가지 않도록 하고, 선생님은 과제를 적당히 내주셔서 학생인 점심시간을 누릴 수 있도록 했으면 좋겠어요. 다른 일로 점심시간이 방해받지 않았으면 좋겠어요.)

④ 쉬는 시간을 쉬는 시간답게 썼으면 좋겠어요.(수업의 연장시간으로 쉬는 시간을 쓰지 않았으면 해요.)

⑤ 체육시간 같이 학생들이 좋아하는 시간을 다른 시간으로 대체하지 않았으면 해요.(정해진 수업을 지키고, 진도가 느리다고 선생님이 임의적으로 바꾸지 않았으면 해요. 주로 수학이나 국어 같은 과목이 진도가 느린 수업이거나 힘든 수업이 재미있는 수업을 대체할 때 정말 싫어요.)

⑥ 하교시간도 지켰으면 좋겠어요.(청소 때문에 하교시간이 몇 명만 늦어지는 경우도 있고, 하교 시간이 늦어서 학원 버스를 놓쳐서 걸어간 적도 많아요.)

기타 요구사항

1. 처벌에 관한 요구사항
• 선생님이 때리지 않았으면 좋겠어요.(1명)
• 한 사람의 잘못을 모두의 잘못으로 만들어서 벌을 주는 것은 부

당한 것 같아요.(연대책임 금지)(3명)

- 벌 청소를 축적해두었다가, 한꺼번에 시키는 것은 너무 과도한 것 같아요.(학교 한 동을 다 치우는 것은 너무 심한 것 같아요.) (3명)
- 엎드려 뻗치거나, 팔을 드는 과도한 기합도 문제인 거 같아요. (1명)
- 문제가 생기면 문제아부터 의심하고 문제로 생각하는 것도 문제인 것 같아요.(6명)
- 공개 망신을 주는 벌도 문제인 거 같아요.(4명)

2. 교사와 학생의 차별 문제

- 교실의 냉난방은 안 하면서 교무실은 너무 시원하거나 따뜻한 것도 문제예요. (5명)
- 학생의 지각은 죄지만, 선생님의 지각은 면죄되는 것도 싫어요. 늦으시면 사과라도 했으면 좋겠어요.(7명)
- 실내화 규칙을 학생들에게 엄격하게 적용하는데, 정작 선생님은 규칙은 너무 쉽게 어기는 거 같아요.(5명)
- 복도에서 학생은 뛸 수 없지만, 선생님들은 뛸 수 있다는 것도 문제예요.(7명)
- 성차별하지 않았으면 좋겠어요.(1명)

기타

- 급식을 남기게 해주세요. 내가 배식한 것도 아닌 식사를 다 먹

게 하는 건 너무 힘든 거 같아요. 음식물을 남기지 않고 싶지만, 생각한 대로 못 먹을 수 있잖아요.(그렇다고 아무렇게나 남기자는 얘기는 아니에요. 음식물을 남기는 건 문제지만, 실수를 줄일 수 있도록 하는 게 더 중요한 거 같아요.)(1명)

- 급식 : 학교 급식카트에서 바퀴벌레가 나와요. 식판에서 음식 포장 비닐도 나와요. 정말 먹을 때 찝찝해요.(1명)

초등학생이 교육감님에게 하고 싶은 말!

- **이교은**(6학년) : 교육감님, 학교 가는 일이 즐거운 일이 되도록 해주세요.
- **진주희**(6학년) : 교육감님, 1학년부터 6학년까지 모두 공평하게 시험을 치거나, 시험을 안 치도록 해주세요.
- **이찬민**(5학년) : 교육감님, 우리 학교를 공평하게 개선해 주세요.
- **김현성**(6학년) : 교육감님, 선생님들이 학생의 권리를 보장하도록 해주세요.
- **우영준**(6학년) : 교육감님, 우리에게 쉬는 시간을 돌려주세요.
- **송민규**(6학년) : 교육감님, 체육시간 좀 늘려주세요.
- **김도윤**(6학년) : 교육감님, 이 종이에 적은 것을 꼭 개선하도록 노력해주세요.

중학교 의제

요구사항

1. 쉬는 시간 보장
2. 등교 시간 및 하교 시간 수정
3. 점심 시간 보장

구체적 실천

① 쉬는 시간을 15분으로 늘리고, 수업시간은 40분으로 단축해주세요.

② 쉬는 시간에 선생님들이 잔심부름을 시켜 쉬는 시간을 뺏기지 않게 해주세요.(이를 어기는 선생님에게는 벌점을 부과했으면 좋겠어요. '교사 벌점제' 제안)

③ 등교 시간을 9시로 늦췄으면 좋겠어요.

④ 등교 시간에 대해서는 벌점을 매기지 않았으면 좋겠어요.

⑤ 등교 시간을 선택할 수 있었으면 좋겠어요.(예를 들어 9시 등교를 선택하면 3시 하교, 11시 등교를 선택하면 5시 하교할 수 있도록)

⑥ 병 결석은 규제하지 않았으면 좋겠어요.(결석으로 인한 불이익이 없도록)

⑦ 정규 6교시 안에 모든 수업을 완료했으면 좋겠어요.(7·8 교시 없애기)

⑧ 등교 시간을 엄수하듯, 하교 시간도 엄수했으면 좋겠어요.(청소나 종례의 연장 등으로 하교시간이 잘 지켜지지 않아요. 하교 시간

을 어기는 선생님에게는 벌점을 부과했으면 좋겠어요. '교사벌점제')

⑨ 선생님들도 학생들의 불편함을 느낄 수 있게, '학생체험프로그램'을 운영했으면 좋겠어요.(이 프로그램은 기간은 한 달 정도로 진행했으면 좋겠어요.)

⑩ 점심시간을 1시간 30분으로 늘리고, 낮잠시간을 별도로 30분 정도 줬으면 좋겠어요.

⑪ 운동장을 학년별로 구간을 나누어 공평하게 사용할 수 있었으면 좋겠어요.(선배들 눈치 안 보고, 제지받지 않고 사용하고 싶어요.)

기타 요구사항

1. 검열에 대한 요구사항
- 하교할 때만큼은 복장을
- 오늘처럼 학생들이 언제나 의견을 낼 수 있도록 전용 창구를 만들자(예를 들면 인터넷 게시판을 활용) 검열하지 말자
- 두발규제를 없애거나 완화하자
- 교복 디자인에 학생 의견을 반영하자
- 선생님의 흡연도 규제하자

2. 소통 창구 설정

※ 이 의제는 부산시 교육청에 직접 전달되었습니다.

대학생 인권 선언

- 철학과 **고선경** : 나의 인권을 생각한다면, 꿈에 대해 생각할 자유를 보장하라.
- 철학과 **권태연** : 청년들에게 무한 경쟁에서 자유로울 권리를 보장하라!!!
- 철학과 **김경민** : 우리가 대학을 공원처럼 사용할 수 있었으면 좋겠다. 그 소속이 아니더라도 도서관, 공부할 수 있는 강의실 등을 소속에 상관없이 누구나 즐기고 향유할 수 있는 대학이 되었으면 좋겠다.
- 경영학 **김국주** : 나에게 가장 필요한 권리는 취업의 권리!! 자기가 하고 싶은 일을 하면서도 경제적으로 충분히 살아갈 수 있는 권리!!
- 경영학 **김동영** : 이것 저것 주워담기. 바쁜 대학 보다, 그릇을 키울 수 있는 대학을 원합니다.
- 철학과 **김보라** : 세상의 잣대로 평가받지 않는 것 – 대학생이면

얼른 졸업해서 취직해야 하고 여자라면 30대가 가기 전에 얼른 시집가서 애를 낳아야 한다는… 세상에는 다양한 모습들이 있습니다. 왜 개개인의 특수성은 고려되지 않은 채 공장에서 만드는 제품들처럼 똑같아져야 하나요.? 너무 추상적인 답변인지는 모르겠습니다만 그대 자체만으로 존중받는 것이 인권의 기본이라고 생각합니다.

- 한문학과 **김영근** : 학생으로서의 학교 관련 문제에 대한 의견을 제시하고 참여할 수 있는 권리와 한 지역의 시민으로서 사회적, 경제적 차별에 따라 그 개인의 인권이 무시되어지지 않길 바란다.

- 심리학과 **김학수** : 청년인권선언 – 청년들에게 섹스의 자유를 달라.

- 법학과 **박규태** : 사람들에게 피해를 끼치지 않을 정도의) 비주류의 취미를 마음대로 즐길 수 있는 권리가 보장되었으면 좋겠습니다.(ex.그라피티, RC카, 보드게임 등)

- 철학과 **박성문** : 내가 보장받고 싶은 권리는 취업의 스트레스로부터 벗어나는 것이다. 아무래도 나이가 들고 학년이 들다 보니 취업걱정이 드는 것이 사실이다. 또한 소속되어 있는 과가 철학과이고 사회적으로 인문학이 천대 되고 이공계와 같은 실용적인 학문이 아무래도 취업이 잘 되므로 그로부터 오는 압박이나 스트레스도 있다. 특히나 각 대학마다 인문학 관련 학과가 통·폐합되고 있는 현실에서 인문학 출신자라고 해서 취업 시 편견이나 차별이 줄어들었으면 하는 바람이다. 물론 우선되어야 하는 것이 본인의 믿음과 실력이라는 것을 알기 때문에 그에 대한 노력을 계속해 나갈

것이다.

- 철학과 **설민아** : 눈치 보지 않고 내가 하고 싶은 말을 외칠 수 있는 권리!
- 수학과 **양정화** : 이 젊을 청춘을 학점 관리에만 목매며 경쟁하고 싶지 않아도 경쟁을 생각해야만 하는 이 생활이 꼭 바뀌었으면 좋겠습니다〉ㅁ〈 간단히 말해서 교육이 좀 달라졌으면 좋겠습니다. 인간답게 살 수 있는 삶을 살고 싶습니다. 배우면 정말 인격적 완성에 도움 되는^^
- 철학과 **이한빈** : 내가 보장받고 싶은 것? 성적걱정, 취업걱정, 등록금 다 없어져라!!!
- 법학과 **이현재** : 시험기간에 자리걱정 없이 강의실에서도 마음껏 공부할 수 있는 인권을 보장해 달라!
- 철학과 **임동우** : "청년인권 선언 포함 희망사항: 청년들에게 공간을 보장하라. '공간'은 다양한 의미를 가지고 있습니다. 최우선적 의미는 '거주'를 위한 공간입니다. 청년들을 위한 거주공간은 없습니다. 더욱이 거주를 위한 공간마련에도 부모님의 도움 없이는 제대로 된 공간을 구하기 힘든 실정입니다. 이마저도 여의치 않은 이들은 '고시원'과 같은 열악한 공간에서 살고 있습니다. 하지만 고시원과 같은 열악한 공간마저도 구하지 못하는 이들 역시 있습니다. 거주공간의 마련만이 청년문제를 해결할 수 있는 만병통치약은 아닙니다. 하지만 독립된 공간이 어느 곳에서나 보장된다는 것은 청년들이 어느 곳이든 돌아다닐 수 있다는 말이 되기에 중요하다고 생각합니다. 어느 곳이든 돌아다닐 수 있다는 것은 동시에 무

엇이든 할 수 있다는 말이 될 테니까요. 더불어 공간의 확보는 단순한 거주를 위한 공간을 넘어 청년들끼리, 그리고 동일한 생각을 가진 다양한 이들이 함께 모일 수 있는 장을 마련해주는 의미를 가지고 있습니다. 딱딱한 의미로는 공론장의 마련이며 가까운 의미로는 일상을 공유할 수 있는 장소의 마련입니다. 이는 개인이 원자화되고 유대가 결여되고 있는 사회에서 서로를 이해하고 나아가 관계를 진작시키는 데에 있어 중요한 대목이라고 생각합니다. 이 때문에 청년들에게 공간을 보장하는 것만큼 중요한 문제는 없다고 생각합니다. 이상입니다.

- 철학과 **임수정** : 소 잃고 외양간 고치지 말고, 고식지계를 멀리하고 사람을 믿고 권리를 주고 인정하라!

- 중어중문학과 **임찬** : "자유롭게 사랑하고 싶다."

- 심리학과 **정다정** : 내가 듣고 싶은 강의를 마음껏 들을 수 있는 권리(수강가능인원 때문에 못 들어가는 경우나 비전공자에게 열어주지 않는 강의가 많아서 늘 아쉬웠음)

- 철학과 **정예슬** : 하고 싶은 일을 하며 살 수 있었으면 좋겠다.

- 철학과 **조용담** : 대학캠퍼스에 자동차가 다니는 길을 최소한으로 줄이고 학생들을 위한 녹지 보도나 녹지 공간을 만들어 주세요.

- 토목공학과 **조형근** : 크게는 학생이 최소한의 의식주는 해결되면서, 공부할 수 있는 권리를 바랍니다. 그리고 조금 더 바란다면, 최소한의 의식주가 제공되는 환경에서 공부하면서, 조금의 방황할 권리도 바랍니다. 이유 : 첫 번째에 대한 이유는, 요즘 웬만한 경제적 뒷받침이 이루어지지 않는 이상, 대부분의 학생이 일을 하

면서 동시에 공부를 해야 합니다. 이는 모든 사람이 학습할 권리, 그것도 자신이 공부하고자 하는 정도에 따라 마음껏 공부할 권리를 빼앗는 상황이라 여겨집니다. 그러니깐, 최소한의 의식주는 제도적으로 제공이 되어, 학생들이 자신들이 원하는 정도만큼 공부에 집중할 수 있는 권리를 보장해줘야 한다고 생각합니다. 그리고 두 번째에 대한 이유는, 학생이 기계가 아닌 이상 공부만 할 수는 없다는 실생활적 관점에서 시작됩니다. 첫 번째에 대해서 반대되는 생각일 수도 있지만, 공부를 계속해서 하는 것보다는, 오히려 중간중간의 방황, 예를 들어, 노래에 빠진다거나, 속칭, 몸 만드는 헬스에 빠진다거나, 어떤 그런 공부 외적인 것을 해보고 또 자신의 전공을 공부하는 것과는 다를 것이라고 생각됩니다. 훨씬 더 자신에 대해 알게 되고, 자신이 전공을 공부해도 어떤 식으로 사회에 나가서, 자신의 꿈이나 진로를 실현하는 데 있어서, 어찌 보면 꼭 필요한 과정이라고도 생각이 됩니다. 그러니깐, 학생들이 중간에 몇 번 방황해도, 그것이 크게 자신의 미래에 있어서 문제가 되지 않는 그런 환경이 조성되었으면 합니다.

청소년의회와 시민의제

: 우리들이 우리들의 문제를 얘기하고 제안하자!

- **인문학교 섬(閃)의 지도선생님**
  김동규, 윤 정, 김준우, 이동진, 조형근

- **운영기간** : 2014.07.29~2014.08.21

- **운영장소** : 해운대구 문화복합센터 4층 제2세미나실

과정

회 차	제 목	일 시
1	우리가 생각하는 민주주의란?	7월 29일
2	우리가 만드는 세계시민 의회는 어떤 모습일까?	7월 31일
3	의안제안, 행복한 학교 만들기 1	8월 12일
4	청소년 의회 체험 견학&탐방	8월 13일
5	의안제안, 행복한 학교 만들기 2	8월 14일
6	의안제안, 행복한 사회 만들기	8월 19일
7	기타 안건 토론, 실현방안 토론	8월 20일
8	청소년 세계시민의회 아젠다 선언	8월 21일

의제 만들기 1 - 행복한 학교 만들기

진행 : 인문학교 섬(閃)

의제 만든 사람들

서태환, 문지호, 문지환, 서민규, 염재림, 박경보, 문정원

1. 목표

학교 구성원 사이에 존중이 되데, 특히 학생에 대한 존중이 이뤄지는 바탕에서, 대화와 소통의 장을 통하여, 행복한 학교를 만드는데 필요한 규칙들이나 각자 학교에 대한 권리와 자유들을 생각해보고 주장하기.

2. 의제

a. 행복한 학교를 위해, 시간에 대한 자유가 주어져야 한다.

b. 행복한 학교를 위해, 수업에 대한 자유가 주어져야 한다.

c. 행복한 학교를 위해, 학교환경에 대한 자유가 주어져야 한다.

d. 행복한 학교를 위해, 규제에 대한 자유가 주어져야 한다.

3. 배경

a. 시간에 대한 자유

• 좀 더 효율적인 수업을 위해서, 학교 일상수업시간 사이에 자는 시간이 필요하고 수업시간표까지 각자 학생 개인이 정하도록 하여, 자신에게 편한 시간대에 수업을 들음으로써, 수업에 대한 효과를 높일 수 있다.

• 너무 바쁜 아침으로 잃어버린 아침을 학생들에게 돌려주어, 여유 있는 아침을 갖게 하려고.

• 선생님이 늦게 와서, 하교가 지연되는데, 학생이 지각하면 혼나지만, 선생님은 혼나지 않는다.

• 오히려 학교 가는 횟수를 줄임으로써 자신이 원하는 공부를 같은 반 친구와도 하고 다른 아이들과의 수업까지 가능한 "학습망"을 형성

b. 수업에 대한 자유

• 기존 입시를 위한 과목의 공부에만 모든 재원과 학교의 노력이 집중된 가운데, 학생들의 실질적인 재미와 휴식을 위한 동아리 활동은 너무나 저평가되고, 충분한 지원이 이뤄지지 않고 있다. 예를 들어, 빨지 않아 냄새나는 유니폼을 입어야 하는 체육동아리나, 특정

동아리의 활동에 필요한 전문적 지식이 부족한 배치되는 선생님들, 바람 부는 곳에서 배드민턴을 해야 하는 부적절한 장소 채택까지, 동아리에 대한 관심이 요구된다.

• 앞으로의 상위의 학교에서의 수학을 위해서 최소한의 필수과목은 의무적으로 수강하되, 나머지 수업들은 학생들의 선호도에 맞게 자신들이 직접 들을 수업들을 정함으로써 학습에 대한 효율이 많이 증가 할 것이다.

• 시험 자체가 부담으로 다가오고, 기존의 교육의 목표인 "사람됨"과는 무관한 기준의 시험이라서, 시험에 대한 회의가 많다.

c. 학교환경에 대한 자유

• 급식이 부실하며, 선생님은 학교 밖에서 먹을 수 있도록 함으로써, 차별이 느껴지고, 거기다가 매점의 부재로, 성장에 필요한 충분한 영양소를 섭취하는 데 많은 문제가 있다. 그리고 그 이유가 단순히 쓰레기 처리의 문제 때문이라면, 가치의 우선순위를 다시 한 번 생각할 필요가 있다고 여겨진다.

• 학생의 편의에 맞춰지도록, 멀리 있는 아이들의 셔틀버스이용(무료)과 눈앞에 두고도 타지 못하는 엘리베이터를 이용하도록 하여, 학생도 다른 학내구성원과 동등한 권리를 가지도록 해야 한다.

• 미래의 장래희망이 게이머인 학생들을 위해서 게임방 설치가 요구되고, 이야기 방의 경우, 학생들만의 전용공간의 부재로, 선생님 없는 공간에서의 소통을 가능하게 함으로써, 평소 학생들의 스트레스 해소와 열린 이야기의 장이 있음으로써 오는 정신적으로 건강한

학교생활이 되는데 일조할 수 있다.

• 우선, 학교 자체가 학생들의 시선에는 아주 예쁘지 않고, 기능적으로도 아쉬운 부분이 많기에, 학생들의 의견이 전적으로 반영하여 학교환경을 가꿀 수 있다면, 좀 더 학생 친화적인 공간을 만듦으로써, 현재의 어른 중심의 학교환경을 좀 더 균형 있는 장소로 만들 수 있다. 예를 들어, 계단이 적도록, 학교를 저층으로 길게 만들어 이동성을 높인다면, 훨씬 학생들이 학교생활을 하기 편할 것이다.

d. 규제에 대한 자유

• 두발, 복식에 대한 규제의 근본 이유에 의문이 제기된다. 왜 학생만 두발을 규제당하여야 하고, 어른인 선생님들은 아무런 규제가 없어야 하는가? 학생도 선생님과 마찬가지로 똑같은 인간이기에 무조건 따라야 할 이유는 없다. 그리고 두발이 길다고 해서, 그것이 공부에 방해된다고 보이지도 않는다.

• 학교의 운영을 위해 모이고 쓰이는 예산을 학생들도 알 수 있도록 하여, 학내 구성원의 떳떳한 주체로서, 그 예산이 적절하게 학생의 뜻과 부합하게 쓰이는지 알아야 할 권리가 있다. 예를 들어, 많은 예산 중에 조금이라도 동아리에 투자된다면, 학생들의 학교에서의 삶의 질은 훨씬 나아질 것이라고 예상된다.

4. 세칙

a. 시간에 대한 자유

- 자는 시간 있는 학교
- 오전반/오후반 도입
- 일주일에 1회 가는 학교
- 시간표를 본인이 짜는 학교
- 수업시간(등교 시간) 미루기
- 마칠 때 시간 맞춰서 마치기

b. 수업에 대한 자유 (4개)

- 시간표를 본인이 짜는 학교
- 동아리 활동 지원을 잘해주는 학교
- 게임수업을 정규수업으로 있는 학교
- 시험 없애기

c. 학교환경에 대한 자유 (5개)

- 매점 있는 학교
- 통학버스를 운행하는 학교
- 엘리베이터를 탈 수 있는 학교
- 이야기 방, 게임방 있는 학교
- 학교를 학생이 직접 꾸밀 수 있는 학교

d. 규제에 대한 자유

- 두발규제 없는 학교
- 선생님을 감시할 수 있는 시스템을 가지는 학교
  (교장, 교감, 예산 평가하는 학교)
- 벌점제의 완화(cf.선생님도 벌점 받기)

의제 만들기 2 - 행복한 사회 만들기

진행 : 인문학교 섬(閃)

의제 만든 사람들

문지호, 문지환, 서민규, 염재림, 문정원

1. 목표

우리가 우리의 자유를 누리며, 필요한 결정들을 우리 스스로가 내리며, 행복한 사회가 되는데 필요한 가치들과 생각들을 나눠보고 정리하기.

2. 의제

a. 행복한 삶을 위해, 충분한 여가가 주어져야 한다.
b. 행복한 삶을 위해, 존중과 배려에 기반을 둔 도덕이 있어야 한다.
c. 행복한 삶을 위해, 친분이 있어야 한다.

d. 행복한 삶을 위해, 꿈과 자유가 있어야 한다.

e. 행복한 삶을 위해, 삶의 필요조건들이 충족되어야 한다.

3. 배경

a. 충분한 여가

사람들이 생산성 있는 활동, 예를 들어 경제활동, 학생이면 학교 다니기 등, 사회에서 필수적으로 요구되는 활동 이외에도, 여가가 따로 주어져, 특정 목적 없이, 하고 싶은 것들을 하는 시간이 있어야 행복한 삶이 가능하다. 하지만 현재 그러한 시간이 부족하다고 여겨진다.

b. 존중과 배려에 기반을 둔 도덕

사람의 삶은 결국 다른 사람들과의 관계 속에서 있으므로 사람과의 관계가 좋지 못하다면, 행복한 삶이라 할 수 없을 것이다. 그렇기에, 인사, 예의와 같이, 존중과 배려에 기반을 둔 도덕이 있어야 한다.

c. 친분

앞서 말한 거와 같이, 사람은 혼자서 살아갈 수 없을뿐더러, 혼자서 행복감을 느끼기가 어렵다. 그러므로 친분, 이웃, 친구, 가족 등과 같은 사람들의 존재가 행복한 삶이 되도록 하는 데 중요한 부분이다. 샘을 부리는 친구, 난폭한 선생님, 흡연하는 아버지와의 관계들이 자신의 삶을 힘들게 하고, 결국 불행을 느끼도록 하기 때문이다.

d. 꿈과 자유

우선, 자유는 당연히 행복한 삶의 필수 요소일 것이다. 노예의 삶을 생각하면, 앞서 말한 여가, 존중과 배려, 친분의 가치들이 지켜지기 힘들 것이기 때문이다. 그리고 꿈은 앞으로의 삶의 방향을 제시하는 기준이 되기 때문에, 그에 따라 자신의 삶을 일관적으로 설계하도록 도와줄 수 있기에 행복한 삶에 필요하다.

e. 삶의 필요조건들이 충족

앞서 말한 세 가지의 가치들도 빛을 발하려면, 사람의 목숨이 붙어 있어야 가능할 것이다. 그러기에 최소한의 삶의 필요조건인 생계가 유지되어야, 즉, 먹고 입고 잘 수 있어야 다른 가치들도 생각할 수 있다. 하지만 그러한 필요조건들이 충족되는 것을 넘어서, 과하더라도 그 삶이 행복하지 않을 수도 있다. 왜냐하면, 생계유지가 행복한 삶으로의 가능성은 열어주지만, 생계유지만 충분히 된다고 해서 또는 과도하게 된다고 해서, 행복한 삶인 것은 아니기 때문이다.

4. 세칙

a. 충분한 여가
- 내가 좋아하는 책보기(교과서, 문제집이 아닌 책),
- 몰래 컴퓨터 하기　　　　• 여행하기

b. 존중과 배려에 기반을 둔 도덕

• 언어사용에 대한 부분 : 욕 쓰지 않기, 토 달지 않기, 잔소리 없
애기

• 타인을 대할 때, 강요, 억압, 차별 없애기 (맛없는 것 강제로 먹
이지 않기)

c. 친분

• 샘을 부리는 친구, 선생님의 난폭함, 층간소음과 갈등, 시비 거
는 동성, 담배 피우시는 아빠, 동생만 예뻐하는 엄마, 차별 없기.

d. 삶의 필요조건들이 충족

• 놀이터 말고라도, 각자 세대별로 놀이 공간이 필요하다.

• 운동시설과 내 공간(집안에서도)이 있고, 또 있다면 로봇 청소
기가 있어야 한다.

• 시간이란 개념을 없애기(시간을 자유롭게 쓰기)

e. 꿈과 자유

• 장래희망 : 유리공예, 국과수, 수의사, 경호원, 경찰, 과학자,
마라톤선수, 선생님 등.

해운대 민주시민의회

참가자 : 해운대 시민

진행 : 민주시민교육원 나락한알

장소 : 해운대문화복합센터

기간 : 9월 2일 ~ 10월 28일

● **가족권**

• 육아를 평등하게 분담하면서 동시에 보육기관이나 육아를 담당할 사람을 적극적으로 활용하는 양육과 보육의 권리가 필요하다. (특히, 노령화 사회에 대비하여 조손 프로그램을 개발하자.)

● **문화권**

• 문화향유권 : 문화, 스포츠, 취미, 오락, 여행 등의 권리가 필요하다.

• 해운대에는 문화 · 취미 · 운동 시설과 프로그램은 있지만, 홍보부

족 또는 주민들의 시간이 없어서 이용률이 낮은 것 같다. (특히, 영화의 전당, 디자인 센터 내 전시관과 무료 강의 등)

- 문화 복합 센터에 좀 더 다양한 프로그램을 편성 바란다.
- 시민을 위한 음악회를 좀 더 자주 열어 달라.
- 공간향유권(공원에 대한 권리): 지역주민들이 편하게 여가를 즐길 수 있는 공간의 부족하니, 이러한 공간을 확충할 필요가 있다. 예컨대 한시적 공간 활용할 수도 있다. 공영주차장의 야간 이용하여, 에어로빅, 체조 등 단체운동의 장소 또는 걷기 운동의 장소로 활용할 수 있다.

● **주민권**

- 주민회의권 : 아파트 주민들이 겪는 문제 중의 하나인, 층간 소음도 반상회를 열어서 앞집, 옆집과의 서로 잘 지내고 소통으로 풀어야 한다.

● **환경권**

- 건강한 환경에서 건강하게 살아갈 권리가 있다.
- 새집증후군이 있다. 건강하게 살도록 예쁜 집을 만들자.
- 자동차 배기가스를 줄이고 걷기 좋은 도시를 만들자.
- 하천의 오염이 여전히 심하다. 온천천, 부산천, 수영천 등 조금 더 신경 써서 정화하면 좋겠다.
- 복개천을 좀 정비하자: 맨홀 뚜껑 앞의 집은 악취로 고생이 심하다. 시에서 하수구 청소는 얼마에 한 번씩 할까? 이번 수해로 하수

가 역류해서 혼이 났다.

- 낙동강 위에서 내려오면 경북, 경남 경계지역에서 측량해서 교통 부담금처럼 오염부담금을 부과하자. (예를 들어 낙동강에는 비점오염(농막 같은 곳에서 행해지는 오염)이 많은데, 점 오염은 측정 가능하나 이것은 안 된다. 독일의 사례처럼 경계선에서 측정해서 비용을 부담하는 것은 이런 비점오염원을 찾아내서 없애는 데 도움이 될 것이다.)
- 아파트 꼭대기의 네온사인(조명)의 사용시간을 줄이자. (허용시간을 정해서 특정 시간이 지나면 전기료와 에너지를 아끼는 의미에서 사용시간을 줄이자.) 해운대구 지자체별로 진행하면 좋겠다. 그러나 관광특구 지역은 그대로 유지하는 것도 좋겠다.

● 이동권
- 교통문제 : 해운대는 인구 쏠림에 대한 대책이 필요하다. (예. 호텔, 이마트의 대형화)
- 교통혼잡에 대한 대책 : 해운대 순환버스 활성화, 대중교통이용 생활화, 자가용 사용억제 필요.

● 건강권
- 금연의 확장 그리고 간접흡연으로부터 자신을 보호할 권리가 있다.
- 주변에 체육시설을 사용할 권리가 있으면 좋겠다.
- 가족과 운동하고 여가 보내는 건강한 시간 권리가 필요하다.
- 청소년 건강권을 확보하자. ex. 질문의 변화(요새 공부 잘되니?

-> 요새 운동 뭐하니? 누구랑 운동하니?)

- 장산 밑 대천천을 풀장으로 활용하자. (여름철에만)
- 전자파의 위험으로부터 보호: 기지국 지중화가 필요하고, 생활 속 전자기기 사용억제

● 평등권

- 각종 차별을 금지할 권리가 필요하다. (남성=여성, 인종=인종, 세대=세대, 학벌=학벌=비학벌 등)

● 교육권

- 청소년들의 공동체성 함양과 세대 간의 조화를 위한 예의 교육이 필요하여 개인주의를 극복할 필요가 있다.
- 교사처우문제를 개선하기 위해 공교육 기관을 늘여야 하는데, 유아부터 고등교육기관까지 학급 인구수 과다에 비해 선생님의 인구수는 과소하다. 정부의 대책이 필요하다. 특히 유아교육은 다른 교사들에 비해 처우가 너무 열악하다. 부산의 공립유치원 비율을 늘이자.
- 가정 내 교육비 부담을 줄이자.
- 승자독식 경쟁구조와 학벌 사회를 타파하여 사회의 지속가능성을 높이자.

● 경제권

- 청년들이 부산에서 빠져나가지 않도록 경제적 기반을 만들 필요가

있다.

● 복지권
• 부산을 노인들이 살기 좋은 도시로 만들어서 부산의 문제를 복지로 새로운 기회를 만들 수 있으면 좋겠다.

● 미디어권
• 미디어를 통해 볼 권리 들을 권리 등을 가지자.
• 미디어 교육을 받을 권리가 있다.

● 감정권
• 정서적으로 공감할 수 있는 시간과 공간권이 필요하다.
• 만나면 먼저 인사하고 축복의 말하기, 많이 웃기

권리를 얻는 데 필요한 개인적 소양

권리에 대한 지식이 필요하다.
권리 주장에 대한 책임이 필요하다.
권리 주장을 위한 용기와 의지가 필요하다.
권리 주장을 위한 참여가 필요하다.
참여를 위한 시민단체도 필요하다.
권리 주장을 관철하기 위한 연대가 필요하다.

지역성과 회복력 있는 지역경제로의 전환

●

전중근

1. 배경

● 그동안 경제가 성장하면 고용과 소득이 늘어나고, 세금이 증가해, 사회보장 제도가 충실하게 된다는 신화에 묶여 왔다. 그러나 경제성장은 사람들에게 풍요와 행복을 가져다주기는커녕, 오히려 시민 생활 만족도와 행복감을 떨어뜨린 주범으로 지적되고 있다. 또 이로 인해 빈부격차와 양극화를 초래하고, 원자력을 비롯한 에너지를 대량으로 소비하고 환경을 파괴하는 데 큰 역할을 했다.

– 낙수효과의 세계적인 실종

– 김낙년 동국대 교수의 논문을 보면, 2010년 기준 상위 10%가 전체 소득의 48.1%를 차지하고 있다. 기업과 상위 10% 부자가 가져가는 몫을 제외하면, 하위 90% 국민의 1인당 가처분소득은 당초 국민소득의 4분의 1로 쪼그라든다. 4인 가구라면 3000만 원 안팎이다. 1인당 국민소득이 3만 달러를 돌파하더라도 국민 대다수의 살림살이

는 별반 달라질 게 없다고 한다.

● 지금 우리 사회는 맹목적인 경제성장으로 인해 생길 수 있는 온갖 재앙을 겪고 있다. 사람들의 피를 말리는 생존경쟁은 영혼을 갉아먹을 정도로 극심해졌고, 궁극적인 삶의 목적을 성찰할 겨를 없이 피로한 나날을 보내고 있다. 대다수 사람들은 '일'을 즐기기보다는 노동에 짓눌려 산다. 그나마 생긴 여가도 무의미하게 흘려보낸다. 인간관계의 단절과 공동체의 해체, 스트레스와 우울증, 낮은 근로 만족도와 실업 등은 병적인 사회 징후를 고루 안고 있다.

● 지역사회 역시 급속한 성장으로 인한 부작용을 겪고 있다. 지역간, 산업간 불균형 성장을 말할 것도 없고, 수도권을 중심으로 한 중앙 주도의 외생적 성장방식은 수도권 이외 지역경제의 쇠퇴를 초래했다. 대기업들이 골목 안까지 파고들어와 곳곳에 있는 모든 것을 장악했다. 이러한 불균형 성장은 지역의 인구 감소와 함께 지역경제의 침체, 활기 저하를 불러오고 있으며, 이로 인해 제대로 된 지역 일자리의 부족, 사회기반시설의 부족은 또다시 청년층들의 지역 이탈을 가속화하는 악순환을 발생시키는 게 작금의 현실이다.

● 문제는 이러한 재앙을 배태하는 낡은 사회경제 시스템이 시민의 의사와는 무관하게 작동한다는 것이다. 어느새 대기업들이 경제를 비롯한 사회 시스템을 장악했다. 각종 소비품들이나 먹을거리뿐만 아니라 에너지 등의 자원도 이미 거대 기업의 손에 들어간 지 오래다. 생산 · 분배 · 소비 등 중요한 결정과 관련해 시민 스스로 결정할 수 있는 몫은 없다. 그저 우리 손을 떠난 것이 아니라, 그들이 장악한 시스템이 심각한 불평등과 생태적 위기를 낳고 있는 상황이다.

2. 시민사회의 가치와 지역경제 정책 방향

21세기 공생사회를 위한 사회적 가치 실현과 지역경제 정책 방향

● 경제성장률을 회복시키려는 무망한 노력을 하기보다는 지역
경제가 회복력을 갖추는 게 무엇보다 중요하다. 오뚝이 같이 소생하
는 힘을 갖고 예기치 않은 시기에 우뚝 일어설 수 있는 지역경제의
근력을 길러야 한다. 이제는 구조적으로 돌이킬 수 없는 저성장 경제
를 정상상태로 자리매김할 수 있도록 해야 한다. 기후변화, 에너지
고갈, 경제양극화 등 그동안 고도성장을 이끌었던 여러 변수들이 현
재의 위기를 낳았던 것인 만큼, 리질리언스(Resilience : 회복력)에
입각한 지역경제를 되살려내는 것이 과제이다.

● 낙후된 지역경제의 활로를 모색하기 위해서는 그동안 지역경
제를 생각했던 틀을 객관적으로 돌아봐야 한다. 지난 시기 지역경제
에 대한 논의는 대체로 외부의 힘에 의존하려는 경향이 강했다. 대규
모 개발사업을 추진하거나 외부 기업을 유치하는 데에 초점을 두었
다. 그러나 점차 이러한 방식이 유효하지 않다는 인식이 높아지고 있
다. 외부에 의존해 지역을 발전시키려는 방식은 효과가 신통치 않을
뿐 아니라, 지역사회에 대형마트 등의 대기업의 진입으로 돈이 역외
로 빠져나가면서 지역경제가 갈수록 어려워지기 때문이다. 새로운
지역경제 발전을 위해서는 '새는 것을 막고, 고르게 흐르게'하는 순환
형 경제를 기본으로 해야 할 것이다.

● 공유재Commons를 사유화하는 경향이 확대되고 있다. 공유재
를 사익이나 이윤 추구 대상이 아닌 시민 모두의 것으로 지키고자 한

다면, 이에 대한 대응을 전사회적으로 환기시켜야 한다. 사유화되는 공유재는 무거운 부담(세금 부과 등)을 지게 하여, 저성장 시대를 버틸 수 있는 기본소득 등의 사회보장 재원으로 활용한다.

● GDP 등 기존의 경제활동을 측정하는 가치는 환경오염 같은 외부효과를 제대로 평가하지 못하고, 비시장에서의 생산과 노동을 포괄하지 못하며, 소득분배 상황을 표현하지 못하는 문제가 있다. 이에 지구적인 한계를 고려한 생산적인 지표를 재구성하고, 경제의 규모가 아닌, 지구의 지속가능성과 사람의 행복을 중심으로 한 구체적인 경제정책을 펴도록 해야 한다.

3. 지역경제의 회복력과 재지역화를 통한 정책 대안

분권형 사회에 부합하는 지속가능한 순환형 지역경제

● 돈이 돌고 도는 순환경제가 되어야 한다. 지역경제 주체 간의 신뢰를 바탕으로 지역 내 재화와 서비스의 생산, 유통, 소비의 연계를 두텁게 하고, 지역금융의 활성화와 함께 지역 외부로부터의 돈의 유출을 막아, 지역 내에서 돈과 자원을 순환시키는 방식을 지역경제 시스템으로 새로이 판을 짜야 한다.

● 생명과 지구를 위한 21세기형 환경 · 재생 에너지, 의료, 돌봄, 교육, 농업 분야에서 경제를 활성화하고, 환경 부하가 적은 산업활동을 장려하고 보급한다.

● 시민이 참여하고 결정하는 실질적인 시민경제위원회를 구성한다. 이러한 활동을 통해 결사체민주주의를 제도화하고 시민의 토

의와 요구에 기초한 지역경제와 관련한 정책을 편다.

● 화석연료를 기반으로 한 기존 산업을 점진적으로 축소하고 에너지 전환을 통한 녹색산업을 확대한다. 4대강 복원 등으로 회색빛 토건에서 환경과 사람을 살리는 사업으로 전환한다.

대 · 중소기업의 양극화 해소와 비즈니스 오너십의 다양화

● 대 · 중소기업 간의 불공정 거래 근절과 하청 수직계열화에 의한 이윤율 양극화 개선

● 재생에너지 분야 등의 중소기업의 육성과 지원

● 종업원 소유제 확산을 위한 노동자기업인수지원센터 설립

● 노동자의 경영참여의 강화와 성과 배분에 관한 노사간 자율적인 의사결정구조 확립하고 장기적으로는 노사이익 균점제를 도입한다.

● 경영자 최고임금제와 기업이익 분배법을 제정하여 초과 이익 배당금의 경우 비정규직의 정규직 전환 등의 기금으로 활용할 수 있다.

일자리 나누기와 일과 생활의 균형 잡기

● 노동시간의 획기적인 단축(주 30시간)

● 안전한 노동환경과 위험 요인을 줄이기 위한 기업책임법 제정

● 휴일을 늘리고 안식년을 도입한다. 공동체 활동을 위한 휴가제를 도입하여 자발적인 자원봉사활동을 확산시킨다.

공동체자산에 기반한 시민사업체의 활성화

● 현재 우리는 지역사회 밖에 있는 기업이나 기관에서 제공하는 일자리, 에너지, 먹거리 및 기타 필수품에 지나치게 의존한다. 지역경제는 이러한 외파에 대단히 취약하다. 끝임 없이 불안할 수밖에 없는 경제사정을 근본적으로 해결하기 위해서는 회복력을 갖춘 지역경제가 필수적이다. 화폐에 대한 의존을 줄이고 지구에 미치는 영향을 감소시키기도 지역에 기반한 시민사업체들을 많이 만들어야 한다. 시민사업체는 협동조합 등의 사회적경제 조직, 사회적기업, 마을기업 등을 이루어진다. 지역의 공유자원을 활용하면서 시민들의 자산을 늘린다는 점에서 공유경제이기도 하다. 아래와 같이 다양한 시민사업체들이 있다.

■ 코하우징 공동체 : 공동체 내에 타인과 함께 거주하는 목적으로 큰 부엌, 정원, 거실의 공간을 공유하는 가정 단위의 집단이다.

■ 주택조합 : 주민들이 민주적으로 관리하는 기업 형태. 주식이나 회원권을 소유하는 주택 공동체이다. 주택조합은 보통 주택 구입 능력을 갖게 하고 유지하도록 한다.

■ 공동체지원농업(CSA) : 수확할 농작물에 미리 신청금을 지불하는 형태로 소비자로부터 지원을 받는 농장을 말한다. 공동체지원농업은 지역 농장의 성공을 보장하기 위해 공동체 구성원의 구매력을 통합하도록 하는 공통 도구이다.

■ 공구도서관 : 공동체 구성원들에게 도구와 장비를 대여해 주는 기관으로 이런 물품을 구매할 때 발생되는 지출비용을 줄일 수 있다.

■ 코워킹 공간 : 다각적 사업 및 조직의 구성원이 일하고 방, 전

화기, 장비, 기타 도구 등을 같이 사용하는 공유된 작업 공간이다.

■ 에코빌리지 : 생태적, 사회적, 경제적 지속가능성을 중심으로 만들어진 생태적 공동체를 의미하며, 미국을 포함한 많은 나라에 100여 개에 달하는 에코빌리지가 있다. 코하우징과 대조적으로 에코빌리지는 이웃과 공동체의 형성 이상을 넘어선다. 에코빌리지는 에너지 및 천연자원의 소비를 줄이고 가능한 한 적은 양의 쓰레기를 만들면서 자급자족의 삶을 지향한다.

■ 커뮤니티가든 : 다양한 사람들이 먹거리 생산과 소비에 참여하는 공유된 식량 정원

■ 카셰어링 협동조합 : 임시로 공동체 구성원들에게 차를 제공하여 이들이 개인 소유의 자가용 없이도 살 수 있도록 한다.

■ 지역화폐 : 주류 화폐를 보완하거나 보충할 목적으로 시중의 돈이 부족할 때 대신 사용되는 지역에 기반한 대안화폐이다. 비영리 기관이 종종 이 지역화폐를 발행하고 관리한다.

■ 시간은행 : 타인에게 도움이나 서비스를 제공하는 조직체로, 기여자는 서비스를 제공하거나 받은 시간을 기반으로 타임크레딧을 벌고 쓸 수 있다.

■ 공동체 토지신탁 : 공동체의 이익을 위해 토지를 소유한 조직체로 경제성장과 주택 및 상업용 부동산의 경제성을 지키는 데 그 목적이 있다.

■ 식품협동조합 : 회원들에게 적정한 가격으로 좋은 식품을 제공하는 민주적인 기관이다. 종종 식료품 가게를 통해 회원들에게 모든 이익이 돌아간다.

■노동자협동조합 : 노동자가 민주적으로 관리하고 소유한 조직체로, 각 노동자가 행한 일의 가치와 양에 기초하여 수익을 분배한다.

■신용협동조합 : 은행서비스를 사용하는 사람들이 민주적으로 경영하는 비영리 금융기관이다.

■육아협동조합 : 부모들이 서로 자녀를 돌보는데 협력하고 양육에 제공되는 자원을 공유한다.

다양한 시민사업(사회적경제 조직 등)을 위한 기금 조성

● 협동조합, 신협 등의 아래로부터의 기금 조성으로 지역의 시민기업에 투·융자 확대

● 시민들의 자주적인 경제활동을 지원하기 위한 사회적경제발전기금, 공동체기금, 사회투자기금, 사회공헌기금, 사회거래소 등 활성화

● 사회적경제 조직의 공간 지원을 위한 공동체채권 발행

● 지역문제 해결을 위한 사회혁신채권 발행

공유경제의 활성화

● 공유 사업체에 대한 투자는 공동체의식의 함양과 자원의 효율적 활용, 환경문제의 해소 등 사회적 가치에 대한 시민참여의 장을 마련하는 투자이기도 하다. 그런 점에서 공유경제 분야 스타트업 기업에 대한 인증 및 투자를 통한 공유경제 활성화를 꾀한다.

● 공유기업의 창업 및 유치를 촉진하여, 지역경제 활성화 및 비경제활동 인구층(노인, 주부, 비취업자 등)의 시장 참여 및 일자리 창

출을 시도한다.

기본소득제의 도입과 최소한의 생활임금 보장

● 성장주의에서 벗어나기 위해서는 최소한의 노동으로도 생활이 가능한 기본소득제를 점차적으로 도입한다. 기본소득이란 모든 사람들에게 아무런 조건 없이 모든 사람의 생활을 보장하기 위한 지급하는 제도이다.

● 최소한 공공부문의 일자리에 관한한 생활임금 개념을 적용해 적정 수준의 보장한다.

공동체토지신탁Community Land Trust 설치 지원

● 공동체가 토지를 함께 소유하고 협동조합으로 주택을 만드는 방식의 새로운 주택모델인 공동체토지신탁 설립을 위한 지원한다.

많은 분들이 정성스럽게 의제를 써 주셨다. 다양한 선언과 주장으로 이 책이 꾸려졌다. 여기에 전문가들의 비평이 시민의 삶을 다양하게 고민할 수 있는 계기가 되기를 바란다. 2016년 시민의제사전이 출간되고 나면, 나락한알은 설문에 응해주신 분들 그리고 앞으로 설문에 응하실 분들과 지속적으로 의제사전 편찬을 위한 모임을 지속해나갈 것이다. 이것이 2018, 2020, 2022 등, 앞으로의 시민의제사전 편찬을 이미 예고하고 있다. 시민이 쓰는 시민의 서사가 시민의제사전이라면, 시민의제사전에 '결론'이란 없다. 고쳐 쓰고 또 고쳐 써야 하는 것이 시민이 만드는 시민의제사전일 것이다. 그렇다면 거창한 결론을 쓰기보다는 다음을 예고하는 글로 2016년 시민의제사전을 마무리하고자 한다.

"여기, 시민이 있다!"

김달효 : 현재 동아대학교 교육학과 교수로 재직 중이다. 교육정책, 공교육, 학급 경영 분야에 관심을 갖고 계속 연구 중이다.

김동규 : 나락한알에서 시민교육을 기획하고 운영하며 강의하는 강사이자 부원장이다. 인문학교 섬閃의 대표로서 어린이, 청소년 성인을 대상으로 인문학을 가르친다. 부산대학교에서 사회철학 박사 학위를 받았으며, 현재 부산대학교 철학과 및 교양교육원에서 철학 및 인문학을 가르치며, 다양한 시민강좌를 하는 자칭 양서류兩棲類 인문학자이다.

김보영 : 부산대 신문방송학과 박사를 수료했고, 현재 부산대 신문방송학과에서 강의를 하고 있으며, 시청자미디어센터에서도 강의를 하고 있다. 의제 비평에 실리진 못했지만, 지역 언론이 지역 의제에 대해 자유롭게 이슈화시키지 못한다는 점을 늘 아쉬워하며, 지역 언론이 지역이슈에 대해 제대로 목소리를 낼 날을 기대한다.

김인선 : 미국사를 전공했고, 「1964년 미시시피 '자유여름' : 인종, 성, 계급의 갈등과 소통」으로 박사 학위를 받았다. 최근 소수자 문제, 특히 인종차별 및 성차별에 관심을 갖고 있다. 나락한알의 전문강사로도 활동하고 있으며, 현재 부산대학교 사학과, 부경대학교 사학과에 출강하고 있다. 부산여성연구소 전임연구원을 역임하고 있으며, 향후 미국과 한국의 역사에 대한 비교 연구를 진행하고자 하는 바람 갖고 있다.

김해창 : 국제신문 환경전문기자, 희망제작소 부소장을 거쳐 경성대학교 환경공학과 교수로 있다. 탈핵에너지교수모임 공동집행위원장, (사)시민정책공방 도시환경안전센터장을 맡고 있으며 고리1호기폐쇄부산범시민운동본부 공동집행위원장을 맡아 '고리1호기 폐쇄를 위한 시민행진'을 약 30여 차례 주관하는 등 폭넓게 사회참여를 하고 있다.(hckim@ks.ac.kr)

남종석 : 부산대학교와 부산외국어대학교에서 경제학을 강의하고 있다. 강의하거나 공부하고 싶은 분야는 마르크스 경제학인데, 강의하는 분야는 주류경제학이다보니 가끔 회의가 들기도 한다. 전공은 대기업–중소기업 관계 연구이다. 시사IN에 칼럼을 쓰고 있으며, 경제학이 노동하는 이들과 공동체 전체에 더 이로울 수 있는 방법이 무엇인지를 고민하며 살고 있다.

민은주 : 동아대 사회학과 박사과정을 수료했다. 전공은 환경사회학이다. 공저로는 『생태도시를 향한 발걸음』, 『생태도시로 가는 길목』 등이 있다.

박상명 : 현재 한라법인 노무사로 활동하고 있으며, 민주시민교육원 나락한알의 운영위원이다. 부

산지방검찰청 형사조정위원 및 근로복지공단 질병판정위원회 위원 그리고 부산동부지청 정보공개 심의위원으로도 활동하고 있고, 지역의 노동문제 및 노동자 권리 회복을 위해 다양한 관심을 갖고 있다.

박해숙 : 여성단체 주변과 중심(?)에 머무른 지 15년 정도 되었다. 여성학이라는 학문에서 시작된 관심이 여성단체 활동으로 이어지게 된 경우라 간혹 뜬구름 잡는, 지극히 비현실적인 이야기를 하곤 한다. 도처에서 지속적으로 여성주의가 주변화되고 있어 '여성'은 결국 '주의'로만 머무는 아이디얼한 '범주'로 끝나나 하는 생각으로 머리가 복잡하다. 그럼에도 희망은 있다고 혼잣말 해본다. 현재 (사)부산여성사회교육원 원장으로 일하고 있다.

안지영 : 인제대학교 대학원에서 통일학을 이수하던 중 '평화'에 대해 새로 눈뜨게 되었다. 이후 물리적, 구조적, 문화적 차원에서 평화를 구현할 실질적인 방안으로 '비폭력대화'와 '회복적 정의' 프로그램에 관심을 갖고 훈련해왔다. 두 프로그램의 핵심은 '공감' 능력임을 깨닫고 '공감평화교육'을 구상하던 중 민주시민교육원 '나락한알'과 인연을 맺게 되었다. 개인의 안정과 행복, 공동체 및 한반도의 평화를 위한 길에 '공감'으로 기여하고자 한다.

유동철 : 서울대학교 사회복지학과에서 박사학위를 받았고, 현재 동의대학교 사회복지학과에 재직 중이다. 한국에서 장애인차별금지법 제정 필요성을 최초로 제기하고 장애인차별금지법제정추진연대 법제위원으로 활동하면서 청와대를 설득, 약 8년여의 노력 끝에 장애인차별금지법을 제정하는 데 많은 힘을 쏟았다. 주된 연구분야는 장애인의 인권과 자기결정권에 관한 것이며, 장애인이 지역 사회에서 온전한 시민으로 살아가면서 지역사회를 변화시키는 주연이 되도록 애쓰고 있다. 사회복지연대 공동대표, 부산을바꾸는 시민의 힘 민들레 공동대표, 시민이 운영하는 복지법인 우리마을의 대표이사로도 활동 중이다.

이창우 : 젊은 시절 야학 강학에서 시작하여 사랑방 노동자학교, 전노협 부산노련, 민주노총 부산본부에서 노동운동하다가 진보정당 대변인(민주노동당, 진보신당, 정의당) 생활을 하면서 현재 시사만평가로도 활동하고 있다. 인터넷 매체 [레디앙], [울산저널], [거제뉴스광장], 금속노조 [바지락] 등에 연재한 바 있다. 저서로는 [만화로 보는 노무현시대/산지니], 공저 [위기의 진보정당 무엇을 할 것인가/앨피]가 있다.

전중근 : 민주주의사회연구소 연구원 등, 다양한 시민사회 활동에 참여하고 있으며, 자유로운 개인들에 의한 어소시에이션형 사회경제 시스템을 꿈꾸고 있다.

박윤희/ 이보름/ 이동진/ 인문학교 섬선생님 및 설문에 참가하신 시민들 : 이 책이 나오는 데 가장 많은 애를 써주신 분들이다. 소요-You 출판사의 박윤희 사장님은 턱없이 부족한 시간을 이 책의 출간에 할애하며 편집과 교정 그리고 디자인에 온 힘을 쏟아주셨다. 나락한알의 이보름 국장님과 이동진 차장님은 설문을 준비하고 조사했으며, 설문 결과를 정리하고 분석해주었다. 뿐만 아니라 의제사전이 만들어지는 전과정을 이끌어주었다. 그 외에도 인문학교 섬 선생님들과 설문에 응해주신 시민여러분이 없었다면, 이 책의 출간은 불가능했다.

시민의제사전 2016
2015년 12월 15일 초판 1쇄 펴냄

편저 ┃ 민주시민교육원 '나락한알'
펴낸이 ┃ 박윤희
펴낸곳 ┃ 도서출판 소요-You
디자인 ┃ 윤경디자인 070-7716-9249
등록 ┃ 2013년 11월 12일(제2013-000009호)
주소 ┃ 부산시 중구 복병산길 7번길 6-22
전화 ┃ 070-7716-9249
팩스 ┃ 0505-115-3044
전자우편 ┃ pyh5619@naver.com

ⓒ 2015, 나락한알
ISBN 979-11-951705-4-8
값 15,000원

국립중앙도서관 출판예정도서목록(CIP)

시민의제사전 2016 / 편저 : 민주시민교육원 '나락한알'. ─
부산 : 소요-You, 2015
    p. ;   cm

ISBN 979-11-951705-4-8 03330 : ₩15000

민주 시민[民主市民]
정책[政策]

346.9─KDC6
324.2519─DDC23   CIP2015033864